网络资源采集与数字资源长期保存学术研讨会论文集

本书编委会　编

國家圖書館出版社
National Library of China Publishing House

图书在版编目(CIP)数据

网络资源采集与数字资源长期保存学术研讨会论文集/本书编委会编. --北京:国家图书馆出版社,2013.12

ISBN 978-7-5013-5239-5

Ⅰ.①网… Ⅱ.①本… Ⅲ.①计算机网络—信息资源—采集—学术会议—中国—文集 ②数字技术—信息资源—信息存贮—学术会议—中国—文集 Ⅳ.①G250.73-53 ②G203-53

中国版本图书馆 CIP 数据核字(2013)第 287439 号

书　　名	网络资源采集与数字资源长期保存学术研讨会论文集
著　　者	本书编委会　编
责任编辑	金丽萍

出　　版	国家图书馆出版社(100034　北京市西城区文津街7号) (原书目文献出版社　北京图书馆出版社)
发　　行	010-66114536　66126153　66151313　66175620 66121706(传真),66126156(门市部)
E-mail	btsfxb@nlc.gov.cn(邮购)
Website	www.nlcpress.com ——→投稿中心
经　　销	新华书店
印　　装	北京科信印刷有限公司
版　　次	2013年12月第1版　2013年12月第1次印刷

开　　本	787×1092(毫米)　1/16
印　　张	12.5
字　　数	280千字

书　　号	ISBN 978-7-5013-5239-5
定　　价	50.00元

论文评审专家组成员(按音序排序)：

姜爱蓉	李春明	李晓明	李志尧
吕淑萍	申晓娟	孙一刚	王乐春
魏大威	邢　军	张振海	张智雄

编辑说明

随着数字图书馆建设的不断深入，网络资源采集与数字资源长期保存的工作在我国图书馆界及相关学术机构迅速展开并进入快速发展期。为促进该项工作的进一步发展，国家图书馆主办了“网络资源采集与数字资源长期保存研讨会”，会议前期向业界广泛进行了征文，同时邀请国内外专家学者、业界同仁围绕网络资源采集与数字资源长期保存的实际战略、实现模式、问题经验、规划展望等内容进行了交流探讨，取得了丰硕的成果。

现将此次研讨会的优秀论文整理成册，结集出版。希望能够通过这些文章分享业界同行的优秀实践经验，引他山之石，形成自己的创新与思考，共同推进网络资源采集与数字资源长期保存理性、实效和可持续发展。

本书编委会

2013 年 11 月

目　录

Web Infomall:一个大规模的 Web 存档系统①

闫宏飞　黄连恩　谢正茂　李晓明
(北京大学网络与分布式系统研究所)

摘　要:随着时间的流逝,中国互联网上出现过的信息资源会成为一笔宝贵的财富,会为各领域和各行业提供持续价值。为了使历史网页不会随时间的流逝而改变,并且每日不断记录网站的变化,不更改以前的保存结果,需要一个适合于 Web 规模的存档系统。在本文中,我们提出 Web Infomall 系统,它是专为搜集、组织与服务大量的网页而设计的,该系统从 2001 年以来收录了约 85 亿网页,每天还以约 100 万到 200 万网页的数量增加。在保存下来的网页集合中,可以通过时间和空间 URL 两个维度来定位一个网页。因此对于一个 URL,可能有一组在不同时间抓取的网页与其对应。在系统中,排好序的网页是依照一定的时空粒度放在一起的。这样的好处是,指定 URL 和时间,用户能够有效地检索到相应网页;或者根据 URL 范围和时间范围,获得某些批次的网页。

关键词: Web 存档　Web 存储系统　Web Infomall

互联网上的网页是不稳定的资源,这意味着它们有可能会消失。与传统媒体如报纸相比,网页的寿命很短。考虑到网络信息在现代社会中扮演着重要的角色,为子孙后代保留当前的网页信息是我们刻不容缓的责任。幸运的是,从 20 世纪 90 年代以来,保存互联网信息的意义已经被大家普遍接受,很多机构已经开始存档网页工作[1]。据 IIPC[2],超过 30 个机构已参与到网页存档中来。

鉴于互联网的规模,而且会有越来越多的网页产生,很难想象如何来存档互联网的网页。其中一个巨大的挑战是如何有效地处理数量如此庞大的网页,目前很少有资料讨论互联网信息存档技术。

本文提出一个大型存储系统 Web Infomall,旨在为互联网信息存档。我们从 2011 年开始,一直利用这个系统在存档中国互联网上的网页。目前我们的系统中有 85 亿网页。

1　Web Infomall 的数据和服务

从 2002 年 1 月 18 日上线运行至今(2013 年 9 月),已逾 10 年。Web Infomall 保存网页 85 亿,占用磁盘空间为 73TB × 2(双份备份在线),另有一份线下备份。机器共计 18 台,其中访问服务器放在高性能机房,是 2004 年购买的 2 台机器;储存服务器是 2010 年购买的 8 台机器(机器内存为 32GB)和 2012 年购买的机器(2 个 CPU,64GB 内存,2TB × 6 磁盘容量)。线下备份机器配置为单 CPU,4GB 内存,1T × 12 磁盘容量。

---

① 国家自然科学基金(60933004,61073082,61272340)支持。

Web Infomall 目前主要基于网页信息库对外提供历史网页查询服务。即用户给出 URL，系统提供该 URL 的所有历史网页供用户查询。系统采用 Web 方式对外提供服务（http://www. infomall. cn），每天接受数万次访问请求，包含数百个独立 IP。系统还提供网页数据批量访问服务（http://data. infomall. cn）。该服务用户数量很少，只有少数内部用户使用。

除了上述基础服务之外，还存在两个基于 Web Infomall 信息库的应用系统，分别为事件搜索系统（http://sewm. pku. edu. cn/eventsearch）和历史事件追踪系统（http://hist. infomall. cn）。

Web Infomall 的使用方法

（1）访问：在浏览器地址栏输入“http://www. infomall. cn”，访问到 Web Infomall 系统主页上（如图 1 所示）。

（2）查询：在查询输入框输入要查询的历史网页 URL 并回车（Enter）（或者点击“开始浏览”按钮），就可以开始浏览中国 Web 在某一时间的“快照”，即得到相关历史网页存档。例如，想查北京大学的历史网页，只需在图 1 的搜索框中输入：www. infomall. cn。

（3）阅读查询结果。在图 2 中：

a. 统计栏，包括用户输入的 URL 和有关查询结果的统计数字；

b. 查询结果，包括存档网页的年代，该网页网址存档时间记录。选择任何一条记录进入，就可以浏览历史网页了。之后，系统返回的都是和该版本同时保存（同一版本）的链接网页，从而实现历史回放。

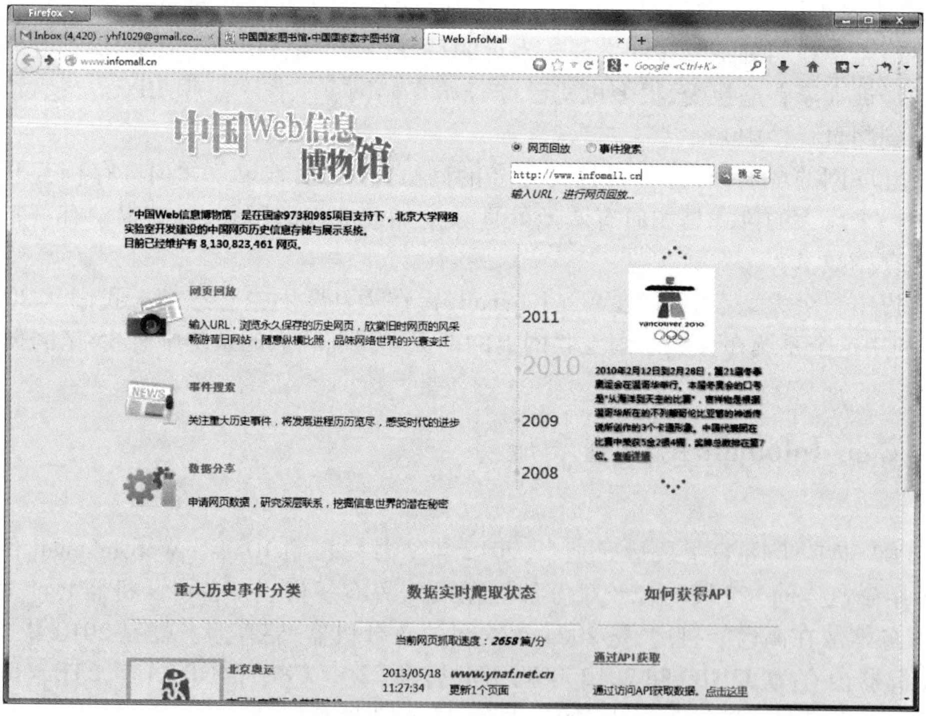

图 1　中国 Web 信息博物馆（Web Infomall）

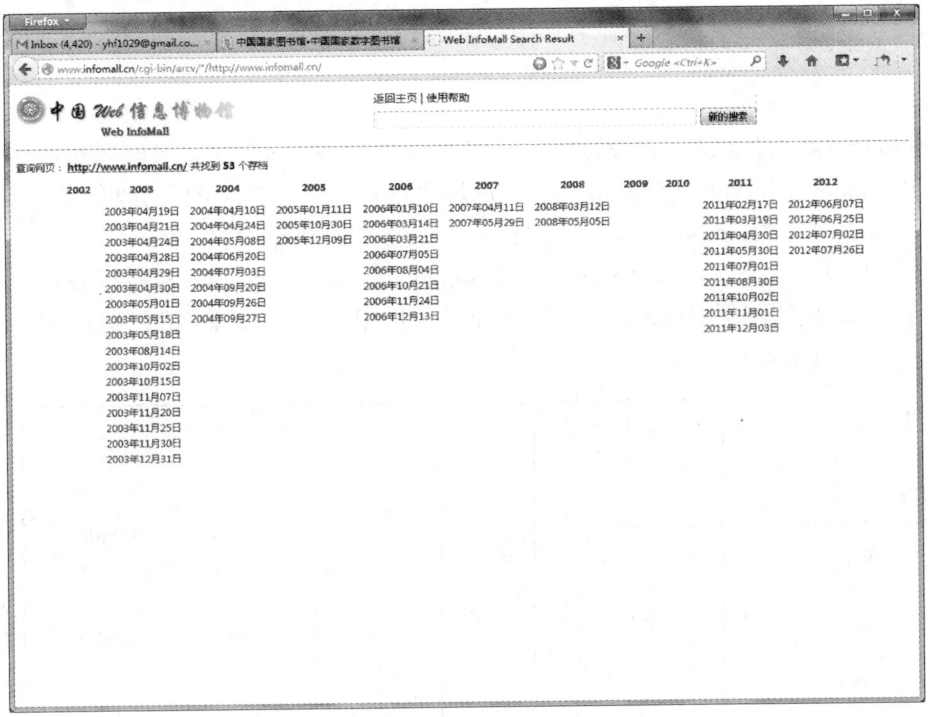

图 2　中国 Web 信息博物馆查询结果

2　Web Infomall 系统与技术

2.1　网页存储和回放设计目标

Web Infomall 系统采用分布式体系结构，基于普通服务器构建，具有良好的系统可扩展性。系统软件经过多年的建设与完善，目前运行比较稳定，在无硬件故障的情况下，可以 7 × 24 小时不间断运行半年，无须人工干预。

网页存储设计目标是力图实现对中国所有 Web 网页进行定期镜像和整理，以尽可能短的工作周期把网上的信息保存下来，主要是指所有的静态网页。

回放设计目标首要功能就是历史网页回放。即用户给出一个初始 URL 和指定时间后可以在该时段的 Web 上漫游。

Web Infomall 的发展目标是：成为中国最大的互联网信息档案馆和博物馆，为国家的政治、经济、文化和社会发展提供有力的信息支撑。Web Infomall 系统根植于一个基本认识：随着时间的流逝，中国互联网上出现过的信息资源会成为一笔宝贵的财富，会为各领域和各行业提供持续价值。因此，Web Infomall 的设计思想是：尽可能全面及时地搜集中国互联网上出现的重要信息资源，稳定可靠地进行存储。同时，基于这些信息资源，一方面开发实用有效的应用以服务于广大终端用户，另一方面建立数据访问开放平台和云计算平台供各领域二次研发人员使用，共同打造围绕 Web Infomall 的应用生态链。

2.2 系统结构

2.2.1 存储模型

Web Infomall 存储系统是被设计用于处理大量的 Web 页面,并且已经持续收集超过 10 年时间,而且未来还将不断地收集和存档互联网页信息。可以想象的是,收集的网页数量将不断扩张,所以重要的是采用一种有序的且可扩展的方式存储网页。图 3 展示了 Web Infomall 的存储模型。系统的输入是从 Web 上抓取的网页,每个网页都有对应抓取到的时间,因此 Web Infomall 里的网页时间跨度是很长且连续的。图中显示了存储在 Web Infomall 中的一个 2008 年 6 月至 8 月片段。

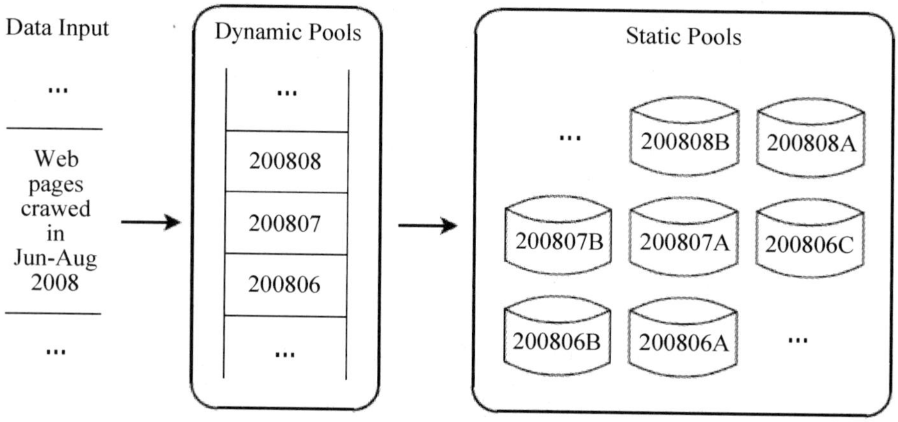

图 3 Web Infomall 存储系统

我们使用的基本存储单元是池(pool)。一个 pool 本质上是一个数据库,包含了很多 db-files 文件,每一个 db-file 都包含了大量的网页。此外,要求一个 pool 中的网页在一个时间段内,可能的话,也要求在一定 URL 范围内。这意味着仅当抓取网页的时间跨度和 URL 范围满足要求,一个网页才被收录到该 pool 中。在我们的系统中,使用一个自然月时间单位跨度来形成一个 pool。例如"200806"pool,"200806A"pool,根据 pool 的名字可以知道包含的是 2008 年 6 月 1 日到 30 日抓取的网页。

从图 3 中可以看出,在我们的系统中有两类 pool,动态 dynamic pool 和静态 static pool。它们之间的一个主要区别是,dynamic pool 中每个 db－file 中的网页是按照 URL 排序的,而在 static pool 中不止是每个 db-file 中的网页是按照 URL 排序,db-file 文件之间也是排序的。或者我们可以这样说,dynamic pool 是部分有序的,而 static pool 是全局有序的。其他的主要区别在于,dynamic pool 是可变的,这意味着网页可以插入或删除,而 static pool 一旦创建是不变的。

2.2.2 系统结构

我们的系统被设计为运行在普通 Linux 群集服务器上的,与通常配置的服务器相比,其中每个节点有一个比较大的存储容量。鉴于服务器通常比个人电脑更稳定,所以像 GFS 这类提供高可靠性的中间件系统软件[3]不是必须的。在我们的设计中可维护性和性能是两个关键问题,同时系统可靠性也需要考虑。

Web Infomall 的体系结构如图 4 所示。从图中可以看出,有两种类型的服务器:元数据服务器和存储服务器。元数据服务器管理元数据信息，定期从存储服务器收集和提供给用户存取数据的服务。在存储服务器中含有大量的 pool 和用以提高数据访问性能的索引。存储服务器有两种类型对应到 dynamic pool 和 static pool。它是自解释的，动态存储服务器包含 dynamic pool，而静态存储服务器包含 static pool。除了这种差异，两种类型的存储服务器的工作方式非常相似，所以在图中我们只显示简单的静态存储服务器。实际上，存储服务器可以被配置为一个动态的或者静态的。

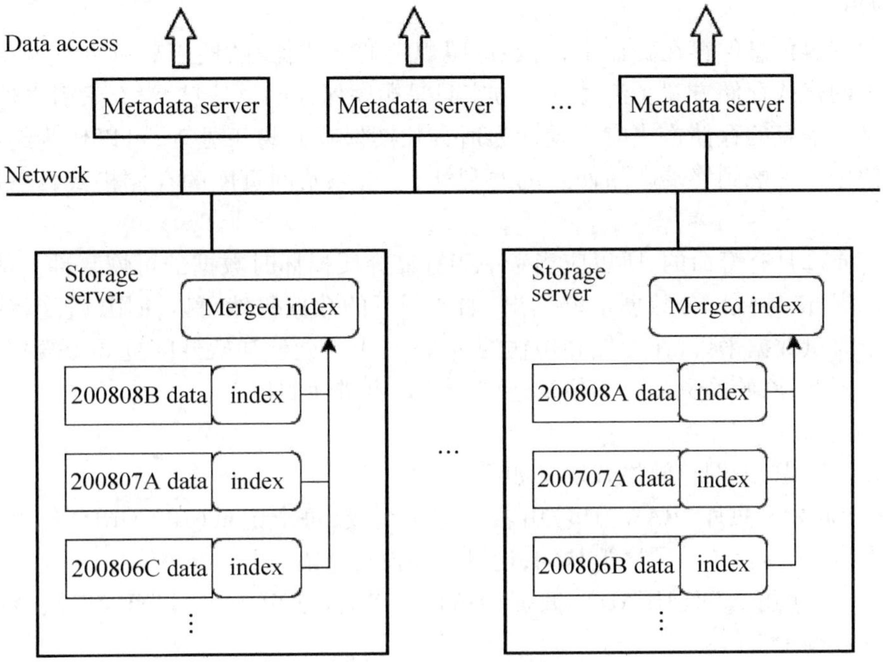

图 4　Web Infomall 体系结构

存储服务器中的 pool 是可以有多副本存在的。例如，图 4 中显示两个相同的 pool，名为“200807A”。重复的 pool 位于不同的服务器上，这样，如果一台服务器上的数据损坏仍然可以从其他服务器恢复。这个机制在很大程度上确保了我们已经收集的超过 10 年的网页数据的安全。

与 BigTable[4] 不同，它使用一个主节点来存储元数据信息，在我们的系统中没有主节点或控制中心。每个服务器由一个 IP 地址（加上一个端口）定位，它还保存了系统中其他服务器的地址列表，这个列表是可以定制的。即使有一些存储服务器宕机，其他有效的服务器还可以继续提供服务。元数据服务器定期检测存储服务器是否有效。当一个查询到达，元数据服务器将解析查询，将查询发送给相关的存储服务器，合并查询返回结果，发送给用户。

为了提高根据 URL 检索网页的性能，我们建立了全局索引，它是合并每一个存储器中的 pool 的索引生成的。当在存储服务器中创建一个新 pool 或者移除一个 pool 的时候，后台有一个进程专门来完成这个任务。

2.3　网页信息存储的天网格式

在网页的搜集过程中，我们采用增量方式抓取网页。对网页链接和主体段落进行 Digest-MD5(消息摘要),利用 Bloom filter 保存摘要,保存新增、更新网页。对 Web 主机进行流量控制,包括遵守 Robots 协议,模仿人的浏览行为进行抓取。对 Web 主机进行任务分配,采用自适应的抓取频率。进行抓取状态的实时监控、展示,即通过多播把情况汇总到监控节点,在 Web 页面上展示。

抓取系统有 7 个蜘蛛节点,单节点每次启动 400—800 个抓取进程。每天抓取 5 万个网站,收获 5M—20M 个有效网页。蜘蛛节点性能是双路四核 CPU,8GB MEM,10Krpm SAS 硬盘 6×300GB。

将获取网页信息保存在磁盘中,需要按照规定的格式保存,便于后续处理和提供服务。下面介绍天网格式存储方案。注意这种方案只是顺序保存网页信息,没有索引文件。

原始网页信息的存储格式应当设计为适合长期保存并易于处理,可以作为终端产品提供给用户使用。考虑到终端产品使用的便利性,要求原始网页库的存储格式具备简单性的特点。

存储介质都是有寿命的,所以应当考虑当存储介质损坏时数据的可恢复性。例如:磁盘的某个扇区损坏,导致部分数据不能读出,如果剩下的数据仍然可以使用,就能将损失降到最少。对于海量数据来说,在存储和传输的过程中,由于硬件和软件问题导致数据错误是不可避免的。因此,原始网页的存储格式还应当具备容错性的特点。

1. 天网存储格式定义

根据以上考虑,天网存储格式定义如下:

(1)一个原始网页库(RAW_DB)由若干记录组成,每个记录(RECORD)包含一个网页的原始数据,记录的存放是顺序追加的,记录之间没有分隔符;

(2)一个记录由头部(HEAD)、数据(DATA)和空行(BLANK_LINE)组成,顺序是:头部+空行+数据+空行;

(3)一个头部由若干属性组成,每个属性(PROPERTY)是一个非空的行,头部内部不允许出现空行;

(4)一个属性包含属性名(NAME)和属性值(VALUE),并由冒号":"隔开,顺序是:属性名+冒号+属性值;

(5)头部的第一个属性必须是版本属性,属性名为 version,例如:version: 1.0,该属性表明记录的版本号;

(6)头部的最后一个属性必须是数据长度属性,属性名为 length,例如:length: 1800,该属性值必须是数据(DATA)的长度(字节数),不包括空行的长度;

(7)为简化起见,属性名必须是小写的字符串。

注:一个空行(BLANK_LINE)仅由一个换行符(line feed,LF,即 C 语言中的"\n")组成,在 UNIX 系统的显示中表现为一个空行,所以称为空行。Microsoft Windows 系统和 UNIX 系统在空行机制上有所区别:在 Windows 系统下,纯文本显示中的一个空行由一个回车符(carriage return,CR)和一个换行符组成(即 C 语言中的"\r\n");而在 UNIX 系统中一个空行仅由一个换行符组成。

2. 当前存储格式版本描述

存储格式允许有多个版本,以满足将来进行扩展的需要。

当前存储格式的版本属性为 1.0。一个记录的存储格式如下(//后为注释):

```
version: 1.0                                    // 版本号
url: http://www.pku.edu.cn/                     // URL
origin: http://www.somewhere.cn/                    // 原来的 URL
date: Tue,15 Apr 2003 08:13:06 GMT                  // 抓取时间
ip: 162.105.129.12                              // IP 地址
unzip-length: 30233                             // 如果数据经过压缩,则需有此属性
length: 18133                                   // 数据长度
                                            // 空行
XXXXXXXX                                    // 以下为数据
XXXXXXXX
…
XXXXXXXX                                    // 数据结束
                                            // 最后再插入一个空行
```

各属性说明:

version 属性为版本号,以下说明适用版本号为 1.0 的情况。

url 指该网页的 URL,如果因为网页头信息中包含 Location 字段而产生网页转向时,该 URL 为最后实际抓取的 URL 地址。该属性是必需的。

origin 指该网页的原始 URL。该属性仅在 HTTP HEAD 中包含 Location 字段而产生网页转向时存在,指向最原始的 URL。

date 属性为该网页的保存时间,保存格式为 RFC822 所制定的格式。该属性是必需的。

ip 属性为该网页所在服务器的 IP 地址。

unzip-length 属性仅在数据经过压缩时存在,记录数据未压缩时的原始长度。

length 属性记录数据长度。

若存在其他未加说明的属性,应用程序可以简单地忽略。

关于数据是否压缩的问题:天网格式并不指定数据是否必须经过压缩。但是压缩的数据必须包含 unzip-length 属性而未压缩的数据不能包含该属性。该属性同时也是解压缩所必需的。如果数据经过压缩,还应附带说明压缩算法,必要时附带压缩函数库及源代码。

3. 数据的可恢复性分析

假设由于数据遭到破坏,只得到其中一个残存的片段。则可按以下步骤找出该残存片段中所有完整的记录:

(1)特定字符串“version:”,除非没有一个完整的记录,该字符串肯定能找到。记录该字符串的位置 POS。

(2)找到该字符串后,判断其后的数据是否满足存储格式(2)、(3)、(4)、(6)、(7)条件。如果任何一个条件不满足,返回 1,从记录的位置 POS 开始继续查找下一个特定字符串“version”。

(3)当满足条件 2 时,假定这是一个正确的记录,则下一个记录也必定是一个正确的记录。检查该记录满足天网存储格式(2)、(3)、(4)、(5)、(6)、(7)条件,如果任何一个条件不满足,说明原先的假定错误,返回 1,从记录的位置 POS 开始,继续查找下一个特定字符串“version”。如果条件都满足,则继续检查下一个记录是否正确。

(4)如果连续 3 个记录都是正确的，则认为(1)所找到的“version”是一个正确的记录的开始，可以依此提取出全部正确的原始网页。

由于原始网页是随机的，而存储格式是严格的，因此经过上述方法得到的记录为错误记录的可能性极小，是完全可以接受的。

4. 其他问题

在实际应用天网存储格式时，应该注意下面两个方面。

(1)文件打开模式。用标准 IO 库打开文件时有两种模式：文本(text)模式和二进制(binary)模式。在 UNIX 下这两种模式并没有区别，但在 Windows 下如果用文本模式打开，“\r\n”会被当成一个字符，而天网格式中的“length”域表示的是实际字节数，这就可能引起错误。因此，在用标准 IO 读取文件时，为了兼容性最好用二进制模式打开，例如 FILE *fp = fopen(“filename”,“rb”)。

(2)FTP 传输。FTP 传输也有两种传输模式：文本(text)模式和二进制(binary)模式。传输原始网页库文件时，应以二进制模式进行传输。如果以文本模式传输，可能会出现“\r\n”被替换为“\n”或“\n”被替换为“\r\n”的现象，导致数据错误。

3 衍生数据服务和系统

基于 Web Infomall 系统不断增长的网页信息，我们一方面通过 Web Infomall 通用公共许可证来免费分发数据给研究机构，另一方面，我们也展开了数据挖掘工作。

3.1 中国事件检索与发现系统

我们实现了中国事件检索与发现系统 EventSearch，该系统的数据来自 4 种数据源，包括网页新闻、《人民日报》、中央电视台新闻联播、微博。其中网页新闻提取自 Web Infomall，包含有从 2001 年到 2011 年的 1100 万个网页。报纸和电视新闻视频也跨越 2001 至 2011 年。对于一个查询，系统会返回一个事件的摘要列表和与查询相关的事件分布情况(时间与地点)，可以按照规模、时新性和相关性排序来展示。在事件的检测中，我们使用了一种新的基于 burst 词检测的方法。同时，我们还实现了一种在线的事件检测方法来提升系统的效果。

对于一个查询系统通常会返回多个事件的摘要信息和对这个查询相关的热门地点和相关事件的整体分布。每个事件摘要信息则包含：事件的起始时间，结束时间，相关地点，事件的关键词，各个源的相关报道(包括网页、报纸、微博和视频)。通过点击相关的报道和视频就可以查询相关的内容。另外，用户可以在事件的整个分布图中点击每个峰值来获取属于这个点的事件，也可以在地国中点击相关的地点来过滤事件。对每个事件的摘要，我们提供了一个事件的详细信息展示页。

如图 5 所示，以查询“奥运会”为例，我们可以看到在 2004 年 8 月和 2008 年 8 月有一个显著相关事件的数量激增。主要的原因是在这两个阶段分别举行了雅典和北京奥运会，这段时间内有很多与奥运会相关的报道。与这个奥运会相关的热门地点在地图标为北京。通过看第一个返回的事件摘要的关键词云，我们基本可以了解这个关于北京奥运会的开幕相关的报道。通过点击详细事件链接，我们就可以进行事件的详细信息页面。

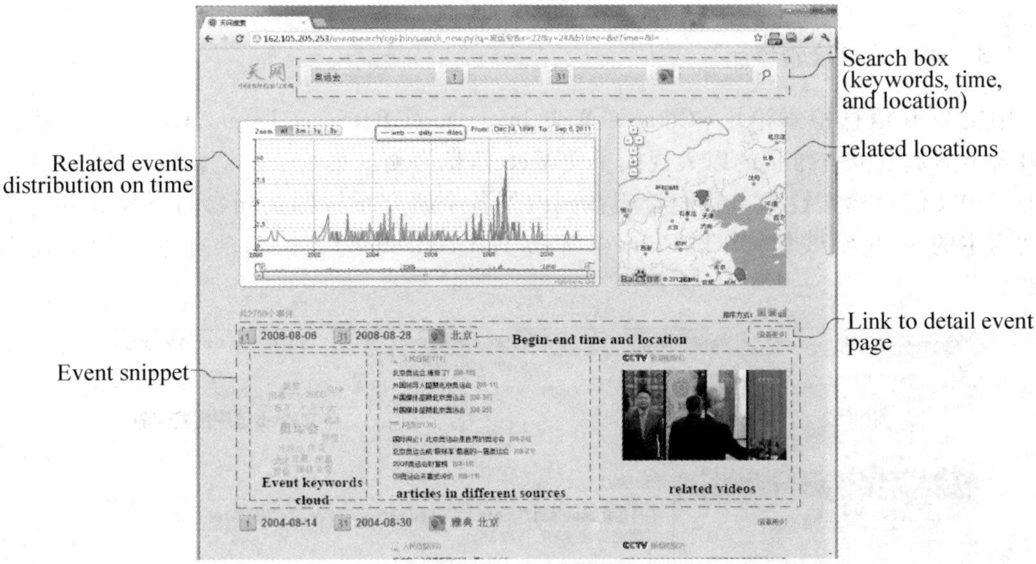

图5　事件检索系统查询结果展示页面(奥运会)

3.2　历史事件追踪

HisTrace 是一个基于 Web Infomall 的历史事件检索系统,您可以用它来回顾在多年前发生过的历史事件,寻找它们曾经在互联网上留下的印记。如图6所示。

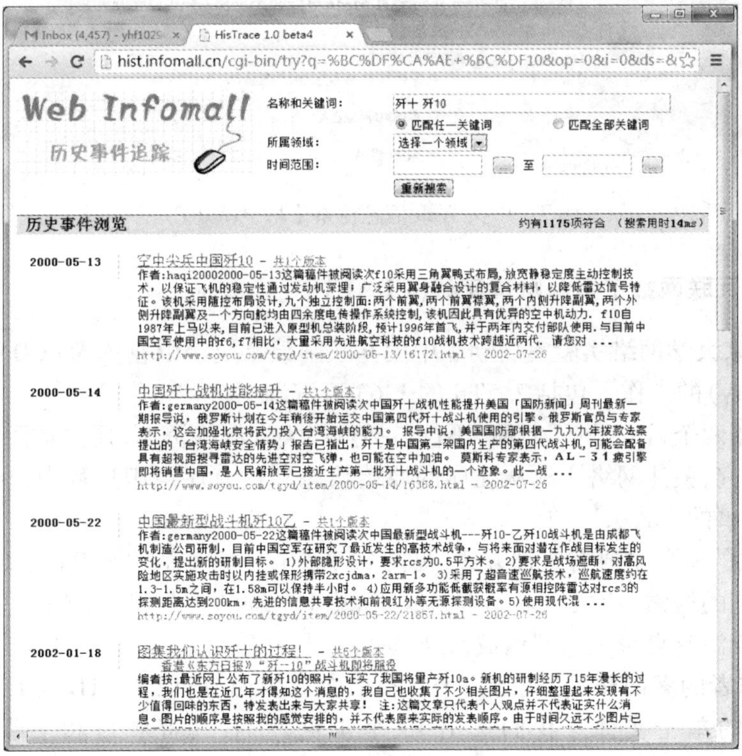

图6　历史事件追踪系统

3.3 中文信息检索评测

中文 Web 信息检索论坛(Chinese Web Information Retrieval Forum,CWIRF)是我们从2004 年 6 月起建立并维护的以大规模中文 Web 信息为测试集的信息检索研究论坛,其目标是推动中文信息检索技术。我们希望在国内外各个研究小组的共同参与下建立并完善以中文为主的 Web 测试集 CWT(Chinese Web Test collection),一起推动中文检索技术的发展。

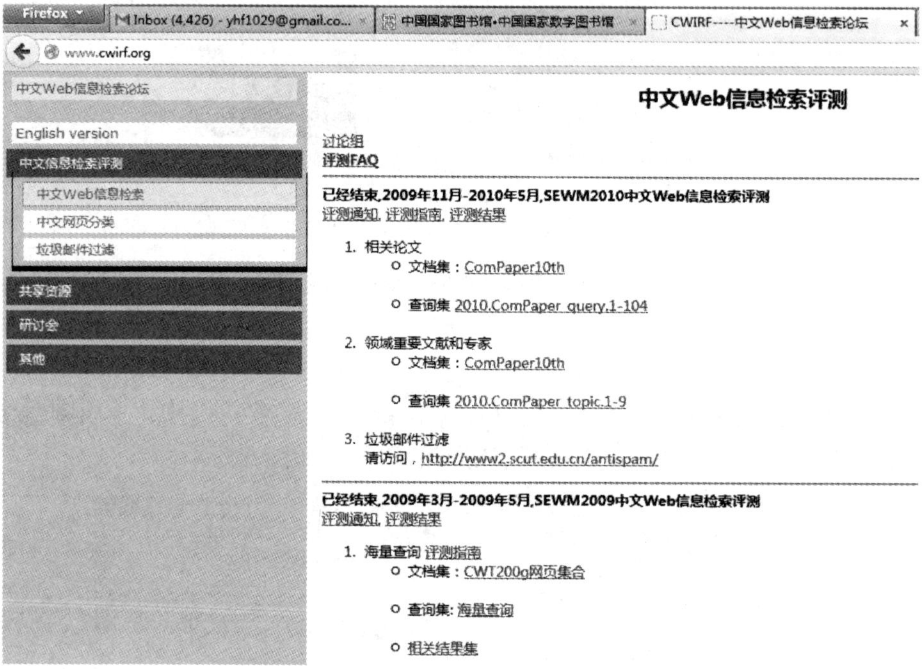

图 7　中文 Web 信息检索论坛(CWIRF)

3.4 中国互联网数字资源财富库藏(CDAL)

2003 年北京大学网络实验室启动了中国互联网数字资源财富库藏(CDAL,Chinese Digital Assets Library)的工作。包括 7.5TB 的 1.63 万资源。

这一工作的两个目的是:①收藏,不仅包括热门类别网络资源,还注重用户自己创建、组织的内容;②研究,关注网络资源从无序的原始状态到达有序组织过程中,有哪些环节可以用何种省力、省事的方式去完成。

CDAL 提供的服务主要有 3 种方式(见图 8):基于分类体系的浏览(分类树见左侧框)、基于名字关键词的检索(检索结果见中间框)和基于专题的收藏(见右侧框)。

由于每个资源有自身的内部构成,一些资源是某种作品集,可能包括关于一个事件的多个图片,一个作者的多部作品,或者一个专辑的多首歌曲,所以 7.5TB 的 1.63 万资源事实上包括了更多的单个实体。我们选出 13 个常见类别,其资源量和字节数分布如表 1 所示。

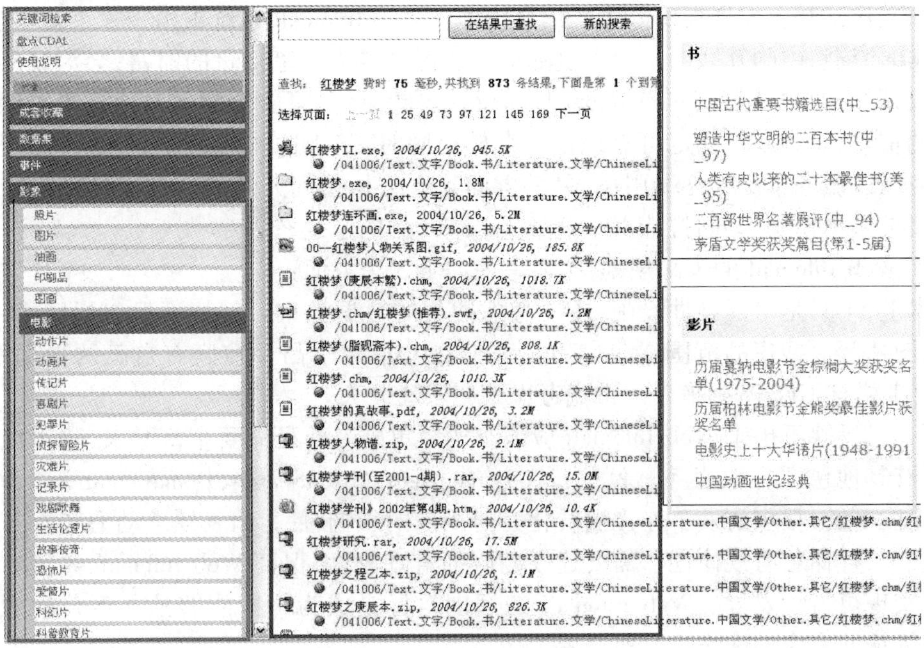

图 8　CDAL 提供的服务

表 1　CDAL 主要类别资源量

类别	资源数比例(%)
书籍	25.90
文章	3.26
电影	18.90
电视	8.97
软件	9.70
歌曲	18.90
戏剧曲艺	0.46
乐曲	3.80
图片(含照片绘画)	3.94
讲义	1.94
听力	0.72
视频资源	0.37
游戏	3.14

4　未来规划

Web Infomall 的发展目标是:成为中国最大的互联网信息档案馆和博物馆,为国家的政治、经济、文化和社会发展提供有力的信息支撑。Web Infomall 系统根植于一个基本认识,即随着时间的流逝,中国互联网上出现过的信息资源会成为一笔宝贵的财富,会为各领域和各行业提供持续价值。因此,Web Infomall 的设计思想是:尽可能全面及时地搜集中国互联网上出现的重要信息资源,稳定可靠地进行存储。同时,基于这些信息资源,一方面开发实用有效的应用以服务于广大终端用户,另一方面建立数据访问开放平台和云计算平台供各领域二次研发人员使用,共同打造围绕 Web Infomall 的应用生态链。

对于 Web Infomall 的未来规划,主要考虑如下 3 个方面:

技术上,不只是考虑硬件设施,还要考虑搜集的数据类型。例如不只包括网页,还要搜集博客、图片等。搜集的范围要足够宽。我们在北京大学昌平校区有自己的数据中心,在 1PB 集群上搭建 GFS 基础平台。带宽考虑万兆联通北大。

形象上,反映不出来 Web Infomall 应该有的厚重感。外延需要丰富起来,除了提供 URL 检索,还有其他访问存取服务。例如:2009sina pages,EventSearch,DomainSearch。否则由于用户关注度不够,很多研发工作无法转化为对用户的影响,使得研发缺乏动力和方向。

管理上,存储更有规律性。需要建立相应的管理制度,保证 Web Infomall 系统对外服务质量,并实现可持续发展。Web Infomall 的远期目标是成为一家能够独立运营的非营利机构,近期依托北京大学网络研究所开展工作。

参考文献

[1] Toyoda M.,Kitsuregawa M. The History of Web Archiving. Proceedings of the IEEE,2012(100)

[2] The International Internet Preservation Consortium. http://www.netpreserve.org

[3] Ghemawat S.,Gobioff H.,Leung S. T. The google file system. In: 19th ACM Symposium on Operating Systems Principles,New York,USA,2003

[4] Chang F.,Dean J.,Ghemawat S.,et al. Bigtable: A Distributed Storage System for Structured Data. In: 7th USENIX Symposium on Operating Systems Design and Implementation,Seattle,USA,2006

国家图书馆网络信息采集的实践与发展

李晓明　马宁宁（国家图书馆）

摘　要：信息时代，网络信息资源极为丰富并保持高速增长，为了保存这些弥足珍贵却又转瞬即逝的互联网文化遗产，各国图书馆纷纷开展了网络信息资源的采集与保存工作。中国国家图书馆也在网络资源采集方面进行了积极的实践与思考，在采集策略和采集资源的整合与利用方面均积累了丰富的经验，但是在保存标准、技术更新、经费投入和法律保护等方面仍然面临着很多问题和挑战，需要我们以后不断改进和完善。未来，国家图书馆将依托数字图书馆推广工程，采用与各省图书馆联合共建的方式，推动我国互联网信息采集与保存工作的全面开展。

关键词：网络信息采集　国家图书馆　实践　整合与利用

1　背景

随着计算机与互联网技术的迅速发展，各类信息越来越多地以数字形式产出，并通过网络途径传播，同时仅以网络方式存在的原生网络资源也正成规模产生。网络信息资源已经成为一个国家文化遗产的重要组成部分，具有重要的历史价值和学术价值。图书馆承担着文化的保存与传承职责，保存重要的网络文字与文化，对网络信息资源进行采集与利用，已经成为了图书馆在网络时代的一项新的职责。

最早系统的进行网络信息采集、保存与利用方面的研究和实践开始于 20 世纪 90 年代中期。欧洲、北美洲等国的网络资源采集项目起步较早，而且发展相对成熟，具有多机构合作采集、法律法规健全、标准规范成熟、采集流程规范、采集方式综合、服务类型多样等特点。比较著名的网络资源采集与存档项目有美国互联网档案馆（Internet Archive，IA）[1]、法国的 INA（法国国立视听资料馆的视音频存档项目）[2]和 BnF WA（法国国家图书馆的网页存档项目）[3]、澳大利亚的 Pandora[4]等。

亚洲在网络资源采集与利用方面的研究起步较晚。日本国立图书馆 2002 年开展了网络信息资源采集和保存的实验项目（Web ArchivingProject，WARP）[5]，2006 年正式启动，2010 年开始全面采集和保存公有机构的网络信息资源。中国的国家图书馆、北京大学等机构都在 21 世纪开始进行相应的研究，努力推进亚洲互联网资源保存与保护研究的进展。

2　国家图书馆的网络资源采集实践

自 2003 年起，中国国家图书馆开始了互联网资源的采集、保存与保护工作，并于 2009 年成立了国家图书馆互联网信息资源保存保护中心，致力于中华网络文化遗产的保存与传承，从宏观到微观，从理论到实践等各个角度探寻适合于国家图书馆的网络资源馆藏建设途径。

2.1 采集策略

国家图书馆网络资源采集综合了全采集与选择性采集两种策略，相互补充，扬长辟短，以达到资源采集的最优化。采集内容的选择是按照国家图书馆的采访方针，收集关系我国政治、经济、文化、科技、体育等方面的重要网络信息资源。同时从用户需求出发，对保存资源进行深度开发，本着边建设边服务边总结的原则，为未来全国性数字文化遗产的保存保护工作提供实践借鉴。

在实践中，全采集对象主要针记录了我国政府工作重要信息的政府网站。通过政府公开信息整合平台，利用网络爬虫对2万余个政府网站中的政府公开信息频道内容进行采集，目前已经采集整合了近170万条政府公开信息；同时，通过网络资源采集与存档项目，对以gov.cn结尾的中国政府机构网站进行存档，目前已经建设了23TB的政府网站存档资源。

选择性采集主要针对反映我国社会、政治、经济情况的网络资源，主要采集对象是以电子方式出版的报纸和门户网站中的网络新闻。以电子报纸典藏项目为例，通过爬虫采集、报社呈缴等方式，将报社在互联网上发布的PDF格式电子报纸采集到本地存储，与国家图书馆报纸数字化项目的资源进行合并，形成了国家图书馆独特的电子报纸资源，现已经积累240多种报纸，总数据量达到了8TB。目前，该项目还在不断地扩展采集种类，研发新的服务方式，此外，还对围绕关于中国的、具有较大影响力的重特大事件的网络新闻进行专题采集存档，目前已经围绕2005年至2013年共86个新闻专题进行了网络资源存档，专题资源存档量达到了8TB。

2.2 采集资源的整合与利用

在资源建设的基础之上，开发了政府公开信息整合服务平台、在线读报系统和中国事典等网络资源服务网站，作为网络资源服务试点。

中国事典以中国发生的重大历史事件为线索，通过选择性的对我国年度重大历史事件的跟踪、采集、标引、存储、发布和保存，实现对这些珍贵的中华历史文化遗产的传承。目前已完成3年(2006、2007、2008)间发生的重大历史事件数据的采集、整理与发布，包含了从自然、社会灾害到灾后重建，从经济危机到文化繁荣，从社会万象到国家规划的数十个主题、数千条目，并在持续增加中。为读者提供按题名、摘要、主题词以及年份等检索方式，检索结果可显示名称、责任者、摘要、时间等详细信息，可显示网页被保存时的原始面貌。

中国政府公开信息整合服务平台是国家图书馆利用所采集的政府公开信息，对其进行智能抽取、自动编目等处理后，采用国务院办公厅政府公开目录主题词表和电子政务主题词表等通用规范对政府公开信息进行深度整合，最终为用户提供的对政府公开信息的一站式检索与信息的获取网站，已成为推广工程中省级必配软件。政府公开信息平台无论在数据规模、功能还是用户体验上都在不断提高中，从建立至今已取得了长足的进步，月均访问人数达到77万余人，平均每月首次访问人数及回访人数均达到20万人以上(详见图2)。

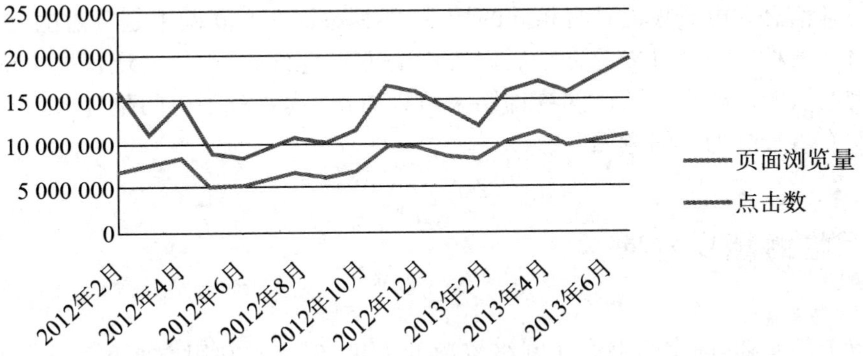

图 1　政府信息公开平台浏览量与点击量

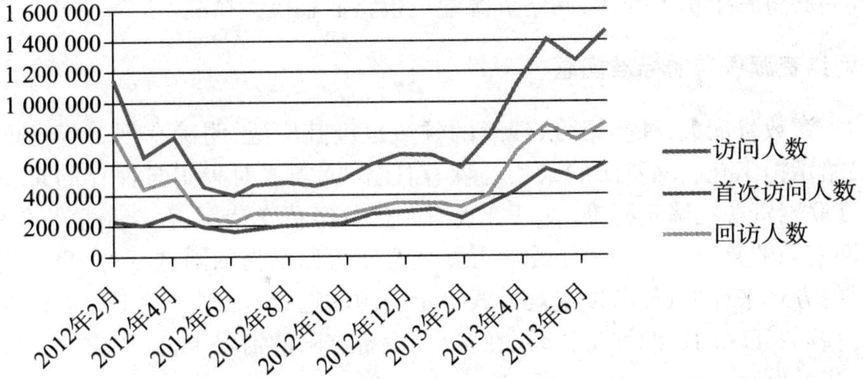

图 2　政府信息公开平台访问人数

在线读报系统是电子报纸典藏项目的资源服务网站。在网络在线读报系统中，用户可按推荐顺序、热门列表、内容分类、地区分类等方式查阅报纸，并提供了查阅往期报纸数据的功能。在阅览界面中，系统提供了友好的用户界面，读者可方便地实现页面放大、缩小、翻页、全屏阅读、历史数据查阅、下载、剪报等操作。

其访问利用情况详见图 3，从表中可以看出该系统首次访问人数与总访问人数（首次访问人数与回访人数之和）平行发展。月均总访问人数 823 人，月均点击量 2427 次。

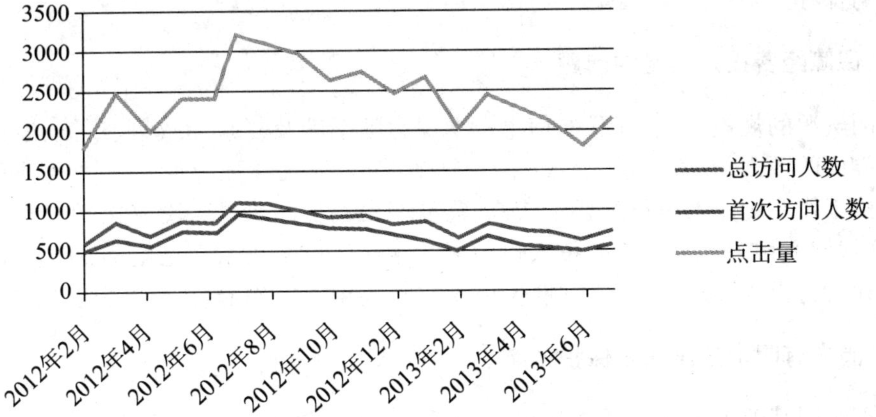

图 3　在线读报系统访问人数

政府公开信息和电子报纸具有相同的特点,即其数据在互联网中是分散的,无序的。国家图书馆将这两种资源经过资源采集后以集中的方式进行服务,从一定程度上满足了读者访问有序网络资源的要求。从访问统计结果可以看出,读者对于访问整理、编目后的、有序的网络资源有着较高的访问意愿。

3 面临的挑战与问题

通过以上的实践,国家图书馆在网络资源的采集、保存与利用方面积累了一些经验,但是,随着国家重大文化工程包括数字图书馆推广工程、宽带中国工程的启动,互联网信息资源产生与利用必将发生重大变化,网络资源建设也将面临巨大挑战。

3.1 网络资源保存的标准问题

互联网资源数量庞大,种类繁多,涉及的领域也极其广泛,明确存档目标是面临的最大问题。图书馆承担了互联网资源的采集与保存任务,就需要对采集与保存的对象进行价值评估,确定互联网资源的筛选标准,保证在现有条件及经费支持下,存档最值得保存的对象。但是,互联网资源的复杂性使图书馆无法寻找到真正可以操作的筛选标准,目前仍然是以比较宏观宽泛的方式来评估资源,以主观方式决定资源的选择。因此,图书馆界需要建立一种科学的、可持续的互联网资源评价体系,在资金、设备有限的情况下,优先选择重要的互联网资源进行采集及保存保护。

3.2 互联网技术更新频率过快带来的问题

互联网技术的飞速发展对以爬虫为主的互联网资源采集与保存工作带来了很大的困难。互联网爬虫需要针对互联网资源的发布方式进行设计,对网络资源进行分析以获取相关信息,进行自动编目等工作。但是随着技术的发展,各种新的、复杂的资源服务技术被采用,图书馆需要实时的对爬虫技术进行更新来保证对以复杂方式封装的信息的采集。但是,针对复杂封装数据的网络资源解析技术进展缓慢,中心受制于技术劣势,无法实现对复杂数据的采集与保存。

3.3 保障经费投入不足的问题

互联网资源的规模巨大,互联网信息资源保存活动涉及复杂的政策、法律、经济、技术和管理等多方面的因素,有着规模大、投入大、复杂度高、持久性强等特点。同时,网络资源的采集与存档工作对于图书馆员的要求较高,需要图书馆员同时具备图书馆知识和计算机、网络知识,这就导致相关人才培养的投入也较大。单凭国家图书馆一己之力,无法承担大量的资金投入和人力投入,限制了对于互联网资源采集与保存工作的进一步开展。

3.4 尚未有明确法律法规保护条款

网络资源同其他出版物一样受到知识产权的保护,2004 年丹麦《丹麦出版资料法定缴存法》规定“由国家法定保存机构(皇家图书馆、国家与大学图书馆)可以按照预告设定的采集范围，采用技术手段定期扫描和收割互联网中对公众开放获取的资料”[6]。德国《德国国家图书馆法》、法国《关于信息社会版权和相关权利的法律》[7]及英国《图书馆法定缴存（非印刷资料）条例》[8]等中均对国家图书馆获取网络在线信息资源给予了法律保护。我国目前尚未出台相关法律条款，为未来网络信息资源的保护与传承带来巨大困扰。

4 未来的发展与规划

网络资源量规模庞大，决定了依靠传统的单馆建设与保存的结构无法实现对于网络资源的采集、保存与利用建设。联合图书馆、档案馆等保存机构，建立资源共建共享网络，形成全国性互联网资源保存保护框架是网络资源采集、存档与利用的必然选择。数字图书馆推广工程的发展，为共建共享的合作模式奠定了基础[9]。国家图书馆将依托于推广工程，由单馆建设向牵头馆统筹全国的中文网络信息资源保存与保护工作转变，建立全国性网的应用示范项目，推广网络资源馆藏的建设与利用。

4.1 健全合作机制，推动全国性应用示范高效运行

国家图书馆将依托推广工程，联合各省市图书馆共同建设、保存与服务合作体系，健全合作机制，形成以国家图书馆为中心，以省馆为分中心的资源建设合作框架，明确职责，形成高效的合作工作流程和规范。国家图书馆负责资源建设的主题与方向的制定、所存档资源的统一管理与揭示等工作。各级公共图书馆负责资源建设具体工作和本地资源的存储、管理与服务等工作。推进网络资源采集与利用平台部署，加强平台使用培训，为网络资源采集与保存工作在全国的铺开建立基础。

4.2 加强相关研究，提供创新的互联网资源服务

互联网开放的、共享的、全民参与决定了它瞬息万变的特点，因此没有任何标准与规范可以长时间的使用。图书馆以互联网资源作为采集与保存的对象，就必须持续性的跟踪互联网，了解分析互联网的发展特点，对互联网资源进行研究，依靠资源评审分级机制，明确资源建设方向，通过选择性采集和全采集相结合的方式对互联网资源进行采集与保存。

同时，加强互联网资源的组织与分析，进行细粒度资源垂直典藏与揭示等工作。完善不同类型互联网资源的编目工作规范与元数据规范。在中国事典、政府公开信息整合服务平台等应用的基础上，加强专题资源库的建设，对资源进行深度加工和挖掘，提供多种创新性拓展服务。

4.3 以科研带动人才培养

网络资源的采集与存档工作对于图书馆员专业素养提出更高的要求，需要图书馆员同时具备图书馆知识和计算机、网络知识。网络资源的采集、保存与利用在国内仍处在发展阶段，国家图书馆计划以专项研究、项目（课题）申报等方式，积极开展相关领域研究，通过参与国内外相关学术会议，与 Internet Archive 等前沿的互联网资源保存机构进行交流，扩展学术视野，掌握技术前沿，为互联网资源的保存保护与有效利用提供理论与技术支撑。同时在业

务中，以科研工作为手段，带动人才队伍建设，加强业务培训与交流，培养出一支具备较高专业素质的互联网资源保存保护人才队伍。

4.4 推动同各方的合作与交流

互联网资源的产出速度超过了图书馆的想象，实践证明，互联网资源的保存与保护所需要投入的人力、物力和资金都不是一个机构可以承担的。全国的公共图书馆、高校图书馆、档案馆和盈利公司等机构应该联合起来，在软硬件、网络带宽、人员、技术等方面充分合作，取长补短，共同进行互联网资源的采集与保存保护工作。同时，加强同其他国家图书馆之间的合作与沟通，通过学术交流、馆员交换、合作资源建设、共同系统开发等多种途径，学习先进的技术和经验，推动资源交换互补。

4.5 建立长效的保障机制

网络资源的采集、保存与利用需要大量的财力投入，图书馆要依托数字图书馆推广工程等全国性文化惠民工程，积极争取地方财政投入，对网络资源采集的运行管理、体系建设、资源建设与服务、软硬件平台建设及维护等给予经费支持，保证工作的顺利进行。

随着网络技术的发展，中国已经进入"宽带中国"时代，在此背景下，网络资源规模呈几何级数增长，其价值得到了世界各国的肯定，在给网络采集与保存工作带来困难的同时也为机构合作进行资源加工与服务带来了便利。推广工程为国家图书馆网络信息采集工作带来了新的发展契机，同时也赋予了新的使命。我们要及时转变观念，做好充分准备，发挥领头羊的作用，推动国内互联网资源采集与保存事业的顺利进行。

参考文献

[1] Internet Archive: Digital Library of Free Books, Movies, Music &Wayback Machine. http://archive.org/index.php

[2] Ina.fr : vidéo, radio, audio et publicité-Actualités, archives de la radio et de la télévision en ligne-Archives vidéo et radio Ina.fr. http://www.ina.fr/

[3] BnF-Digital legal deposit: four questions about Web Archiving at the BnF. http://www.bnf.fr/en/professionals/digital_legal_deposit/a.digital_legal_deposit_web_archiving.html

[4] Pandora Archive-Preserving and Accessing Networked DOcumentary Resources of Australia. http://pandora.nla.gov.au/

[5] National Diet Library Web Archiving Project. http://warp.ndl.go.jp/info/WARP_en.html

[6] Act on Legal DePosit of Published Material (Act No. 1439 of 22. December 2004). http://www.kb.dk/en/kb/service/pligtaflevering-ISSN/lov.html

[7] 翟建雄. 欧洲六国网络资源采集和缴存立法评析. 新世纪图书馆，2011(12)

[8] 英国制定《图书馆法定缴存条例(非印刷资料)草案》. http://www.nlc.gov.cn/newtsgj/yjdt/2013n/1y_8606/201301/t20130128_69558.htm

[9] 数字图书馆推广工程. http://www.ndlib.cn/

网络信息保存中深网信息抓取策略初探

张学青(国家图书馆)

摘　要:随着网络保存工作的研究逐步深入,深层网络(deep web)信息的价值日益显现,仅仅保存网络资源中的浅层网(surface web)资源难以满足网络信息保存的要求,而深网资源有着和浅层网资源完全不同的获取方法,这给深网资源的获取带来不小挑战。本文从浅层网信息获取的一般原理开始,讨论了深网信息获取的特点和难点,并提出了深网资源获取的一般思路,最后举出了在这种思路下两种具体流程并分析了其中存在的问题。

关键词:深网　信息抓取　网络信息保存

1　深网信息概述

1.1　深网简介

深网(deep web)的概念最早是由 Dr. Jill Ellsworth 在 1994 年提出的,通常指普通搜索引擎难以发现的 web 页面。

整个网络内容繁杂,按照网络信息的存在方式大致可以分为浅层网(surface web)和深网(deep web)两部分,如图 1 所示。

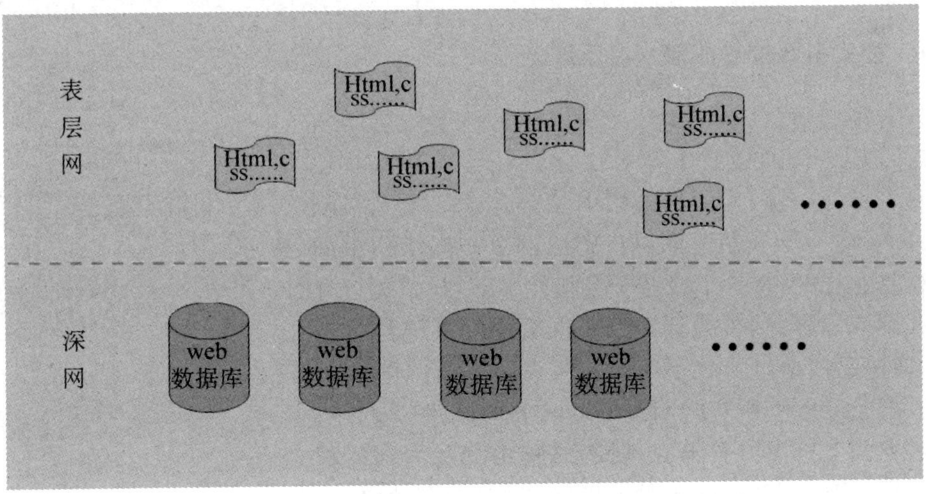

图 1　深网示意

其中,浅层网是指有超链接指向可以被传统搜索引擎索引到的页面集合,而深网一般指没有超链接指向或必须和后台交互动态生成的资源。广义上讲,深网内容主要包括以下几个方面:

（1）通过填写表单对后台在线数据库查询而得到的动态页面；

（2）没有超链接指向不能被搜索引擎发现的孤立页面；

（3）需要一定权限如身份才能访问的内容；

（4）可访问的非网页文件，如图片、各类文档等；

（5）动态网页，浏览器和后台服务器程序而非网络数据交互生成的网页，比如 asp、php 等程序生成的动态页面。

实际人们提到的深网通常只包括第一部分内容，即在线数据库，原因是这部分数据质量较高，对数据的集成更有意义，也更方便采用比较统一的技术手段来处理，人们的关注度也较高。本文提到的深网资源获取也主要是指这部分内容。

1.2 资源特点

网络数据库在网络中数量众多，包含的信息量巨大且增长迅速，网络技术的逐渐普及尤其是电子商务的迅猛发展极大地推动了深网资源的增长，网络数据库保存的信息在入库之前，大多经过专人挑选、检查、修改等操作，所以其质量较之一般浅层网资源更加可靠。总的来说深网信息资源具有以下特点：

（1）数量巨大，增长迅速；

（2）涵盖了多种领域，包括商业和非商业领域；

（3）数据质量高，结构化数据较多；

（4）绝大多数深网信息可以免费访问；

（5）访问需要和后台数据库交互，普通搜索引擎难以获取其中的信息。

2 深网信息获取存在的困难

2.1 搜索引擎信息抓取一般原理

在探讨深网信息获取之前，先简要了解一下浅层网信息获取的过程。普通搜索引擎可以比较轻易地获取浅层网的信息资源，这是因为每个搜索引擎会包含一个网络爬虫（Crawler）程序，负责从互联网上爬取网页。网络爬虫的工作流程是这样的：从一个或若干个初始 URL 开始爬行寻找网页并读取内容，然后找到在这些网页中的其他链接地址，然后通过这些地址寻找下一个网页，这样不停循环，理论上可以把互联网上所有的网页都抓取下来，如图 2 所示。

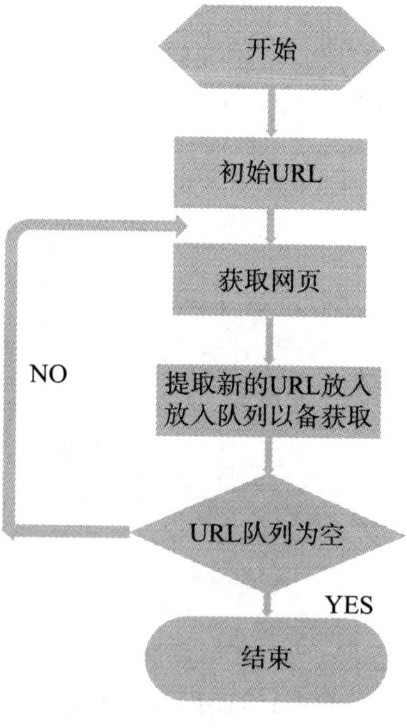

图 2　网络爬虫工作流程

通过上面分析可以看出，一般网络爬虫爬行网页的根据就是网页 URL，即访问网页的超链接，对深网资源来说，由于不存在直接指向的超链接，所以普通的爬取技术很难获取这些隐藏在网络数据库中的深网资源，必须根据深网特点在普通网络爬虫的基础上做一些改进。

2.2 深网信息抓取的难点

要获取保存在网络数据库中的深网信息，必须首先向网络数据库提交查询，查询的接口一般以表单形式存在，填写必要的表单信息后，提交查询就可以从数据库返回的结果中提取自己需要的信息。

深网信息获取困难主要在于和后台数据库的自动交互，包括从众多的表单中选择网络数据库入口的表单，选择合适的信息填写这些表单，提交完毕后处理众多的返回信息等。有时还要根据查询的条件选择合适的数据库。以上每一步中都存在许多不确定性因素，给深网信息的获取造成了不小的障碍。

3 深网信息抓取策略分析

3.1 深网信息抓取基本思路

要达到获取深网中大量信息的目的，仅靠人工获取的方式很难完成，必须用自动化的方式把这些信息提取出来，图3所示为从网络数据库中获取信息的一般过程。

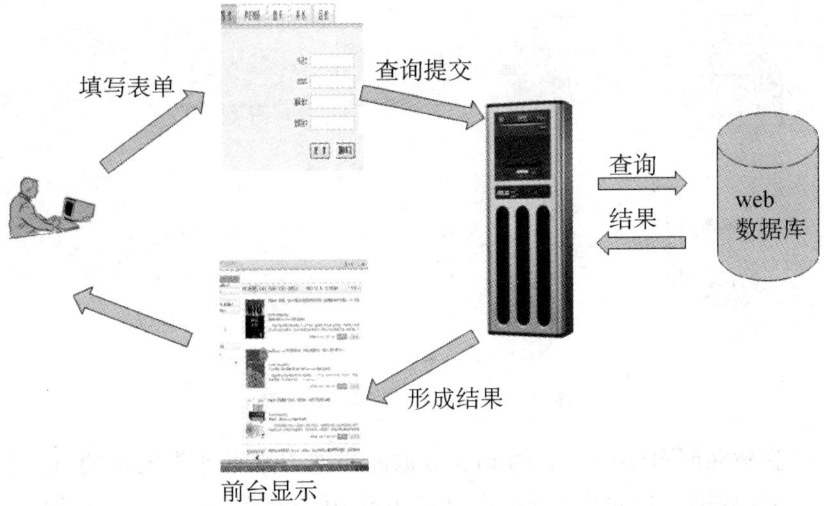

图3 深网访问的基本流程

从上图可以看出，深网访问和浅层网访问的最大区别就是深网资源需要通过表单向服务器提交相关的查询，由服务器和web数据库交互，最后形成查询结果。所以如果一个程序能够实现自动或半自动获取某网络数据库信息这一操作，它必须具有模拟人访问网络数据库获取信息的功能，主要包括数据库发现、查询生成与提交、结果处理三部分。无论采取哪种方法，这些步骤是自动获取深网资源都必须要面对的问题。

目前，深网信息获取的很多问题都尚在研究过程中，在某些领域也开始了一定的实际应用，但深网信息获取还远未达到表层网信息获取的规模与深度，把深网资源和浅层网资源完全无缝处理实现难度较大，先从比较小的范围入手有助于将来更广泛的研究，所以现有很多研究成果大都关注某一领域或某种特定情况下深网获取的问题。下面将讨论两种比较有代表性的深网信息获取方式并分析其中存在的问题。

3.2 针对多个网络数据库的集成访问方式

该方法研究如何实现自动选择和查询主题相关的数据库，并通过集成的查询模式对多个数据库统一查询，旨在提供众多 web 数据库的统一访问途径。从原理上来看这种集成访问方式更像是对多个数据库同时访问，统一处理结果。

本方法的简要流程是这产样的：发现数据库后，根据已经得到的查询接口模式信息确定 web 数据库所属的领域，对发现的数据库进行归类，接下来方便对同一类的数据库查询接口进行集成，形成一个针对某领域的统一的查询入口。对于一个特定的查询，本方法将从某领域所有的数据库选择合适的数据库，并把统一查询入口的查询转换成 web 数据库的本地查询进行提交。最后还要将各个 web 数据库返回的结果抽取并合并到一个统一的结构化模式下（如图 4）。

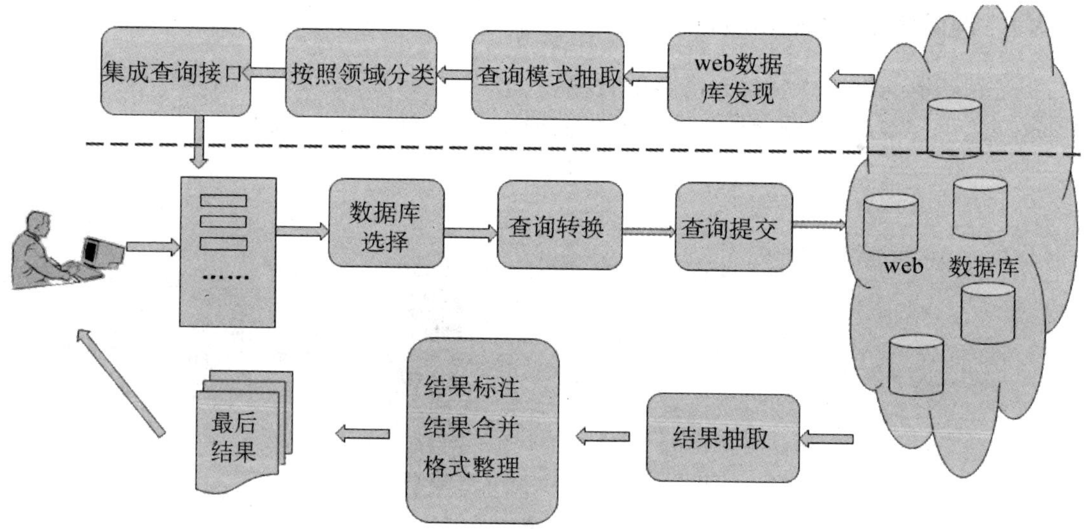

图 4　集成访问方式简要流程

目前，要把隐藏在网页中的所有的 web 数据库挑选出来是非常困难的，比较简单的是从第三方整理的 web 数据库目录中获得，但这种方法第一获得的数量有限，第二不够有代表性。这里采取更为一般的思路。

首先对搜集到的 URL 进行适彻底宽度优先搜索以及有限制的深度搜索，在里面寻找 HTML 表单，之所以深度搜索有限制是因为现实中网络数据库在一个网站中的深度不会太大，一般不会超过 3 级，限制搜索深度会提高网络数据库入口表单的发现效率，因此对超过一定深度（比如 3）的页面不再尝试寻找表单。在 HTML 页面中表单的标志非常明显（通常在两个 form 标签之间），所以通过第一步的处理会发现很多表单形成一个表单集合，但在这个集合中并非所有的表单都是可以返回丰富后台数据库内容的表单页面，所以必须有一个判断相关表单的规则来剔除无关的表单。无关表单主要包括登录界面、站内简单搜索表单、注册表单、登录表单等。所以判断规则里面应该可以去除含有密码、登录、注册、站内搜索、购买等标签的表单。除此之外查询入口的页面布局信息和出现频率较高的字样（如检索、搜索、提交等）也可加以利用，提高判断的准确度。

下一步是对查询接口的分析以便形成统一的查询入口，这一步的关键是把查询接口中包含的所有属性进行分析抽取，接下来根据已有的模式信息判断确定该数据库所属的领域，即对 web 数据库按照领域进行分类。对同一个领域的数据库提取其接口的共同性质，合并表示相同意义的属性，把这些新合成的属性尽可能地合理安排顺序，可以得到一个统一的查询接口，这本质上是对同一领域不同数据库提供一个相对统一的访问方式。以上是准备工作，这些工作完毕之后就可以处理用户的查询了。

集成查询接口收到用户的查询后，需要先在本领域所有集成的数据库中选择适合本查询的数据库，为了能够判断某一数据库是否适合某一查询需要事先了解该数据库的特征，在此基础上进行一些相似性运算，这比较复杂，要有相关第三方知识的支持。选择到合适的数据库后就可以把集成接口的查询转换成在这些具体数据库接口上的查询。由于查询是在多个不同数据库里进行，集成查询返回的结果形式也就各不一样，最后须要做的就是把这些不同形式的结果进行整理，以统一的形式展现。

3.3 针对某主题的深网资源获取

该方法要求配备和所涉主题相关的领域本体知识库，即要求有丰富的领域知识的支持。

首先在众多的网页中寻找含有表单的页面，然后对找到的表单配合领域知识的支持分析表单的组成并填写表单，形成有效查询，最后处理返回结果。本方法本质是把网络数据库中需要动态生成的页面静态化，这样它向外界提供的就是直接的静态资源。

在数据库的发现这一步中，本方法采取和上一小节基本相同的策略，即通过入口判断数据库。

在取得相关表单之后，接下来的步骤就是配合领域知识的支持来填写并提交表单。根据上面提到的“机器模仿人访问数据库”的指导思想，人工填写表单时，填写内容的范围会参照文本框附近的文字标签，自动处理时，文本框附近的标签也是重要的参照内容。然而虽然文本标签和文本框位置上相距较近，在 HTML 代码上体现的联系并不紧密，一般只能通过相对位置来确定，比如文本标签一般在所提示文本框的左边或上边。在本步骤中，领域知识的支持，包括如何填写表单及自动填写表单所需要的数据，非常重要，这将保证通过提交查询能获得足够多的页面。领域知识可以来自特定数据库或特定应用程序的输出，甚至是相关领域专家手工创建。本方法最后对获得的深网页面进行信息抽取可以进一步提供像普通网页一样的检索服务（如图 5）。至此动态页面静态化全部完成，剩余的步骤同处理普通静态网页一样。

深网信息获取是比较复杂的研究课题，具体实施起来除了涉及计算机网络、数据库、信息检索等方面的研究外，还会牵涉自然语言处理、人工智能等方面的知识，将来可能需要各界的配合才能真正实现。本文就深网信息获取的一般思路讨论了具体获取信息的两种基本流程，虽然从逻辑上讲，都是可以实施的，但具体的操作还会面临很多问题，比如两种方法都需要第三方知识的支持，特别是第二种，领域知识的利用是否合理将会给最终结果带来非常大的影响。再就是效率问题，第一种方法对多个不同数据库同时提交查询，再接收返回结果，实际中返回的速度可能会超过用户的忍耐而被放弃，这些都是实际运行中必须要考虑的问题。

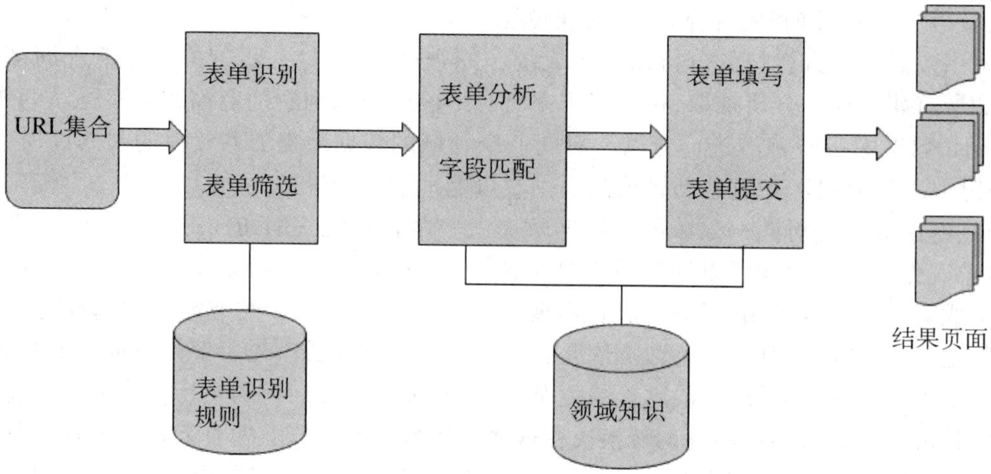

图 5

参考文献

[1] 王斌. 从信息检索到搜索引擎. 术语标准化与信息技术,2009(4)
[2] 李瑞芳,杨娜. 主题搜索引擎研究. 微型机与应用,2009(19)
[3] 曾伟辉,李森. 深层网络爬虫研究综述. 计算机系统与应用,2008(5)
[4] 百度百科. http://baike.baidu.com

南京图书馆数字资源长期保存技术分析与应用

黄　丹(南京图书馆)

摘　要:数字资源的长期保存技术已经成为公共图书馆高度关注的问题。本文在分析公共图书馆数字资源长期保存所面临的挑战和模式选择的基础上,以南京图书馆为例,通过自建网络存储系统、构建自动备份系统、开展云存储技术实践等三方面,阐述了南京图书馆对数字资源长期保存技术的应用。

关键词:数字资源长期保存　网络存储系统(SAN)　自动备份系统(NetBackup)　云存储系统(Isilon)

1　公共图书馆数字资源长期保存所面临的挑战

随着计算机网络技术和信息化进程的快速推进,数字时代已步入并将引领我们的生活。电子和网络资源的出版和传播,为图书馆数字化建设提供了广阔的发展空间。优质而丰富的数字资源,是图书馆提供现代化服务的根本保障。

公共图书馆的数字资源主要包括:①购买数据库资源;②自建数据库资源;③按专题收集组织整理的网络信息资源。南京图书馆高度重视馆藏数字资源的建设,利用优质馆藏进行数字资源的自主建设。2005 年起,设置了专门的文献数字化机构:信息资源开发部。投入足量经费,购置各类数据库 60 多种,同时在历史文献部购置新型设备,加速历史文献的数字化工作。截至 2012 年年底,南京图书馆各类数字资源总量已达 117. 1TB:以电子图书、中文数据库、外文数据库、光盘版数据库为主的外购数字资源 67. 3TB(仅包括安装本地镜像的 40 个中文数据库及方正 Apabi 电子图书),外购历史文献资源 0. 6TB,专题数据库、多媒体资源等自建数字资源总量 17. 7TB,整合数字资源 0. 5TB,古籍文献、民国图书扫描为主的文献数字化总量已达 31TB。

根据 IDC 监测,全球数据量大约每 18 个月翻一番[1]。随着文化大发展大繁荣,公共图书馆的购书经费在逐年增加,数字资源的馆藏量必将大幅增加。但是,数字资源与纸质文献资源保存的巨大差别,其对技术应用环境的高度依赖性和使用权采购机制,使其可靠利用容易受到自然灾害、技术失效、经济条件和法律限制的影响,长期保存面临严峻的挑战。如何保证数字信息资源的长期保存和获取已成为理论和实践迫切需要解决的问题。

2　公共图书馆数字资源长期保存模式的选择

数字资源长期保存体系存在多种模式,主要包括机构独立保存、第三方委托保存和合作保存 3 种主流模式。机构独立保存是由保存机构在拥有对被保存资源的使用权的条件下,获得出版商等相关权利人许可后进行长期保存,被保存资源的服务范围也大都限定在保存机构内的原有用户[2]。第二种保存模式是第三方委托保存,由出版商等资源提供方与公共图书馆以外的第三方机构承担委托保存职责,通常由大型数据中心或商业机构或大型图书馆提供第三方保存服务[3],可共享委托机构的专业技能和设施等来减少各个资源采购方的长期保存投入。再一种保存模式是合作保存,由多家机构共同承担长期保存任务,各成员通过合作实现保存风险及保存成本的分担[4]。

从数字资源长期保存的发展趋势来看,由于长期保存的整个运转周期需要大量人力、物力、财力等方面的投入,对大部分机构来说,单靠其个体的力量难以承担经济、技术、组织和管理等方面的开销。因此,相较于机构独立保存模式,越来越多的机构倾向于第三方保存和合作保存模式。南京图书馆作为省级公共图书馆,在搬迁到新馆后,开展的保存实践是一种"独立保存为主,合作保存补充"的混合模式——对自建的数字资源全部采用独立保存模式,自建网络存储系统;对采购的数据资源大都采用合作保存模式,定期做好数据备份。

数字资源长期保存任务繁重,任何一个机构都无法独立完成全部的保存任务。因此,数字资源的长期保存需要实现跨地域、跨机构的协同工作;为了保障数字资源的永久可获得性和可访问性,数字资源长期保存还需要进行合理的备份和迁移。另外,公共图书馆是非营利性机构,在开展数字资源长期保存工作时,有效降低人力、物力等成本也成为基本需求之一。因此,从可扩展性、支持协同共享、支持备份和迁移、降低成本代价等几个方面出发,探索合理的存储解决方案,是数字资源长期保存领域的关键问题之一。

3 南京图书馆数字资源长期保存技术应用

3.1 自建网络存储系统,提供数据资源长期保存的硬件平台

南京图书馆的自建数字资源包括专题数据库、多媒体资源、整合的数字资源、古籍文献以及扫描为主的数字化民国图书,总量已超过50TB。这些自建数字资源的独立保存,对网络存储提出了很高的要求。在2008年搬迁至新馆后,采用了当时主流的存储区域网络(SAN)架构,自建网络存储系统。整个系统由两台富士通E4K存储、一台富士通LT270磁带库、两台博科4100光纤交换机和50多台服务器组成,如图1所示。

南京图书馆网络存储系统具有以下特点:

(1)存储空间大,扩展灵活。目前已拥有110TB容量,通过增加磁盘、磁盘柜等可以轻易扩大容量。

(2)存取速度快,共享性好。磁盘为高转速光纤磁盘,单条光纤链路速度超过4GB/S;可将SAN存储中心硬盘空间的不同分区分给不同的服务器使用,也可将同一分区分给多个服务器使用。

(3)数据统一管,可靠性高。多个服务器的数据统一存于SAN存储柜中,可统一备份、统一做RAID、统一使用;存储磁盘分别采用了RAID0+1和RAID5方式,采用双控制器、双SAN交换机方式,服务器与两台光纤交换机之间采用了双光纤连接,存储、磁带库、光纤交换机之间采用四条链路交叉连接,再加上双光纤交换机本身具有冗余性,出现故障不会影响存储与服务器的连接。

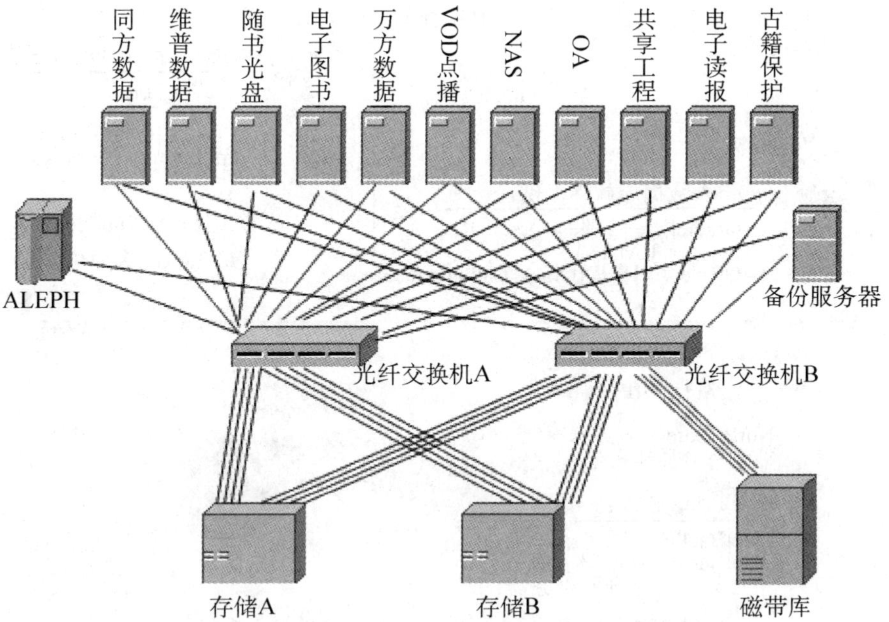

图 1　南京图书馆网络存储系统图

网络存储系统的构建,解决了数字资源长期保存对硬件平台的需求。南京图书馆通过SAN 架构的网络存储系统对全馆数字资源进行存储管理,以实现数据的长期保存。部署该系统 5 年来,未发生一次重要数据丢失事件。

3.2　构建自动备份系统,丰富数据资源长期保存的技术手段

在存储介质不能做到 100% 可靠的情况下,周期性备份是数字资源长期保存的一种常规技术手段。传统手工备份,只适合数字资源较少的图书馆,对于数据量大的图书馆,必须寻求建立由软件控制的自动无人值守的备份体系。在经过多个技术方案比较后,南京图书馆选择了 Symantec 公司基于 Oracle 数据库的 NetBackup 数据备份系统。通过创建 Oracle 策略和日程表,对数字资源进行自动备份操作。工作过程如图 2 所示。

在 NetBackup Admin Console 图形化界面中需要配置“Policy”(策略)。制定一套理想的备份策略,需要考虑的因素有:网络带宽的限制,光纤通道、光纤卡的数据传输率,磁带驱动器的数量(即能同时备份的物理磁带数),驱动器的读写速率,磁带的容量,数据生命周期(即数据的保留周期),需要备份的数据量等。南京图书馆结合服务器的实际状况,制定了如下备份原则:

(1)维普数据、电子图书、万方数据等外购数字资源,由于已购买了使用权,既使数据丢失,也可从数据商那里得到数据,因此可以采用合作保存模式,只备份读者使用记录数据,从而大大减少了备份量。

(2)电子读报、随书光盘、VOD 点播服务器等数字资源,数据量较大但每日变化较少,只需要在每月或每年更新时做一次全备份,并离线保存。共享工程、古籍保护等数字资源采用每月全备份一次,每周差量备份,每日增量备份的方式。需备份数据量较小的系统,如办公自动化等,每日晚间全备份。

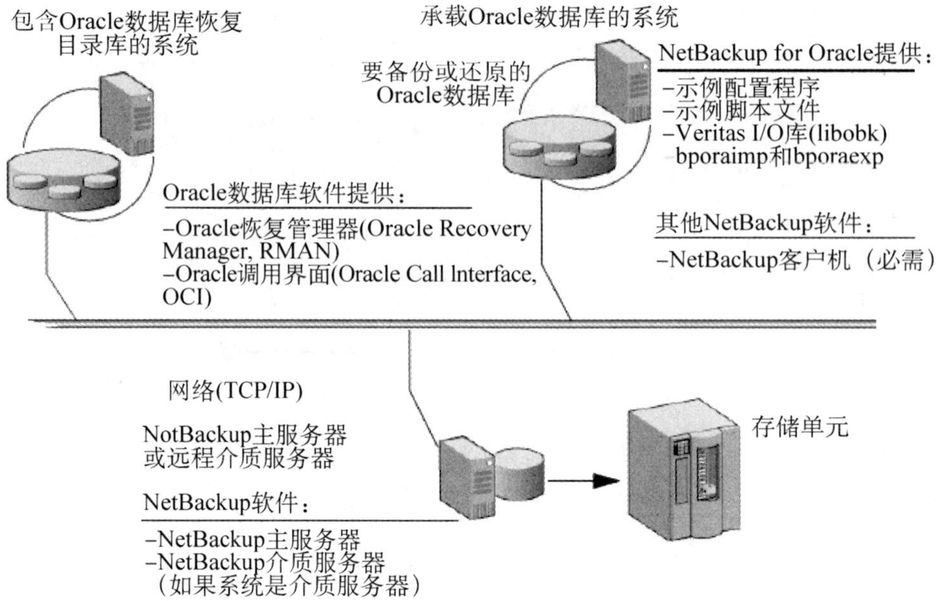

图 2　NetBackup for Oracle 工作过程示意图

(3)对备份类型是数据库文件的，利用 Netbackup 提供的脚本进行备份，可对数据库实时恢复。这是核心数字资源的主体内容，也是最难以进行长期保存的内容。

我们通过“NetBackup for Oracle XML 导出和 XML 导入”实用程序，实现了逻辑数据库对象（表、用户和行）的备份和还原。XML 格式可提供自我标识且独立于系统的格式，因此非常适用于数据库归档。该项技术是解决数据库资源长期保存的关键技术，XML 导出归档数据流如图 3 所示。

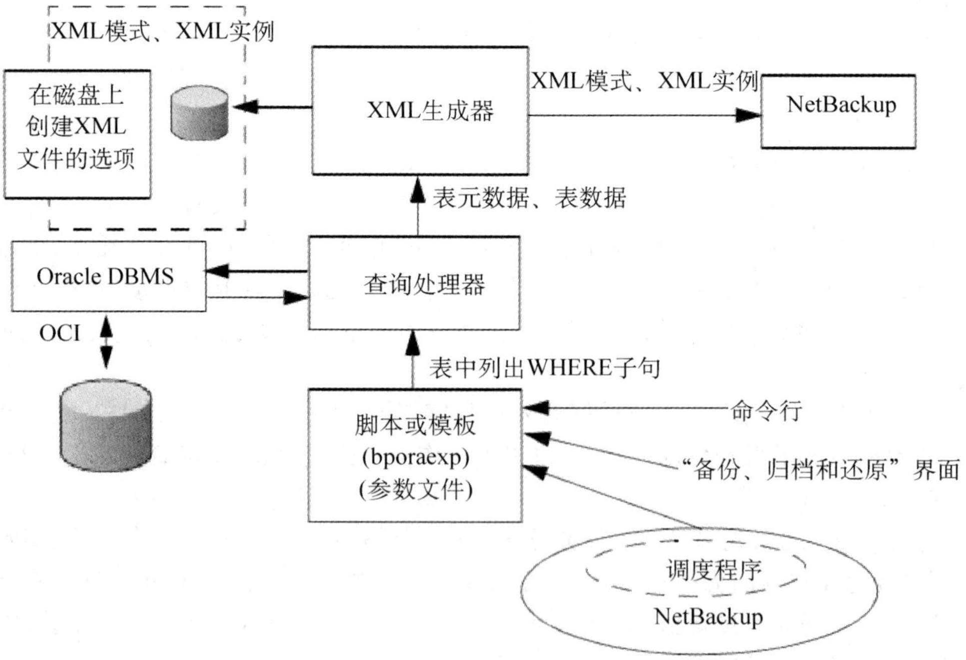

图 3　XML 导出归档数据流图

在实际应用中，NetBackup 中自动日程表可通过执行应用 Oracle 策略的手动备份或者通过“备份、归档和还原”界面调用模板来启动数据库 XML 导出归档。对于传递的每个表，XML 生成器都会生成一组或多组 XML 模式和 XML 实例文档。NetBackup 备份 XML 数据流，bporaexp 可将文件保存到操作系统目录中。

3.3 开展云存储技术实践，探索数据资源长期保存的未来之路

云存储是在云计算（Cloud Computing）基础上延伸和发展出来的一个新概念，一经提出，就得到了许多数字资源长期保存机构研究专家的关注。从根本上说，云存储是网络设备、存储设备、服务器、应用软件、公用访问接口、接入网和客户端程序等多个部分的组合[5]。云存储意味着存储可以作为一种服务，通过网络提供给用户。

SAN 架构使用块数据存储，并利用分离的文件系统或数据库管理支持串行扩容，在系统规模较小时性能较好。但是，随着数字资源数量的不断增大，存储性能会受 I/O 服务瓶颈制约而降低。云存储集成使用了支持大规模存储的集群技术、P2P 技术和网格技术，允许存储服务器和存储节点同时增加，进行并行扩容。因此，在扩展时不会遇到兼容性的问题，存储的性能还会随着节点的增加而无缝增长。另外，云存储实现了资源的集中监控和动态管理，每个应用所使用的存储空间可随意伸缩、实时调整[6]。因此，在开展数字资源长期保存任务时，公共图书馆可以根据保存的资源状况，在初期申请较小的存储空间开展试验性研究，随着保存资源的增加，动态调整存储空间大小，不必担心系统在存储上的可扩展性问题，也避免了原来由于存储空间长期空闲而造成的资源浪费。

在现有 SAN 架构的基础上，南京图书馆曾局部部署测试了某公司的 OneFS 系统。在使用 OneFS 后，网络存储系统将不再依赖硬件作为存储体系结构的关键组成部分。相反，OneFS（如图 4）将 3 个传统的存储体系结构层（文件系统、卷管理器和 RAID）组合为一个统一的软件层，从而创建一个跨越存储系统中所有节点的单一智能文件系统[7]。

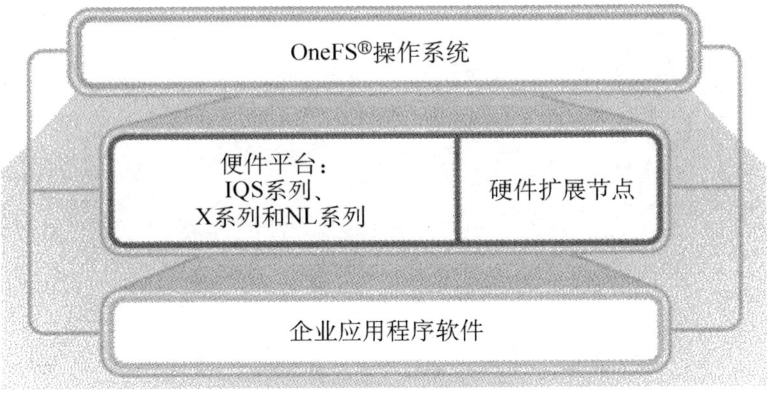

图 4 Isilon 平台的三层架构图

结合南京图书馆的实际应用需求，可以在现有的 SAN 架构之上部署云存储平台。通过建立在“云存储”技术架构上的图书馆数字资源长期保存技术，解决当前公共图书馆面临的数字资源存储空间不足的问题。这种并行的扩展方式不仅保护了公共图书馆前期投资，使数字资源能够长期保存下去，同时也是对图书馆服务形式和方法上的升级，拓展了公共图书

馆的服务能力,是未来发展的必由之路。

参考文献

[1] 中国大数据技术与服务市场2012—2016年预测与分析. http://www.idc.com.cn/
[2] 黄俊贵. 看图书馆现状要客观 讲图书馆精神要科学. 图书情报知识,2005(6)
[3] 程焕文. 图书馆精神始终是最重要的——答黄俊贵先生. 图书情报知识,2006(2)
[4] 吴稌年. 论"新图书馆运动"的逻辑起点. 图书情报知识,2007(3)
[5] 百度百科. http://baike.baidu.com/view/2044736.htm
[6] 黄红. "云存储"在图书馆数字资源建设中的应用. 现代情报,2012(10)
[7] OneFS技术白皮书. http://china.emc.com

互联网免费文献资源的组织与管理方式研究

王曙光(新疆维吾尔自治区图书馆)

摘　要:通过文献调研、网站调研和系统调研,结合现有的各种信息组织理念,分析了当前互联网免费文献资源的组织与管理的几种方式,指出当前信息标准、信息覆盖的全面性、语义异构性等方面存在的问题,并从互联网免费文献资源的标引规范、深层次揭示、筛选与评价、长久保存等角度给出了一些建议。

关键词:图书馆　互联网　免费文献资源　组织与管理

随着互联网的发展与普及,我们进入了一个数字信息爆炸的时代,越来越多的网络信息资源充斥着我们的生活。网络信息资源分布在世界的各个角落,其内容丰富、增长迅速、更新快速、类型复杂、形式多样,且有越来越多的信息资源趋于免费。数据库商家对自己的资源做了集成、规范和标引,并提供了检索、分析等工具以便利用。但是,这些免费的网络信息资源,存在着来源分散、分布无序、价值不等、格式非结构化等问题,难以被直接检索和有效利用。本文主要对互联网免费文献资源的组织和管理方式进行了调查研究,将有助于了解文献组织的不同技术,为图书馆界进一步探索网络文献资源组织以及进行相关研究提供参考。

1　信息组织的概念和目的

近十年来,开放获取的概念深入人心,得到了快速的发展和普及,免费信息资源越来越成为科学研究必不可少的文献,也成为图书馆必须建设的馆藏之一。为了有效利用网络免费信息资源,就必须对其进行组织和管理。信息资源组织是根据信息资源检索的需要,以文本及各种类型的信息源为对象,通过对其内容特征等的分析、选择、标引、处理,使之成为信息有序化集合的活动[1]。具体而言,就是要通过对信息的外在特征和内容特征进行表征和标引,以达到信息资源有序化的目的。

信息资源管理的目的不仅在于信息资源的收集,更重要的是实现知识的相互链接。然而,在网络免费文献资源越来越多的情况下,图书馆要凭借自己的人力和物力来将网络所有免费文献进行下载、整理、分类收藏,固化为本馆的数字化资源几乎是不可能的。要充分利用网络免费文献资源,必须对这些资源进行合理的组织和管理。

2　信息组织和管理的三种方式

免费的网络信息资源越来越多,按照资源出版方式的不同,可以把网络免费学术信息资源分为以下10种类别:图书、期刊、报告、政府出版物、会议文献、专利文献、学位论文、技术标准、技术档案、产品资料等。对互联网免费信息资源的组织,国内外学者从理论、技术手段、组织方式、呈现方式等多方面进行了研究,产生了许多研究成果[2]。总体而言,互联网免费信息资源的组织方式,大致可分为三类:统一检索工具/搜索引擎、导航系统、发现系统。

2.1 统一检索工具/搜索引擎

由于各数据库系统的数据源不同,对数据的标引组织各异,检索方法也有较大差别,千差万别的免费文献资源数据库更是具有各种各样的检索方式,这给读者带来了使用上的极大困难。于是,商业界和图书馆界开始寻求一种统一的检索方式,希望通过整合检索来实现不同数据库的统一检索利用。搜索引擎是互联网上的信息检索工具,目前可用的学术搜索引擎多由商业公司开发。

国内外的科学家们一直致力于研究可以实现跨库检索的集成系统,以及集成搜索引擎。谷歌学术搜索 Google Scholar 以其专业性强、功能强大、覆盖范围广、查询准确等特点[3],成为最受欢迎的互联网学术文献检索工具。它以学术文献检索为目标,对互联网上各类学术文献资源进行索引,将所有文献划分为7个学科领域,搜索的范围涵盖几乎所有学科领域的学术研究资料,并提供文献引用次数。德雷赛尔大学 Drexel University 开发了一个网络文献搜索引擎 http://www. ipl. org/,现集合了原先的 Internet Public Library (IPL)和 Librarians' Internet Index (LII)的文献资源,涵盖了图书馆员选择和评估过的7000多种网络资源[4]。此外,还有如 Elsevier Science 公司建立的科学搜索引擎 Scirus (http://www. scirus. com)[5];联机计算机图书馆中心的 OAIster database (http://www. oclc. org/oaister. en. html),可以搜索世界上数千个图书馆的数字资源[6]。瑞典隆德大学图书馆推出的开放获取期刊的检索系统 DOAJ(Directory of Open Access Journals) http://www. doaj. org[7]等。在国内,中国教育图书进出口公司建设了 OA 开放存取资源一站式检索服务平台 Socolar[8]。中国图书进出口公司也建立了自己的开发存取期刊检索平台,先可以检索到2000多种开放获取期刊[9]。

统一检索工具/搜索引擎存在的问题主要在于,查准率不足,搜索技术不透明,覆盖的网络资源有限。

2.2 导航系统

图书馆作为文献信息的收藏与服务中心,需要对读者使用信息资源进行引导。网络免费资源导航是对网络免费资源做索引,包括学科导航、期刊导航、专题导航、学术站点推荐等内容,大多数图书馆的做法是列举文献资源名称并提供链接。

学科导航是按学科门类将学科信息、学术资源等做搜集、分类和整理,以方便用户按学科查找相关学科信息和学术资源。如加州大学图书馆的 INFOMINE(信息矿藏),它是一个因特网学术信息资源汇总,提供资源检索和全文链接,并按学科和资源类型分别进行导航[10]。国内较为成熟的有 CALIS(中国高等教育文献保障系统)重点学科网络导航库[11],收集了各学科重要学术网站与免费学术资源,涉及哲学、文学艺术、历史、经济管理、法律、图书馆学、情报学、社会学等多个学科领域。国家科学数字图书馆提供数理学科、化学化工、资源环境学科、生命科学、图书情报学科信息门户网站[12]。中科院计算机化学研究所主办的化学信息网[13],提供化学化工信息资源的分类链接。国内很多高校都制作了自己的学科导航系统,这些系统主要包含了站点链接、资源推荐、学术信息等内容。

导航作为一种最浅度的资源整合,可以提高用户的浏览速度。但是,一些导航系统收录的链接少、维护不够及时、存在较多死链接现象。在瞬息万变的互联网上,导航系统必须随时维护,如更换链接、增加链接、删除失效链接等。

2.3 资源发现系统

资源发现系统是一个近几年才出现的概念,它采用最新的技术手段,通过元数据收割、建立集中的海量元数据仓储,以预索引的方式提供检索服务。它还能对检索结果进行分析处理,使各种类型的文献资源实现高度整合。资源发现系统具有集成检索的功能,是一种跨平台、跨格式、跨内容的新型系统。

自 2009 年,Series Solution 公司推出全球第一个网络级资源发现系统 Summon 后[14],各商家也陆续推出了多个发现系统,如 OCLC 的 WorldCat Local(WCL)[15],Ex Libris 公司的 Primo Central[16],EBSCOhost 公司的 EBSCOhost Discovery System(EDS)[17],这些资源发现系统以“简单、快速、易用、有效”的检索体验颠覆了传统的图书馆整合检索系统带给用户的感受。2013 年,国内的超星公司也推出了自己的资源发现系统,对各类型的中文资源进行了元数据索引和整合。

资源发现系统可以帮助用户从海量资源中快速检索到所需资源,并对返回的结果进行智能化的聚类、去重等处理,如相关度排序、分面导航(faceted navigation)和结果精炼(refine)以及相关资源推荐,帮助用户找到最合适的资源。与传统的针对异构平台实现电子资源整合的一站式检索系统相比,发现系统能够管理更丰富的资源类型,在检索效率、检索结果的有序性及结果的质量等方面都有很大的提升[18]。

3 一些仍待解决的问题

上面提到的 3 种系统,由于出发点各不相同,因而也各自具有自己的特点。统一检索工具/搜索引擎可以实时检索已经订购的资源和网络上的信息资源;导航系统则像一个分类的知识库集合站点,为读者提供学科等方面的指引;资源发现系统对元数据做索引,具有对资源进行再次组织管理的先天优势。

互联网免费电子资源的来源主要有:政府机构、学术团体、公司企业、协会、组织、社会团体、个人等的网站。不同于严格筛选、精心组织加工的商业数据库,网络信息资源是分散的、无序的。其内容更新、长期保存、免费访问、信息质量等问题无处不在。互联网信息资源的组织和管理是一项复杂的工程,综合现有的各种组织管理方式来看,目前仍没有一种组织管理方式能将所有的互联网免费文献资源包括进来,还有许多尚未解决的问题,如内容变化莫测、信息格式标准不一、信息结构复杂多样、信息稳定性差、积累与保存困难、信息重复和污染严重等等。

3.1 信息标准不一

信息资源是信息服务的前提,建立丰富、易用、适合的信息资源库,并对其进行合理的组织和管理是提供信息服务的必要条件。系统并有效地对数字资源进行组织和管理是提高图书馆的服务水平和图书利用率的有效手段,同时也给用户的使用创造条件和便利。

然而,网络免费数字资源规模巨大,各种类型、各种层次的文献资源都非常多,要切实提取出对读者有效的信息资源,必须加强对网络信息的评价选择、分类组织等工作。

3.2 资源获取的全面性不足

目前,图书馆对互联网免费文献资源的开发利用,多基于文本形式,对于多媒体资源的开发组织较少。音频、视频、照片等多媒体资源,由于具有更直观、更丰富、更生动的形式向用户传达信息和知识,越来越受到大众的欢迎。然而,在当前各种免费信息组织方式中,对多媒体资源的揭示还非常弱化。

以资源发现系统为例,由于元数据的要求以及获取渠道的限制,这些发现系统着重于对商业集成数据库的元数据进行组织整理,进而帮助用户快速找到所需信息。但是对于网络免费资源的发掘整理,还不够重视,不能讲各种类型的免费资源都整合到其中,当然,要整合这么多免费文献资源,需要大量的财力和物力支撑,各个发现系统商家都在努力扩大自己的资源发现的广度和深度。

3.3 语义异构问题尚未很好解决

图书馆众多格式和媒体的资源要实现互操作的关键就是要解决元数据的互操作问题。由于不同的数据库往往采用不同的数据模型来描述数据,数据源的语法和语义就存在异构问题[19]。对于语法异构问题,通过元数据以及数据映射方法可以解决。从语义上识别用户输入的条件,使分布异构的数字图书馆系统协同工作必然是信息检索要解决的问题。由于语义可能存在于数据模型、概念模式、应用程序、数据本身等不同的地方,目前还没有一种方式可以很好地解决异构问题。

一些研究人员结合网格技术,提出在网格服务的基础上应用本体技术对不同结构、不同领域的知识进行统一语义定义,并通过服务实现对分布式的知识与数据进行统一的组织、执行以及协调,以便有效地管理语义、数据元、数据挖掘工具以及可视化工具的语义描述[20],在语义检索过程中采用中文分词技术对用户输入进行语义处理。另一些研究人员提出,利用知识地图和语义 web 技术实现数字图书馆的知识组织,达到语义互联和语义互操作[21]。

但是,众多学者的主要关注点集中于知识库之间和知识库与用户之间的语义互联互操作,并没有针对用户之间具有语义关联的需求进行语义匹配及语义整合,也没有突破数字图书馆系统本身的异构性、分布性的问题,语义检索还不能实现 web 服务的组合。

4 建议

对网络资源深层的开发和利用是图书馆等信息机构义不容辞的责任。面对网络信息资源的飞速发展,图书馆必须关注并致力于对网络信息资源的开发和利用。针对目前对网络免费信息资源的,加强对免费文献资源的组织和管理,可以从以下几方面进行考虑。

4.1 研究制定统一的标引规范

网络信息资源分类与图书分类存在明显的差异，目前网络目录使用的分类法多采用主题分类，给检索带来一定障碍。从数据字段的选取上看，除了提供刊名、URL、数据库来源、ISSN 等字段的标引，还应该有分类、主题、购置情况、收录时间范围、资源类型、出版机构、收录情况、通信地址、简介等字段的标引。现有的统一检索、导航系统，很多都没有标识文献更细致的内容，索引过于简单，不仅不能有效地帮助获取文献信息资源，也影响了文献的二次开发利用。

4.2 检索功能的深层次揭露

从检索结果来看，仅仅基于元数据集中索引很难提供诸如相关度排序等的准确结果。基于全文的深层次检索受到越来越多的关注，部分提供商拥有文献全文或者全文的访问权限，在预先建立集中索引时，能够针对文献全文作深层索引，极大地提高了相关度的准确性。用户在搜索时，文献中的每个词或词组都有可能成为检索点，而不仅仅是关键词、题目、作者等几个有限的检索点。EDS 和 Summon 都可以根据具体图书馆的订阅情况提供部分全文索引和检索，但仅有这些远远不足以满足读者的需要。读者希望通过图书馆的系统，在所有资源里搜索到相关的信息，并进行筛选，最终获得对自己有用的信息，对图书馆资源的要求是全面而又准确。必须通过一定的技术手段，对检索功能进行更多维地开发，并嵌入更多检索分析、综合评价功能，方能更全面、更深入地揭示文献资源，才能为用户构建一个真正有效的互联网免费文献资源知识库。

4.3 对免费资源进行有效的评价和筛选

由于互联网免费文献资源缺乏统一的标准，很多是基于用户共同构建的资源池来实现免费使用的，在资源建设过程中，缺乏有效的监督和规范的组织整理，以至于很多资源价值不大、重复严重。图书馆作为信息资源的管理者和服务者，应承担文献建设的职责，向读者提供经过筛选评价的、对读者有用的、可靠性高的资源。

互联网免费文献资源的评价，可以从信息的准确性、涵盖量、新颖性、时效性、权威性、安全性、易用性、层次性、信息下载与引用次数等方面综合进行。其中，网络资源的链接时间和更新时间是判断资源学术价值的一个重要指标，但是，并非所有网络免费资源都有确定的时间。由于网络信息资源具有高度的动态性，内容更新迅速、网站变化快，因此网络免费文献资源组织与管理的过程中，需要特别注意时效性和累积性，随时对最新的信息进行维护，定期测试免费文献信息，及时删除过期资源。

4.4 对网络免费资源长久保存的研究

由于网络免费文献资源的不稳定性，要长久发挥这些资源的作用，需要加强整理和保存工作。许多学者认为，图书馆作为知识的存储机构，可以承担开放获取期刊的长期保存任务。在有条件的情况下，图书馆有责任开发、引进数字资源长期保存技术，以保存有用的学术信息。但网络信息资源的采集和保存是一项长期的系统工程，目前图书馆面临网络信息资源采集和保存的一系列难题，包括人力、物力、技术等方面。哈佛、斯坦福等大学图书馆在开展数字资源的长期保存项目方面已见成效。斯坦福大学图书馆建立了一个长期保存资产和外购数字资源的数字知识库,并开发了 LOCKSS(Lots of Copies Keeps Stuff Safe)系统,该项目通过多个图书馆参加的分布式联合建设机制,与出版机构合作,对图书馆购买的电子资源统一进行长期存档,保证各个图书馆对其购买的电子资源可以进行永久存取[22]。

然而,从作者的角度来看,任何一个图书馆仅凭一馆之力,想要将这些经过筛选评价的互联网免费文献资源保存到本地,几乎是不可能的,尤其在国内,图书馆经费不足的情况下,更是无法实现。要保存这些资源,不仅需要巨大的存储空间,还需要一个极其强大的管理系统来组织和管理这些文献资源,这不仅涉及技术问题,还涉及人员、经费、管理方式等多方面的问题。理想的方式是,在拥有一套功能完备、使用简便、规范统一、性能优秀的管理和存储系统的情况下,寻求一种联合共建的模式,由多个图书馆或机构,采用统一的标准、规范的流程、准确的标引,共同构建互联网免费文献资源的知识仓库,通过元数据搜索引擎等先进的组织揭示工具,提供给读者使用,从而达到永久可靠、使用便捷的目的。

5 结论

充分开发利用互联网免费文献资源,对于丰富图书馆的馆藏资源、缓解图书馆的经费压力、扩大图书馆的资源范围等都具有巨大的意义。近年来,互联网免费文献资源的数量和种类增长迅速,如果仅停留于罗列、简单介绍、链接等揭示方式,显然不足以满足读者的需要,也无法适应技术的发展,必须建立互联网免费文献资源的多层次和全方位揭示机制,通过信息抽取、知识组织等技术,实现对分布式免费文献资源的语义组织,支持个性化、学科化服务。图书馆应充分发挥信息职能,密切关注网络免费文献资源,并进行有效的组织和管理,让用户能广泛使用这些免费的文献资源来进行学习与研究。

参考文献

[1] 马张华. 信息组织. 北京:清华大学出版社,2003

[2] 刘丽. 网上免费学术资源开发利用研究综述. 图书情报工作,2008(S1)

[3] 谷歌学术搜索. http://scholar.google.com/

[4] ipl2: information you can trust. http://www.ipl.org/

[5] Scirus——for scientific information. http://www.scirus.com/

[6] OAIster. http://www.oclc.org/oaister.en.html

[7] DOAJ: Directory of Open Access Journals. http://www.doaj.org

[8] Open Access 开放存取(开放获取)资源一站式检索服务平台——Socolar. http://www.socolar.com/

[9] 中国图书进出口(集团)总公司期刊导航. http://ejnavor.cnpeak.com/

[10] 李咏梅,袁学良,袁冰. 利用开放存取重塑学术型图书馆——以美国加州大学图书馆为例. 四川图书馆学报,2010(3)

[11] CALIS(中国高等教育文献保障系统)重点学科网络资源导航门户. http://202.117.24.168/cm/main.jsp

[12] 中国科学院国家科学图书馆. http://www.las.ac.cn/

[13] 化学信息门户 ChIN. http://chin.csdl.ac.cn/

[14] Doug Way. The Impact of Web-scale Discovery on the Use of a Library Collection. Serials Review, 2010, 36 (4). http://dx.doi.org/10.1016/j.serrev.2010.07.002
[15] OCLC 的 WorldCat Local (WCL). http://www.oclc.org/en－US/worldcat-local.html
[16] Ex Libris 通向知识的桥梁. http://www.exlibrisgroup.com/cn/category/primocentral
[17] EBSCOhost Discovery System(EDS). http://www.ebscohost.com/discovery/
[18] 窦天芳,姜爱蓉.资源发现系统功能分析及应用前景.图书情报工作,2012(7)
[19] 黄文忠.基于本体(Ontology)的数字图书馆知识组织研究.大家,2010(2)
[20] 张继东.网格环境下数字图书馆的语义服务开发研究.图书情报工作,2010(15)
[21] 毕强,牟冬梅,刘昆.语义网格环境下数字图书馆知识组织研究.图书情报工作,2006(6)
[22] 王晓山.国外高校数字资源长期保存实践研究.兰台世界,2011(21)

网络环境下公共图书馆信息资源采集策略

吴玉灵(江西省图书馆)

摘　要:本文介绍了网络环境下公共图书馆信息资源的基本概念,信息资源采集的技术方法和主要采集策略,并结合国外网络信息资源采集的经验提出了我国公共图书馆网络信息资源采集的建议。

关键词:网络环境　公共图书馆　资源采集　策略

随着信息技术的发展和互联网应用的普及,人们足不出户便可以利用网络检索到需要的信息。公共图书馆作为公共情报服务机构,是信息资源的集中地。它不同于高校图书馆等其他图书情报服务机构,是面向社会各阶层开放,为广大读者服务的图书馆。现代公共图书馆的基本职能之一便是尽可能满足各种类型读者的不同需求,而满足这种需求的前提是提供高效、智能的检索服务。因此,建立实用、高效、合理的公共图书馆信息资源采集策略是当前公共图书馆信息资源建设亟待解决的问题。

1　网络环境下公共图书馆信息资源概述

1.1　公共图书馆采集资源类型划分

1.1.1　按信息来源划分

政府信息资源。是指国家与政府机关公开的各种信息,进行国家与政府的形象展示。各种新闻、统计信息、政策法规文件、政府档案、部门介绍等公开信息。

公众信息资源。为社会公众服务的各种信息资源。包括各种学科知识、学术资源等。

1.1.2　按信息资源加工层次种类划分

包含搜索引擎、联机联合目录、联机数据库、电子期刊、电子图书、电子报刊、参考工具书、软件资源、其他动态信息等资源。

1.1.3　按网络传输协议划分

WWW 万维网信息资源。WWW 使用的核心技术是超文本标记语言 HTML(文本、图形图像、音频视频、链接)和超文本传输协议 HTTP。

Telnet 信息资源。Telnet 协议是 TCP/IP 协议族中的一员,是 Internet 远程登陆服务的标准协议和主要方式。Telnet 是常用的远程控制 Web 服务器的方法。

FTP 信息资源。文件传输协议(FTP,File Transfer Protocol)使得不同主机间可以共享文件。FTP 使用 TCP 生成一个虚拟连接用于控制信息,然后再生成一个单独的 TCP 连接用于数据传输。

USENET/Newsgroup 信息资源。新闻组(英文名 Usenet 或 NewsGroup),简单地说就是一个基于网络的计算机组合,这些计算机被称为新闻服务器,不同的用户通过一些软件可连接到新闻服务器上,阅读其他人的消息并可以参与讨论。新闻组是一个完全交互式的超级电子论坛,是任何一个网络用户都能进行相互交流的工具。

LISTSERV/Mailing list 邮件信息资源。

1.2 采集的资源类型

文件类型名称	文件扩展名	支持软件
HTML 文件	. html; . htm	Internet Explorer8. 0
ASP 文件	. asp; . aspx	Internet Explorer8. 0
PHP 文件	. php	Internet Explorer8. 0
PDF 文件	. pdf	Adobe Acrobat Reader
视频文件	. mpg;. mpeg;avi;. asf;wmv;. flv	Microsoft Media Player
音频文件	. mid;. rmi;. wav;. mp3	Microsoft Media Player
Realplay 视频文件	. rm;. ram;. rmvb	Realplayer
Flash 动画软件	. swf;. fla	Micromedia Flash player
图像文件	. jpg;,jpeg;. gif;. png;. tiff	Internet Explorer
Word 文件	. doc	Microsoft word 2003
Excel 文件	. xls	Microsoft excel 2003
Powerpoint 文件	. ppt	Microsoft powerpoint 2003
文本文件	. txt	Internet Explorer

图 1.2　采集的资源类型的文件结构

1.3 采集的资源的特点

互联网信息资源是一种新型的数字化资源,它是通过网络媒介存贮和传播所有内容的总和。与传统文献相比较有较大的差别,从信息检索的角度来讲,网络信息资源具有以下特点:

(1)信息资源丰富,免费信息资源丰富。

(2)信息内容多样和表现形式多样。

(3)信息的时效性、交互性、关联性、开放性强。

(4)信息组织的局部有序性与整体无序性。

2 公共图书馆互联网资源的采集

2.1 资源采集的必要性

网络信息资源,不论是在内容上还是在形式上都十分丰富,它是集文字、图像、声音、视频为一体的多媒体信息。它们按照非线性文本组织模式,将信息单元储存于节点,通过含有URL 地址的统一资源定位符体现各个节点之间的概念逻辑关系,形成一种网状结构。既可以按线性顺序查阅，又可以进行跳跃式浏览，比起传统的印刷型文献资源，它具备无序性、开放性、动态性、多样性的特点。

鉴于网络信息资源的容量大、用户广、互动强，要充分开发和利用网络信息资源，实现网络信息资源的共享并非易事，加之网络信息资源的分布和流通又不均衡，信息价值的实用性也参差不齐，因此，很有必要通过一定的方法和策略组织和采集网络信息资源，更好的实现文献资源的整体化建设。

2.2 资源采集的基本思路

网络环境下公共图书馆对信息资源的采集，是指在庞大的因特网信息群中，按照一定的策略和标准(例如具体到某一学科或某一领域的在一定时期内的要求)，通过先进的技术方法，搜集相关的网络信息，然后将这些信息资源加以组织，提供给用户浏览或查询。

2.3 资源采集的技术

2.3.1 基于 Mutil-Agent 的分布式主题信息采集系统

2.3.1.1 Mutil-Agent 主题信息采集系统的概念

Multi-Agent 系统(MAS)是由一组具有一定资源和能力，相对独立且相互作用的 Agent 组成的计算机系统，这些自主的 Agent 通过协作方式实现整体的功能，达到共同的目标。

2.3.1.2 Mutil-Agent 系统结构的核心特征

协作是 Mutil-Agent 系统的一个主要特征，单一 Agent 系统的资源、能力和分布的有限性可以在 Mutil-Agent 系统中得到有效解决。所以，Mutil-Agent 又具备单一代理所缺少的功能：

(1)工作协调性。系统中的 Agent 之间通过相互间的协作共同完成信息用户复杂的信息需求，Agent 之间存在相互协作和通信的机制。

(2)结构分布性。同网络的分布一致，系统中的 Agent 分布于网络的各个分支资源节点上，通过协作来实现系统的整体采集功能。

2.3.1.3 基于 Mutil-Agent 的分布式主题信息采集系统分析

分布式主题信息采集系统的关键在于对用户提出的信息需求进行正确的主题分析。而用户信息需求的主题分析，其实质是对主题概念以及知识单元的抽取。

下面就以数字图书馆推广工程为例，见图 1。在推广工程的制定过程中，推广工程主要负责人需要对推广的实时动态变化以及各种设备的到位情况进行掌握。例如，要对各个省、市、县的数字图书馆推广进行了解，这些知识包含：是否有意愿加入数字图书馆推广工程，如果有意愿加入，需要了解用于该区域的数字图书馆推广工程软硬件设备安装到位的情况。由此可见，对于信息用户的一个简单的查询，信息采集系统将必须为用户完成采集、处理、分类等多种信息加工任务，而这一切都需建立在正确的信息需求的主题分析上。

从功能上看，面向主题的信息采集系统由 3 部分构成：信息采集子系统、信息分析子系统和 Agent 管理子系统，如图 2 所示，各个子系统内部又包含功能独立的多个智能 Agent 组成。Agent 管理子系统主要是由信息查询协作 Agent 和 Agent 管理器组成。

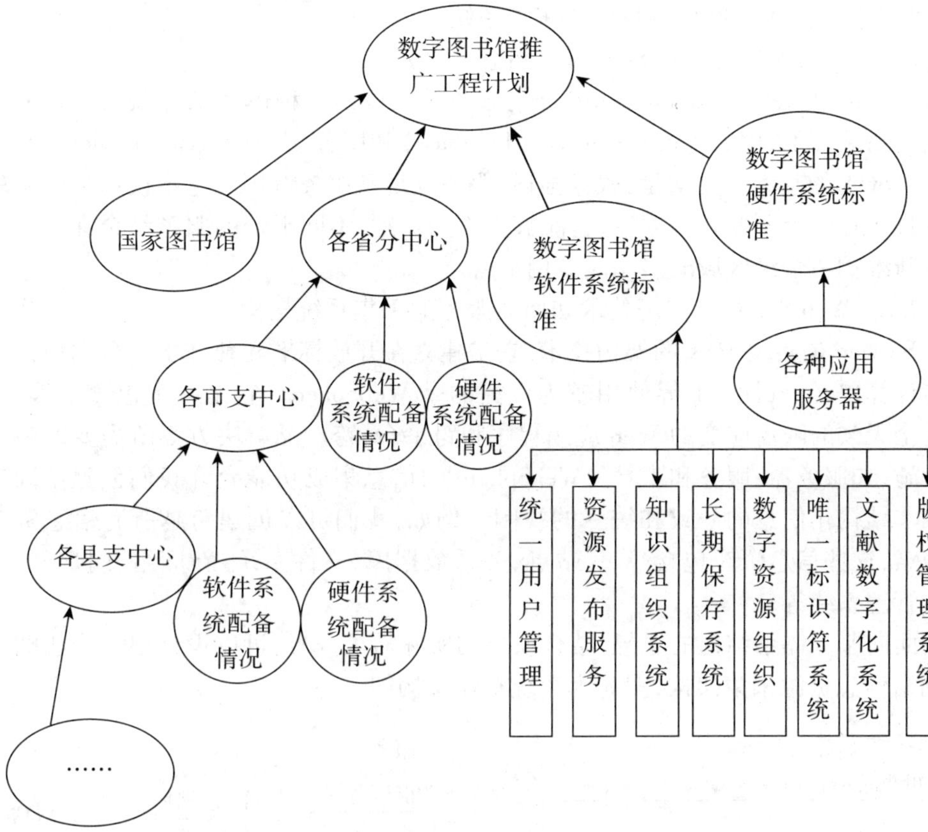

图 1　基于 Multi-Agent 的主题分析网络

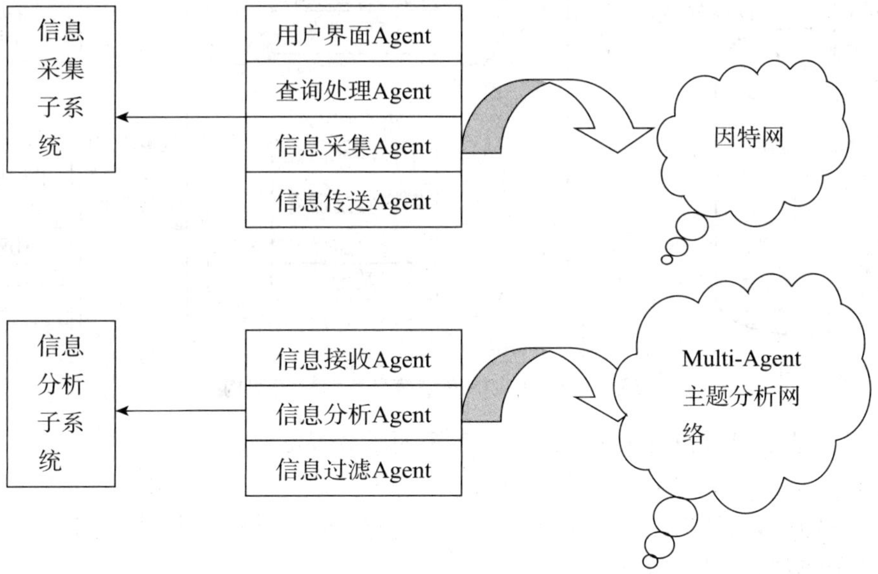

图 2　基于 Multi-Agent 的主题信息采集结构

2.3.2 基于SOA的网络信息资源采集系统

2.3.2.1 面向服务的架构SOA基本概念

SOA(Service Oriented Architecture)面向服务的架构是一种体系结构风格。它采用面向服务的软件封装技术,用服务接口(Service Interface)和服务实现(Service Implementation)的方式呈现。SOA的基本三要素是:服务描述、服务发现和服务调用。它不仅仅是一个软件开发框架而且还是一个业务开发框架,它能够将不同类别,不同平台的服务结合在一起,实时、动态的更新维护一个跨区域的多功能应用平台。

2.3.2.2 Web Services 实现技术和面向服务的采集系统架构

Web Service是实现SOA的架构技术,它是建立在开放标准和独立于平台的协议基础之上的分布计算单元。目前,业界使用较为广泛的是WebSphere. 它是一个包含了编写、运行和监视的全天候的随需应变的Web应用程序和跨平台、跨产品解决方案所需要的整个中间件基础设施,如服务器、服务和工具。WebSphere的信息集成功能允许我们创建不同来源的结构化和非结构化信息的一致和统一的视图。例如:我们可以创建跨越所有信息资产的自由格式搜索,这些信息资产包含Web站点、关系数据库、文件系统、新闻组、门户网、协作系统和内容管理系统等。

根据面向服务体系结构的思想,结合项目的实际需求分析,可以设计出一个粗略的基于SOA的网络信息资源采集架构,图3为系统整体架构图。

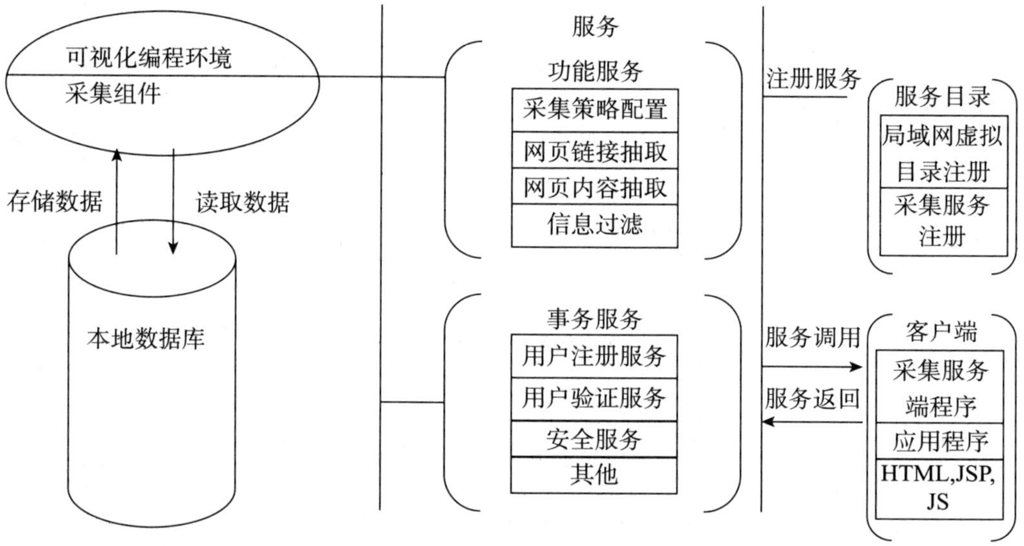

图3 基于SOA的网络信息资源采集架构

2.3.2.3 基于遍历和目录树的网络信息资源采集算法

一般来说,信息资源的采集主要借助搜索引擎来完成,采集的算法程序是搜索引擎的核心部分。常用的搜索引擎算法主要有:遍历搜索策略(如:广度优先算法)和目录树搜索策略(如:深度优先算法,二叉树算法等)。

以搜索引擎蜘蛛SES(Search Engine Spider)为例,将互联网比喻成一张蜘蛛网,那么Spider即是网上爬行的蜘蛛。搜索引擎蜘蛛的两种搜索策略便是广度优先和深度优先。

广度优先算法是指搜索引擎蜘蛛先抓取起始网页链接的所有网页,然后再选择其中的一个链接网页,继续抓取在此网页链接的所有网页。这是最常用的方式,因为这个方法可以让搜索引擎蜘蛛并行处理,提高其抓取速度。

深度优先是指搜索引擎蜘蛛从起始页开始,一个链接一个链接跟踪下去,处理完这条线路之后再转入下一个起始页,继续跟踪链接。这个方法有个优点是搜索引擎蜘蛛在设计的时候比较容易。两种策略的区别,图4为广度优先和深度优先抓取顺序图。

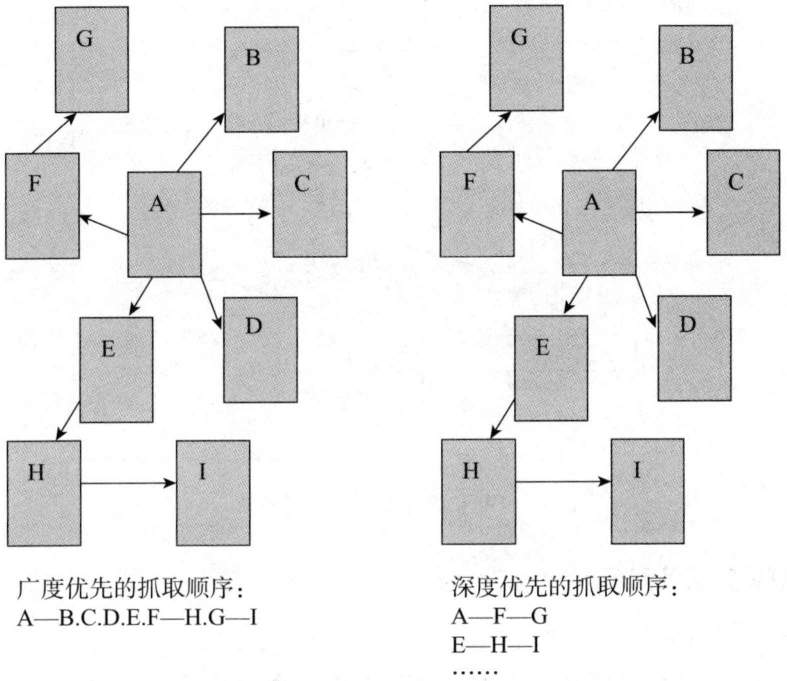

图4　广度优先和深度优先抓取顺序图

针对网络资源的多样性和庞大性,结合公共图书馆网络信息资源的应用集成环境建设的项目任务需求,选取合适的搜索引擎算法,通过采集 Internet 上的资源来汇聚大量数据,经过加工、处理、转换后构建资源目录服务系统,将共享资源提供给用户。

2.3.3　基于正则表达式的 Web 资源采集系统

2.3.3.1　Web 资源采集的概念

是指通过一定的策略和方法将互联网上的网络出版物(电子图书、电子期刊、电子报刊等)、联机数据库、动态信息(包含政府机构发文、政策法规、会议信息、论文刊物、研究成果等)以及其他类型 Web 资源搜取、组织、加工、转换后并提供给用户使用。

2.3.3.2　Web 资源采集的方式

目前应于 Web 资源的采集,主要由以下五种采集方式:捐赠、呈缴、选择性采集、全采集、联合方法等。其中前两种是被动的获取,后面三种是主动的获取。

2.3.3.3　web 资源采集流程图

运用正则表达的某种模式可以快速的匹配出目标文本,根据事先指定的资源类型作进一步的分析与处理。采用 XML 文件保存正则表达式模板可以方便扩展和修改而无需修改程序本身。图5为利用正则表达式进行 Web 资源的采集的流程图。

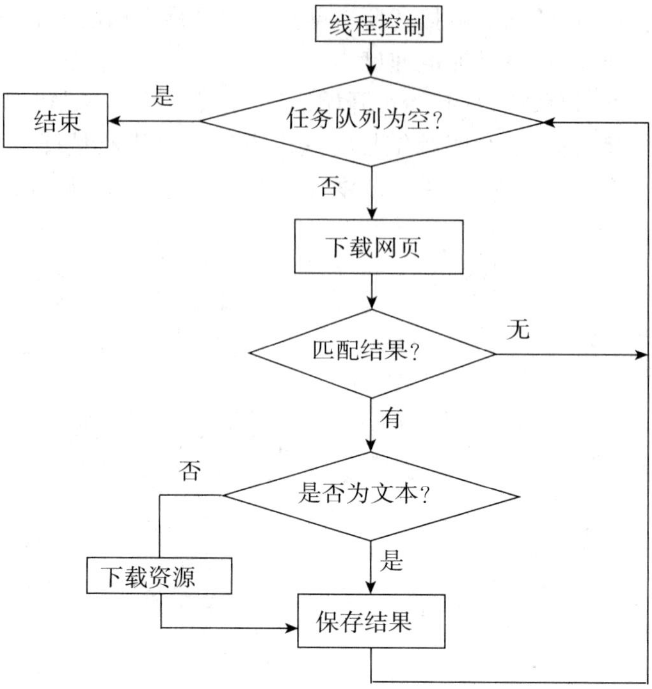

图 5　Web 资源的采集的流程图

2.4　资源采集的策略研究

2.4.1　人工采集

人工采集是指网络信息资源采集人员通过参考咨询服务、问卷调查手动的将互联网上能够满足读者需求的信息资源保存到本地服务器,经过重新加工,处理,转换后提供给读者使用。

人工采集的优点是采集需求明确,缺点是工作量大,采集费时费力,工作效率低。由于采集加工信息资源的工作时间太长,往往采集到的信息资源不能及时满足读者或用户的需求。

2.4.2　自动化采集

自动化采集是指通过先进的自动化采集软件将互联网上满足读者需求的文献信息资源采集到本地服务器,经过加工、处理、转换后供读者使用。

不同于人工采集的是,自动化采集采用 SDI(Selective Dissemination of Information)定题情报服务等先进技术。自计算机成为情报处理的主要工具之后,SDI 是最早一种实现计算机情报检索服务的方法。至今,它仍是机检服务的重要形式之一。SDI 采用脱机批量处理的工作方式,每次检索处理一批用户提问,用户不直接与计算机系统接触,仅向检索中心提交提问单,由检索中心按照用户要求组建成提问档。之后,以组织好的满足读者需要的文献资源为标准通过相应的软件平台进行自动化采集。

2.5　当前公共图书馆网络信息资源采集应当注意的一些问题

2.5.1　对网络信息资源的研究力度不够

网络信息资源的采集实践工作在各大公共图书馆早已紧锣密鼓的进行着,但是大部分公共馆对于网络信息资源采集的理论研究工作尚且还没有形成科学合理的理论体系，这与当前网络信息资源的迅速发展速度相比较，显得极为不协调。若长期如此，必将导致网络信息资源采集实践工作的无序性和盲目性。加强公共馆网络信息资源采集的理论研究是解决好资源采集策略问题的前提。

2.5.2 缺乏科学有效的信息采集评估标准

信息资源采集结果的评估是公共图书馆网络资源采集的重要环节。科学有效的评估标准对网络信息资源的跟踪、采集、服务有着重要的现实意义：

(1)规范化网络信息资源的采集工作。确保信息资源采集工作的每一个环节都按照标准执行，提高网络资源采集的执行力度，降低返工率。

(2)有效防止垃圾信息的堆积。由于网络信息资源的多样性、无序性和发现资源的随机性使得采集到的信息资源多少存在无关紧要的信息，建立科学有效的信息评估标准可以预先遏制或降低这种情况出现的几率。

2.5.3 网络信息资源的定位和采集存在障碍

网络信息资源数量庞大、内容丰富、形式多样、更新速度之快，因此即使采用最优化的采集和检索策略，在速度和效率上仍然存在着矛盾。

另外，网络信息资源中按照保密机制又可分为大众化非保密资源和保密性隐蔽资源。前者通过普通的资源采集器即可获取到，但是对于后者来说就相对比较困难，例如，跨库检索中隐蔽网络资源的采集问题等。

3 国外公共图书馆信息资源采集策略研究现状

3.1 国外公共图书馆网络信息采集策略

国外公共图书馆十分重视对Web资源的采集，从而将Web上值得利用和保存的信息用各种方式进行保存。按照采集策略的不同，主要分为以下几种类型。

3.1.1 全采集

所谓全采集，指的是利用机器人，网络爬虫等网络搜索工具，对所有有关的网络信息资源进行抓取。

全采集策略的优点在于使用自动采集器，对整个域名内的网站资源进行定期自动获取，人工干预较少，采集效率高。全采集策略的缺点在于采集数据量过大，采集的内容参差不齐。

例如，瑞典的Kulturarw3工程，它是世界上最早的网络信息资源采集工程之一。由于没有对采集资源做出采集限制，采集器会将所有的文字、图片、声音、期刊、以及其他网络资源都采集到位。

3.1.2 选择性采集

选择性采集，顾名思义是有选择性的采集。它是指依据采集人员的需要制定出最佳的采集方案，实现对网络资源的采集。例如：依据网络资源的历史价值、文化价值、研究价值、经济价值的不同，选择性的对网上信息资源进行采集。

选择性采集的优点是对将要采集的内容都是经过审核比对的，并且它能够依照一定的优先原则或标准进行资源采集。这样便保证了采集到资源的质量。选择性采集的缺点是采集标准是人为主观定制的,具有一定的主观性和时效性,并且如果采集标准制定的采集限制过多,势必会导致资源筛选的时间过长,影响采集效果。

例如,澳大利亚国家图书馆于 1996 年启动的 PANDORA 项目,该项目旨在联合多个图书馆共同合作,收集、保存与澳大利亚相关的网站和联机出版物,从而满足社会发展和国家建设的需求,并为广大用户提供对这些可长期保存的资源进行存取和利用。

3.1.3 联合采集

联合采集是指综合以上两种采集方式(全采集和选择性采集),统筹运用已达到资源采集的最优化。

例如,法国国家图书馆“网络信息资源采集与保存的研究”项目,2001 年该项目的发起机构联合法国国家计算机科学自控制研究会,进行了一系列的网络信息资源采集的试验。其基本流程如下:第一步,初步用自动采集器对法国国内网络资源进行采集。对已入选的网站持续进行资源采集;对那些无法自动获取的深层次的资源,则由相关专家利用网络爬虫发现深层次资源进行评估,然后,按照采集选择标准采集重要的内容。目前该项目仍处于试验阶段,虽然有一定的局限性,但是值得深入探讨研究。

3.1.4 呈缴本制度采集

一个国家或地区为了完整地收集和保存全部出版物,要求所有出版者必须向指定的图书馆或出版主管机关呈缴一定份数的最新出版物的制度。出版物呈缴制度是与出版登记制度相关的,多在相应国家或地区的出版法规中有明文规定。出版者所呈缴的最新出版物通常称为呈缴本或缴送本。接受呈缴本的图书馆大多是国家图书馆、其他大型图书馆或专门建立的版本图书馆。呈缴本是这些图书馆馆藏的固定来源。法国是世界上最早实行出版物呈缴制度的国家。目前已有 100 多个国家和地区确立了出版物呈缴制度。

目前,呈缴本制度已经延伸至数字资源领域。现行的网络资源呈缴方案有以下 3 种方式:一是通过立法或修改传统呈缴制度。通过“法定呈缴”的方式将电子出版物纳入呈缴范围;二是在没有颁布相关呈缴法规定的国家,通过与出版社协商的方式解决呈缴问题;三是以“自愿呈缴”的方式进行呈缴。

3.2 国外经验对我国公共图书馆信息资源采集的启示

3.2.1 设置专门的信息资源采集岗位

信息资源采集是公共图书馆扩充电子文献资源,发展数字图书馆的重要途径。它对信息资源的组织、加工和利用能够产生直接的影响。要在信息管理部门专门设立信息资源采集岗位,专门从事信息资源的采集工作。

3.2.2 进一步完善网络信息资源采集的法律法规

公共图书馆在进行网络信息资源采集过程中,会遇到许多与著作法相冲突的问题。例如:网络资源的下载、复制、备份。网络环境下公共图书馆的信息资源采集必须建立一个法律保障体系。完备的法制建设是图书馆信息资源建设工作的行动指南。

网络信息资源的采集是一个庞大而又繁杂的工作,需要制定相应的政策法规,规范网络信息资源采集的版权边界点,以确保被采集到的资源所有者利益不受侵害。目前,我国已经出台多部关于图书馆工作的法律法规,如《信息网络传播权保护条例》等。但是,针对于网络信息资源采集板块的法律法规还不完善,存在部分问题,例如版权保护、文献下载、复制、传递、等未作出明确的规定。

3.2.3 制定适宜的网络资源采集制度和标准策略

公共图书馆网络资源采集制度应包括:网络信息资源内容的选择标准、信息采集系统、信息资源的成本评估、信息资源的保存等内容。

其中,信息资源内容的选择标准具有时效性、客观性、权威性、准确性、完整性。网络信息采集系统是指为信息资源的采集提供先进的技术支撑,提高信息的采集效率,实现网络信息资源的整体化建设,并最终实现高效利用信息资源的目标。信息资源的成本评估是指对采集信息的成本进行预算,减少成本开支。信息资源的保存则是指对采集到的信息资源实行长期保存制度。

针对不同的信息资源类型,应当采取不同的资源采集策略。综合利用全采集、选择性采集、联合采集以及呈缴本制度在内的采集策略。

3.2.4 以读者需求为采集原则

公共图书馆信息资源的采集并非毫无头绪的胡乱采集,它是建立在读者对信息资源需求的基础上进行的。图书馆征求读者意见进行资源采集主要以下几种方式:(1)调查表。包含口述调查和问卷调查。将读者想要看的书籍以及电子资料记录下来,通过搜索引擎进行采集。(2)SDI(Selective Dissemination of Information)定题情报服务。它是一种定期的从新到资料数据带中为特定用户提问进行计算机情报检索的服务方法。

面向读者开展多种形式的参考咨询服务是公共图书馆文献信息服务的主要形式,它能够为网络信息资源的采集提供决策辅助,保证信息资源的实用性。

3.2.5 提高文献资源采集工作者的专业素质和文化修养

网络环境下公共图书馆的飞速发展,需要提高图书馆管理者的综合知识和管理能力。对于网络资源采集岗位人员来说,不仅需要业务精通,熟悉基本的软硬件平台,还应当对文献信息要有敏锐的判断鉴别和筛选能力。加强公共图书馆内部管理工作,发挥人才优势,组建高素质信息资源采集团队。

4 总结与展望

4.1 注重实践研究与创新

加强公共图书馆信息资源采集的理论研究与创新工作。通过参考咨询服务,主动与读者用户沟通,从用户的视角去发现图书馆信息采集的缺陷和不足,继而加以改进,研究出新的信息资源采集技术。

4.2 工作展望

网络环境下公共图书馆信息资源采集是一项长期而又复杂的任务,不仅需要实时动态掌握网络信息资源采集状态,还要对各种已经采集到的信息进行审核校验,确定正确无误后方可发布。加强国际合作,联合各大图书情报机构,共同研究出一个合理、高效、无冗余的网络资源采集策略方案是各国采集机构需要思考的问题。

参考文献

[1] 李盛韬,赵章界,余智华. 基于主题的 Web 信息采集系统的设计与实现. 计算机工程,2003(10)

[2] 贺晓利. 信息资源网络检索的特点、问题及对策. 现代情报,2007(5)

[3] 田范江,王曦东,王鼎兴. 高效率 WWW 信息采集. 软件学报,2001,1(1)

[4] Ambits J L, Knoblock C A. Agents for information gathering a report from the trenches//Proc. Third Int' Conf, AI Planning Systems. Menlo Park, Calif AAAI Press, 1996

[5] 山岚,徐耀. 基于 Agent 的智能化专业信息采集系统. 计算机工程与设计,2005(11)

[6] 杨道玲. Web 资源采集与保存研究. 武汉:武汉大学,2005

[7] 马费成. 信息资源开发与管理. 北京:电子工业出版社,2009

OA 机构知识库长期保存的影响因素分析

张文静(国家图书馆)

摘　要:机构知识库作为开放存取有效实现形式,是学术文献资源的收藏基地以及信息资源的重要传播者,是开放存取资源的重要载体。但是机构知识库资源同其他原生网络数字资源一样,具有易逝性的固有特点,如何长期保存这部分资源、确保机构知识库内容的长期有效性,不仅是当前研究的需要,而且具有重大的文化价值和历史意义。本文分析了 OA 机构知识库长期保存的必要性,并从法律、经济、标准规范、技术与策略、责任体系、管理机制等方面对影响 OA 机构知识库长期保存的因素进行了深入分析。

关键词:OA　机构知识库　长期保存　影响因素

自进入 20 世纪以来,计算机技术和网络技术的发展逐渐改变了人们信息获取的方式,研究人员突破传统基于纸质文献的模式,越来越多地利用计算机和网络来进行学术研究和学术交流,从而导致数字资源迅速膨胀,数字化智力成果激增。

科技的进步,数字信息的爆炸式增长,信息交流模式与交流体系的复杂化和多样化,使得网络环境下长期保存数字资源问题越来越严峻。开放存取是在网络环境下发展起来的一种新的学术交流理念和出版模式,开放存取倡导在公平原则下促进学术自由交流以及由此而形成的在网络环境中可以自由存取文献信息的机制。机构知识库作为开放存取有效实现形式,是对知识组织管理的有效手段,是学术文献资源的收藏基地以及信息资源的重要传播者,是长期保存我国数字文化遗产,尤其是那些更容易散失和缺失的开放存取资源的重要载体。

1　基于 OA 的机构知识库长期保存的必要性

随着时间的推移、设备的更新等,很多存储在机构知识库中的学术数字资源因为载体老化或软硬件过时造成丢失损毁,以至于难以再为科研人员所存取。由于机构知识库中存有大量的非正式的科研资料,对于一个机构知识库来说长期保存功能是保证其开放存取顺利开展的重要保障。所以机构知识库长期保存对于一个机构来说不仅是必要的,而且对于开放存取来说也是必须的。

1.1　长期保存功能是吸引机构内成员自主把研究成果放在机构知识库中的重要原因

据 JISC 的"复合机构知识库的权利与利益调查"显示,保存是调查对象将教学资源存放在机构知识库中的主要动因,并且长期保存的承诺使作者对机构知识库有了更多信心。机构知识库作为一种系统服务平台,必须具有长期保存的功能,使其储存的内容能长久保存在机构库里不被损坏、丢失或蓄意地改变,并保证能从文档中被挖掘和服务于用户,最后还要保证能被用户解释和理解，从而使机构人员更有动力将研究成果存储在机构知识库中。

1.2 长期保存有利于灰色文献发挥重要作用

机构知识库存储的内容包括正式出版物和大量的灰色文献。所谓灰色文献是指记录了科研或教学过程各阶段、各环节中成功或失败的记录。这些资源包括预印本、数据集、多媒体学习资料等多种类型。随着科研交流中非正式交流的增多且作用的日益加强，对灰色文献的开发与利用越来越受到科研人员的重视，这部分资源在机构知识库中发挥的作用也越来越重要。

1.3 长期保存是开放存取顺利开展的保障

学术信息免费向公众开放和学术信息的可获得性是开放存取的两层重要含义。机构知识库的主要目标之一是对本机构的数字学术资源进行长期保存。随着时间的推移、设备的老化等，很多学术数字资源在不久的将来就会因为载体老化或软硬件过时造成丢失损毁，以至于难以再为科研人员所存取。如果现在不对现有机构知识库资源进行长期保存，不仅知识的积累受到严重的影响，还会使科研人员在需要获取时却一无所得，进而影响开放存取的开展。因此，机构知识库的长期保存问题在很大程度上决定着开放存取发展的成败。

2 基于OA的机构知识库长期保存的影响因素分析

数字资源长期保存的研究和实践已经有十余年了，但主要是由一些发达国家的大型图书馆开展长期保存的探索性活动和研究，这无疑与数字资源长期保存的复杂性有关。美国"数字归档特别工作组报告"指出，数字资源长期保存所面临的挑战主要包括技术变迁、迁移问题以及法律和组织制度问题。英国国家图书馆出版的《数字资源保存管理手册》认为，数字资源长期保存所面临的主要问题包括：技术问题（包括数字媒体、技术更新、认证与环境、规模和技术策略等）、组织问题（包括成本、经验、组织体系、角色和选择等）、法律问题（包括知识产权、电子出版物的存缴制、商业模型和协议、隐私权保护等）。对图书馆来说，开展学术性数字资源长期保存面对的问题更复杂、更难处理，影响更深远，而且明显不同于印本资源因法律、组织政策等问题引起的权益问题。

机构知识库涉及的是本机构科研人员原始的数字资源，笔者认为研究机构知识库长期保存的影响因素主要涉及法律、经费、技术与标准、责任体系与管理机制4个方面。其中法律环境及经费投入为长期保存活动提供了外部条件保证，技术框架与标准规范为长期保存提供了构建的模型，而责任体系及管理机制更是关系长期保存成败的关键因素。

2.1 法律

数字资源长期保存中涉及的法律问题一直很受学界的关注。它不仅涉及缴送制度、版权制度、合同法等，甚至在数字资源生命周期的每个环节中都要考虑知识产权保护或其相关的法律法规。

国内学者张晓林、宛玲以OAIS参考模型的长期保存中的3个环节（即摄取环节、数据管理和长期存储环节、获取环节）涉及的知识产权问题进行了分析和讨论[1]。例如，在资源摄取环节中资源的来源可能不同，可以是自建、外采、网络收集、缴送等，这时候要解决的是图书馆是否获得对数字资源进行收集复制和长期保存的权利，即长期保存中的存档权问题。在开放存取资源的存储环节，要对数字资源进行元数据处理。在这个过程中可能需要对数据进行备份、迁移、仿真等处理，这就涉及复制权，迁移尤其是格式迁移时会涉及保护作品完整权和修改权，在这一过程中涉及的知识产权问题统称为资源的管理权。在开放存取资源的服务环节，若存储机构随意将自己长期保存的数字资源不加限制地提供服务，则有可能侵犯到知识产权保护中的作者对所拥有的作品的复制权和传播权等。

知识产权保护制度犹如一把双刃剑。开放存取对用户来说意味着学术信息的自由获取权及合理使用权，以及日益扩大的公民信息知情权，但是对作者而言，版权法在赋予作者限制作品传播的权利的同时也赋予了作者自由传播作品的权利。为了取得资源商和版权所有者的信任，更好地合作，机构知识库的长期保存机构必须认真研究每一个环节可能涉及的法律问题，与资源商和版权所有者签订详细的许可协议，同时建立可靠的用户使用管理机制，减少侵权行为，使开放存取资源保存和长期获取完全合法化。

2.2 经费

经费问题是数字资源长期保存研究中的一个重要问题。长期保存项目的规划与建设，数字保存环境的搭建，软硬件的选择使用，长期保存中数据的备份，因设备老化、技术的更新产生的新的投资，日常系统的管理和维护以及人力资源成本等都涉及经费问题。足够的资金才能够保证开放存取资源的长期保存系统能够持续运行下去。如果没有一个稳定的可持续的资金体系做支撑，即使长期保存计划做得再好，也不能得到有效实施。

从整体上讲，长期保存成本由不变的保存成本和可变的保存成本两部分组成。不变的保存成本主要包括前期的网络搭建、软硬件购买、人力资源成本及保存所需环境的创建、日常管理的各项投入。这部分成本比较容易估算，例如软硬件成本包括购置基本设备、选择购买应用软件等。其中，基本设备的购置包括计算机操作系统、硬盘等的购置。对于软件的使用，每个机构都可能有不同的选择，或者选择商业付费的，或者选择开源免费的，各机构知识库根据自己的经济实力而定。但需要明确一点，有时候免费开源的软件并不完全意味免费与低成本，实际上它只能代表低成本地获取，后期的使用和维护或更新会造成新的投入。

经费投入中最重要且不易控制的部分是可变的保存成本部分。这部分投入主要是由于技术过时、软硬件升级而进行数字资源的迁移、仿真所产生的费用，以及机构知识库的优化管理与维护的支出。可变成本与要保存的数字资源的规模有关，即与机构知识库的规模有关，与软硬件升级、技术更新的周期和程度有关。随着计算机技术的发展，机构知识库应用的软硬件时刻面临因技术过时而造成的机构知识库存储内容长期保存问题，同时各种自然灾害或人为破坏、意外导致的数据丢失也要求机构知识库对数据及时进行备份与恢复，对数据进行适时地迁移和转换，这些都需要投入大量成本。

机构知识库长期保存的经费来源主要是政府、大型基金或大财团的资助。具体来说有以下几种途径：①向本机构的主要负责部门申请专项经费；②向社会上大型企事业单位、大型基金、慈善机构等呼吁；③国家行政部门的专项项目投资。就我国而言，行政支持是经费的主要来源；在国外，商业投资、基金资助或国家开发的资金获取方式发展得较为成熟。就目前的发展情况看，合作保存成为那些经济实力不强的机构解决长期保存经费问题的共同选择。

当然成本问题只是经费问题的一个方面，机构知识库长期保存的经济问题还涉及经济模型、利益驱动等。对这些经济问题的研究将更有利于机构知识库长期保存的发展。

2.3 技术、标准与参考模型

技术、标准问题不仅关系着机构知识库建立与发展的问题，也是支撑数字资源长期保存与永久获取不可缺少的因素。没有技术，机构知识库的长期保存就失去了基础方法的支撑；没有标准，则失去了框架的限制，容易造成“信息孤岛”，阻碍信息共享和机构库间的互操作。所以技术与标准是长期保存中的关键因素，是制约机构知识库长期保存的重要瓶颈。

2.3.1 技术

(1)机构知识库内容长期存取技术

广义的长期保存不仅包括存，还包括取。机构知识库作为一种系统，必须具有长期存取的功能，使其存储的内容具有长期可生存、可呈现和可理解的能力。所谓可生存能力是指机构知识库存储对象的比特流完整无缺并且能够从它所存储的载体之上读取；所谓可呈现能力是指能够将比特流转变为一种可以被人看，能够被计算机处理的能力；所谓可理解能力是指提供足够的信息使得这些被呈现的内容可以被目标用户理解和认识[2]。机构知识库存储的内容是以数字形式存贮于数字载体之上，在计算机及其相关设备的支持下将其数字编码转换成机器可读的形式才能被人们所读取。目前不同科学领域研究内容具体存储方式不同，其中最常用的有 Word、Excel、PPT、PDF、JPG、DOC、HTML、RTF 等，但随着计算机技术的日新月异及软硬件的迅速更新，机构知识库因存储内容的格式问题而面临过时、丢失与淘汰。当新的设备与技术不能与存储内容原生软件兼容，不能读取原有存贮信息时，机构知识库存储内容的价值就会受到严重影响。因此无论一个系统保存的信息具有多大价值，只要不能被用户读取，失去可生存能力、可呈现能力与可理解能力，那么这份信息的价值将归于零。

(2)机构知识库长期保存技术策略

数字资源长期保存的技术方法包括多重备份与适时迁移、开放描述与注册、模拟环境与环境封装、数据恢复与数据考古、通用虚拟计算机(UVC)、技术框架与整体解决方案等。机构知识库长期保存策略主要有三种：迁移、仿真和技术保存。所谓迁移是指根据软件、硬件的发展将信息周期性地迁移到不同的软件或硬件环境中，从而保证资源可以在发展的环境中被识别、使用和检索。迁移包括硬件迁移、软件迁移、格式迁移、版本迁移和访问点迁移。所谓仿真是指在新的计算机系统中模拟旧系统运行时所需的硬件软件环境，使二者的功能完全相同。所谓技术保存是指保存数字对象读取、呈现与处理技术，强调将程序的功能和文档的全貌进行完全再现。

任何一种数字信息长期存取技术都有其优势与劣势。迁移技术并不要求绝对保存数字原貌，而主要是保存数据内容和内容关系，所以迁移技术通常会使版式、链接、结构、交互关系等信息一定程度丢失，甚至使数字信息失去原来的表现形式和固有特性；仿真技术更适用于特别依赖软硬件而又无法在新旧技术平台之间进行迁移的数字信息，适用于超文本和多媒体等载体形式的内容。但随着现实环境中技术更新周期不断缩短，仿真也不过只是一个延迟技术过时的“缓兵之计”。技术保存看上去很适合数字资源长期保存，但它却使机构担负了成本投入和技术的沉重负担。所以,不管采用哪种长期保存技术都不能十全十美。机构知识库发展必须时刻保持对数字信息存取技术的跟踪与更新,采用适当的数字信息长期存取技术以保证存储内容具有永久性与可用性。

2.3.2 标准

从系统实现角度分析,数字信息资源长期保存系统的标准可分为系统层次的标准、业务逻辑层次的标准和数据层次的标准。其中系统层次的标准包括数字信息资源长期保存系统标准、系统互操作标准,业务层次的标准包括摄入过程的标准、存储过程的标准、访问过程的标准和管理过程的标准,数据层次的标准包括信息模型、文件格式标准、数据转换标准、数据编码标准、数据标识标准和元数据标准等[3]。

根据信息在机构知识库中呈现的生命周期,可以把整个过程分为信息收集与提交过程、内容存储与管理过程、内容共享与利用过程。机构知识库相关标准制定贯穿于这3个过程当中。机构知识库信息收集与提交过程主要涉及的标准包括文档格式标准、元数据标准,机构知识库信息存储与管理过程主要涉及的标准包括信息模型标准、数据转换及编码标准、数据标识、认证授权等,机构知识库内容共享利用过程主要涉及的标准包括访问权限控制与互操作标准。

(1)基于OAI的元数据标准

OAI(Open Archive Intiative)最初的目的是开发并推广开放互操作协议标准。提倡自存储的机构知识库在运行过程中,往往包含一些用户提交的错误的元数据,这些元数据不是在拼写上不对,就是格式不符合要求。元数据格式如果太多,系统间的互操作性就差,就会对元数据格式转化和匹配造成障碍,因此机构知识库要想长久地发展下去必须解决其存储元数据的标准问题。OAI制定DC(都柏林核心元数据)作为统一的元数据标准,并以此作为系统的统一元数据接口规范。系统中各个元数据给出一个输入示范例子,对于填写不正确的元数据应及时提示其错误并不予提交,以保证元数据标准化的执行。

(2)基于DOI的长久保存与利用机制

DOI(Digital Object Identifier)即数字对象唯一标识符,用户通过DOI可以在任何时候唯一获得指定的信息对象,从而保证用户创建的书签、个性化链接等信息永久有效。数字对象唯一标识符即基于保存标识的定位技术,是确保机构知识库系统中存储内容可以永久被查找到的唯一身份符号,可以实现对存储内容的访问获取。由于数字信息存取技术不断更新改变,机构知识库存储内容也必将随着技术变革发生存储位置的迁移。当机构知识库内容迁移到新系统或知识库时,为了避免用户在利用机构知识库存储内容时出现"无效链接"的现象,同时也为了体现机构知识库永久性的特点,机构知识库必须采用基于保存标识的定位技术。

(3)OAIS参考模型

OAIS (Reference Model for an Open Archival Information System) 即开放档案信息系统参考模型,是一项旨在为基于数字资源长期保存目的的信息系统建立一个参考模型和提供有关基本概念、术语、基本信息模型和指南的框架,以维护信息系统中数字资源的长期保护和可存取。OAIS参考模型作为数字资源长期保存领域一个重要的参考模型,首先它提供了各种框架,包括对存档概念理解的框架、数字资源保存机构涉及的功能框架、提供包括命名和概念在内的框架。其次,它提供了数字信息保存的环境模型、信息模型和功能模型。第三,它为非数字形式资源的长期保存提供参考和基础。第四,为鉴别 OAIS 相关标准的产品提供向导。

OAIS 参考模型包括 3 个方面,它们分别是环境模型、信息模型、功能模型,其中环境模型主要涉及系统内部同外部环境的关系,信息模型涉及的是对系统内的信息流的描述和定义,功能模型涉及系统内部构成及各功能模块的实现。

2.4 责任体系与管理机制

从国家和大型图书情报系统角度,提出需要什么样的政策和组织机制来保证数字科技资源可靠和有效地长期保存,需要思考的方面很多,例如如何能鼓励科学家、出版机构允许长期保存,如何来组织、协调、管理保存过程、活动和机构,如何建立联合机制、组织和协调。

缺乏对数字保存责任的清晰界定是阻碍机构知识库长期保存的主要原因,它不仅存在于组织内部,也存在于不同组织和利益相关者之间。迄今为止,还没有任何一个机构或组织能够独立承担起保存数字资源的社会责任。而且数字保存涉及的复杂的法律、经济和技术问题,也使任何一个行业都不可能独立地解决数字保存的问题。数字环境下信息资源长期保存的责任构成主要包括以下两部分:数字资源的生产者和出版者以及图书馆、档案馆等传统保存机构[4]。目前虽然一些保存功能可由外面的保存服务提供者完成,但这需要进一步研究机构知识库和保存服务提供者的关系、各自的任务与职责。所以数字保存利益相关者在技术和组织层面要达成一致,并明确各自的职责,这是目前机构知识库长期保存迫切需要解决的问题。

机构知识库的长期保存是一项比较艰巨而复杂的系统工程,它需要国家政策、法律、经济、技术等多方面的支持才能进行,仅靠某一机构的力量是难以承担的,因此,合作就成为机构知识库长期保存的必由之路。为了提高长期保存的效率,节约成本,均衡负担,减少风险,有必要建立多个机构间不同层次的合作保存机制。保存机构可以选择以下合作方式:①保存机构之间的合作,包括战略合作、技术合作和内容合作;②保存机构和生产者之间的合作;③保存机构和技术部门的合作;④营利机构和非营利机构的合作[5]。

参考文献

[1] 宛玲,张晓林. 数字资源长期保存过程中的知识产权问题分析. 中国图书馆学报,2005(3)
[2] 张智雄. 如何长期保存数字资源. 中国教育网络,2006(4)
[3] 郭家义. 数字信息资源长期保存系统的标准体系研究. 现代图书情报技术,2006(4)
[4] 韩丽,梁爱东. 数字信息资源长期保存的责任体系探讨. 曲靖师范学院学报,2007(6)
[5] 赵俊玲,杜国芳. 网络信息长期保存合作模式探析. 情报理论与实践,2006(1)

普通工科高校图书馆采集网络学术资源再思考

——华北电力大学图书馆网络资源建设实践探索

顾声权(华北电力大学)

摘　要: 通过阐述华北电力大学图书馆网络资源建设的实践过程,认为采集资源是重要的业务环节,网络学术资源的采集是深层次挖掘的根本。指出了普通工科高校图书馆采集网络学术资源所需要遵循的选择原则、实现路径和解决措施。探讨了高校图书馆可以通过采集网络资源丰富特色馆藏、深化知识服务、开展共建共享、服务读者的策略。

关键词: 高校图书馆　采集收藏　网络资源

资源采集是高校图书馆建设的基础环节,是通过各种渠道获取读者所需知识的过程,决定着图书馆的性质质量。网络学术资源是读者的重要信息源,读者通过必要检索就可获取相关信息元素,利用搜索引擎和全文数据库进行在线查找,方便学习研究。

在高校体系里普通工科高校数量占据主体比重,而其因受地理位置和办学经费等诸多因素影响,在高校竞争中整体上处于劣势,特别是地方普通工科高校与其他高校综合实力的差距尤显巨大。普通工科高校图书馆如何突出自身的特色优势,直接关联到生存发展,采集网络学术资源更是摆在面前的新课题,为此,华北电力大学图书馆做了有益的探索。

1　定位

网络馆藏作为新型文献资源,正彰显出巨大优势,成为高校图书馆建设的方向。其是利用电子网络远程获取信息的方式,在计算机网络上对分布于各处的信息进行动态搜寻拓展了高校图书馆的服务模式,促成读者与信息之间快捷、便利、有效地联系,从而形成崭新的信息交流环境。

网络学术资源对馆藏而言不是独立实体,而是超越时空的资源库,是网络链接的传输系统。采集网络学术资源分两部分:①馆内实体资源数字化,包括以数字化方式存储的各个文本信息、自建特色数据库和光盘数据资源等;②外部网络资源馆藏化,包括本馆有目的收集整理的网络资源以及全部海选网络资源。网络资源具有丰富快捷的特点,采集网络学术资源克服了地域限制,使普通工科高校图书馆可以通过有偿或无偿的方式,利用其他系统属性的网络资源,从而对于馆藏建设的认识发生了革命性的改变,形成馆藏建设不确定拥有但一定可以使用的大资源观念。华北电力大学具有地方性和专业性两大属性,表现出学科专和经费少两大特点,只有通过采集网络学术资源才能补充馆藏资源,拓展服务的方式内容,增强为读者服务的能力。

2 路径

2.1 购置

普通工科高校图书馆采集网络学术资源，购置是常见路径，可分为独立购置和组团购置。华北电力大学图书馆全都采取参团购置外部网络资源扩充馆藏，最初是商用国际联机检索系统，后来引进单机光盘学术数据库，现在是引进购买知名数据库。计算机网络技术快速发展，进一步方便引进购买网络数据库的信息传输。随着网络数据库的引进品种增加，购置资金捉襟见肘，就采用联合招标、集约谈判、试用竞争等博弈技巧降低经费开支。

华北电力大学图书馆购置的数据库主要有 CNKI 系列数据库、万方数字化期刊数据库、重庆维普期刊数据库、方正 Apabi 教学参考书数据库、Springer 外文期刊全文数据库、ACS 全文电子期刊数据库、AIP/APS 全文期刊数据库、超星、书生之家等。

2.2 自建

高校图书馆自建数据库是利用自身信息、人力及技术等资源自行开发建设的数据库，是特色数据库。按自建数据库的属性将之分为馆藏特色数据库、学科特色数据库、地域特色数据库、专题特色数据库和 CALIS 特色数据库 5 个类型。自建数据库是普通工科高校图书馆采集网络学术资源必选部分，其建设过程凝结着自身的心血，也是共建共享的资本。华北电力大学图书馆资源的优势就表现在电力类及近电力类的各种载体文献齐全。在组建资源共享系统过程中，掌控资源是图书馆生存之本、发展之源，数字网络化建设是核心根本，应整合开发、利用各类数字化信息及网络虚拟信息资源，走文献信息资源共建共享之路。

普通工科高校图书馆自建数据库普遍开发率低、效果差，质量不高，缺乏全文多媒体等事实性支撑的数据库，建设不够规范、标准，多数数据录入不符合 CNMARC 格式，很难共享和二次开发。但瑕不掩瑜，自建与共建的各类数据库仍是采集网络学术资源的重要组成部分。

2.3 其他

网络资源采集是指结合网络特点，采用科学方法，将大量分散杂乱的信息经过筛选整序优化，形成便于利用的资源的过程。普通工科高校图书馆网络资源采集还包括馆员选用规范的检索词通过对专业网站、门户网站、搜索引擎等对网络资源进行检索采集。华北电力大学图书馆还尽力通过原文索取、Open Access、机构索引等免费渠道采集网络资源，凭借开放引擎进行知识组织，保持采集资源的延续性。

3 原则

采集网络资源是高校图书馆的发展趋势，是协调馆际协作与特色馆藏的联系纽带。普通工科高校图书馆应根据自身特点以及学科重点，按照必要原则系统地采集各种网络学术资源，形成规模体系，完善文献资源保障体系。

华北电力大学图书馆在资源管理系统控制下采集网络资源主要使用选择性收集和专题性收集的采集策略，偏重采集用于保障公共基础类课程的网络数字资源；而专业冷僻的研究性网络资源则要由校内学科人员协调购置，专款专用保证物有所值，整合投入与产出的社会经济效益。华北电力大学图书馆根据不同需求的特点制订科学有效的网络资源采集原则，尽力采集高品质的网络学术资源为我所用。

3.1 保持特色

网络学术资源的采集，要根据普通工科高校图书馆的自身特点要求，参考网络数字资源建设的总目标，确定收藏体系的整体结构。网络学术资源采集要统筹系统性，做到有的放矢，突出特点，使资源收集在特定知识门类上具有系统完整性。资源采集要持续补充长期积累，才能反映学科资源的特点规律，保证其具有最大的使用价值。华北电力大学图书馆重点发展的电力专业学科，在行业内相应形成独具特色的信息资源，形成优势使数字资源库具有电力特色权威性。华北电力大学图书馆更注重采集过程具有预见性，关注电力学科发展水平动向，注意相关的新兴和交叉及边缘的学科发展，保持重点学科的特点资源连贯性，保证资源有针对性。

3.2 坚持实用

普通工科高校图书馆采集网络学术资源，优先选择可靠性好和发布规范的网络信息资源，以保持其实用性。网络学术资源具有针对性强和传播速度快的优点，能在短时间内满足读者知识需求。采集网络学术资源要结合高校的办学特色、学科建设和读者状态等因素统筹考虑。华北电力大学图书馆借助统计分析了解读者获取全文数字期刊数据库、学位论文数据库、数字图书数据库的情况，根据读者对数字资源服务和利用的满意度来取舍，以便提高采集网络资源的实用价值。

3.3 争取节约

普通工科高校图书馆经费紧张极为突出，采集网络学术资源就要合理使用开支，坚持节约的原则。华北电力大学图书馆由于经费限制尽量采用跨地区集团采购的方式来购买，避免引进部分趋向同质化的大路货。协调购进的网络学术资源与本校的专业设置相配套形成优势互补关系，不断完善馆藏资源体系。华北电力大学图书馆还按专业学科要求建立起网络学术资源指引库，方便读者检索查找并进行下载整合利用。根据电力特色选择科目，建成适合的重点学科导航库，购买有关数据库的网络使用权，挖掘、整理、组织网上资源，利用搜索引擎将网上资源转化为虚拟馆藏资源，缓解经费不足，提高网络资源的利用率。

网络学术资源的快速整合加工应成为一种长效的工作机制，加大力度深层次挖掘网络资源，为开展信息深层加工服务做好准备，以不断满足读者个性化需求。

4 合作

4.1 巧用资金

经费紧张是普通工科高校图书馆的重症，每年续订各大数据库常常捉襟见肘，采集网络学术资源力不从心。华北电力大学图书馆与当地的兄弟馆建立协作共享的关系，实现图书馆联盟资源共建共享，以抱团取暖来缓解资金短缺的压力。侧重特色数据库的开发建设，采用联合谈判，购买时化整为零，不同的馆选择不同的子库，使用时化零为整，大家各取所需，少花钱多办事，形成良性积累循环，突出自身特色。

4.2 捋顺序列

随着储存方式发生变化，文献大量电子化并存储在不同的网络空间上。要采集网络学术资源就必须有选择地整合资源，将其相关电子化文献予以整理链接。华北电力大学图书馆电力特色显著，其他馆优势也不可小觑，通过有针对性地选择、整合，采集资源各有侧重，凭借他山之石构建自己的网络化虚拟馆藏。馆藏资源数字化和数字资源馆藏化，两手抓两手都硬。

4.3 共建共享

普通工科高校图书馆采集网络学术资源服务读者的终极目的只能通过共建共享才能实现。采集共建共享的网络学术资源构建自身的虚拟馆藏，避免资源建设重复浪费与同质化，合乎大多数读者的要求。图书馆弱弱联手亦可成强，相互间拥有网络资源的绿色通道，可相互采集网络学术资源的现成成果，降低了成本和风险。

5 策略

5.1 广选多样，彰显特色

普通工科高校图书馆采集网络学术资源着重选择覆盖面大的通用数据库，确保在线中文数据库、专业学科文献服务系统等专业学科特色数据资源，有钱花在刀刃上。同时加大外文数据库和重点学科专题数据库的购置力度，在协调各学科基本需要的同时，引进突出本校重点学科的专题性外文数据库，逐渐形成符合电力类及近电力类专业学科特色的文献资源保障体系。

5.2 保证门类，突出重点

普通工科高校图书馆采集网络学术资源为产学研服务，同学校发展相适应，以学校重点专业学科为主，保证主力兼顾其他，满足多学科发展要求的资源建设目标。华北电力大学图书馆因地制宜确立学科类、外语类、考研类、计算机类、就业指导类5个实用方向的网络资源采集原则。征集不同的数据库在图书馆网站进行免费试用，试用期间广泛收集反馈信息，对每个试用数据库形成评价报告，最终根据读者试用效果和需求再行商定购置，较大程度上满足读者对各类资源的使用需求。

5.3 依托 CALIS 实现共享

通过加入 CALIS 资源共建共享网络，与 CALIS 中心签署馆际互借协议，成为其成员馆甚至是示范馆；开通 CALIS 馆际互借系统、CALIS 外文期刊网，为读者提供外文期刊服务、馆际互借与原文传递服务，通过文献传递服务按篇购买、按需购买，节约经费，满足读者的个性化需求。依托 CALIS 采集网络学术资源，减少重复性建设，提高文献保障质量，实现知识传递共知共享。

5.4 凭借 CNKI 完成一站式

引进 CNKI 网格资源共享平台，其组合信息资源建设、整合挖掘和开放利用于一体，能够实现各种中外文异构数据库的跨库统一检索，并将原本相互孤立的数据库及馆藏资源整合成相互关联的知识网络。普通读者只需借助检索入口，就可实现实体馆藏与网络资源的跨库检索。

总之，网络环境发展扩大了图书馆信息服务范围，普通工科高校图书馆应抓住时机，采集网络学术资源，不断提高文献信息资源建设的质量，提高数字化文献信息资源的服务水平，在虚拟馆藏建设实践中不断探索新的方式方法，以便更好地满足读者多样化的信息需求，更好地为教学科研服务。

参考文献

[1] 吴慰慈. 图书馆学概论. 2 版. 北京：国家图书馆出版社，2008

[2] 游丽华. 图书馆信息资源建设. 北京：中国社会科学出版社，2008

[3] 杨肥生. 文献采访决策概要. 合肥：中国科学技术大学出版社，2008

[4] 金仁中. 图书馆信息共享与信息集群服务. 北京：人民邮电出版社，2009

[5] 罗紫初. 网络科技文献利用评价. 武汉：武汉大学出版社，2009

[6] 梁洪杰. 图书馆科学管理论丛. 北京：机械工业出版社，2009

[7] 王兰成. 知识集成方法与技术. 北京：国防工业出版社，2010

[8] 王启云. 图书馆学随笔. 北京：国家图书馆出版社，2011

[9] 奉国和. 数字图书馆. 北京：北京大学出版社，2012

图书馆数字资源的长期保存策略研究

程宪宇(大连图书馆)
邹淑红(大连艺术研究所)

摘　要:文章阐述了数字资源长期保存的概念,分析了数字资源长期保存的现状及面临的问题,并针对如何做好数字资源长期保存工作提出了数字资源长期保存的策略。

关键词:图书馆　数字资源　长期保存　策略

随着数字技术和互联网的飞速发展,我国文献信息服务正全面进入数字化时代,各图书馆已经采购和生产了大量数字资源。而与之相适应的保存数字资源的技术和能力却远远落后,这已成为阻碍数字图书馆进一步健康发展的重大问题。数字资源是指以数字形式存在于数字图书馆的信息资源的集合体。与传统图书馆馆藏不同,数字图书馆根植于计算机技术及其对数字信息的加工、传播与利用功能,决定了数字资源具有存在形式的多样性、存储信息的动态性、存取介质的复杂性等诸多有别于传统信息的特点。这些特点都使我们不得不寻求一种与之相适应的数字资源长期保存工作战略。

1　数字资源长期保存的概念

数字信息有数量巨大、更新频繁的特点,但具有对设备的依赖性、载体的非直读性、不安全性、不稳定性等缺陷,这些无疑对数字资源的长期保存提出了严峻挑战。目前,国内外对数字资源长期保存还没有一个统一的定义,英国国家图书馆把数字资源存取分为长期保存、中期保存和短期保存。其中将长期保存定义为:对数字资源的连续获取,或至少这些数字资源无限期地包含着这些信息。美国研究图书馆组织则将其定义为:保存数字资源可长期维护和其内容可长期获取的必要管理活动。可见,数字资源长期保存的目的是为了更好地长期利用。因此,我们可以将长期保存理解为数字资源的长期储存和长期获取。

2　数字资源长期保存的现状及面临的问题

2.1　数字资源长期保存的现状

西方发达国家,如美国、澳大利亚、德国等在数字资源长期保存方面的研究取得了长足进展,积累了大量的知识和经验,引领着数字资源长期保存活动的开展。1996 年,澳大利亚国家图书馆启动了 PANDORA 项目,该项目是国际认可的有选择地保存互联网信息的关键项目,为数字信息长期保存提供了大量研究成果和实践经验。2000 年 12 月,美国国会图书馆建立了国家数字信息基础结构和保存计划项目 NDIIP,目的是研发国家数字保存战略,保存原生数字资源,为当代和后代获取利用。德国在 2003—2009 年间进行了数字资源长期存贮专业网络项目(NESTOR)研究,该项目是由德国教育和研究委员会提供 80 万欧元的资助资金,由德国国家图书馆负责实施的数字资源长期保存项目,目的是保存德国的数字资源,同时与其他国际组织合作保存全球数字记忆和知识,在德国创建一个数字资源长期存档和长效利用的信息网络。该网络确保德国数字资源长期存档、保护和获取使用,并通过国家与国际之间的合作,达到保卫全球文化遗产的目的等。与发达国家相比,我国的数字信息资源长期保存工作起步较晚,发展相对落后,因此,借鉴国外数字资源长期保存的经验及做法,可以为我国数字资源长期保存问题的探索研究和实践发展创造有利条件,利于推动我国数字资源长期保存工作的开展。

2.2 数字资源长期保存面临的问题

2.2.1 载体寿命问题

数字资源的长期保存必须以各种类型的物理载体为对象。目前常用的载体包括软盘、光盘、磁带等,其使用寿命各不相同(测试表明:9 毫米磁道磁带使用寿命为 1 到 2 年,8 毫米磁道磁带使用寿命为 5 到 10 年,4 毫米磁带为 10 年,WROM 光盘为 100 年)。传统的资源载体可以通过观察其物理表象特征判断其保存与使用状态。而数字资源的载体则需借助相应的设备才能检查其贮存与使用情况。与传统载体相比,数字资源载体体积小、容量大,但载体容易变质、损坏,易遭受毁灭性损失,且对存储环境的要求越来越高。在大容量高密度存储媒体不断推出的情况下,存储媒体的不稳定性在增大,其有效寿命在下降。因此载体问题是数字资源长期保存需要直接面对的问题之一。

2.2.2 技术过时问题

相比载体寿命问题,更为迫切的问题是数字资源的读出、检索等技术问题。数字资源对系统软硬件平台的依赖性,使得数字资源的读出、还原技术过时问题成为困扰数字图书馆发展的又一大障碍。在技术与市场的推动下,记录与存储数字资源的设备与软件大约每 2—3 年就完成一个更新周期。

2.2.3 存取安全问题

数字资源的服务大多集中在网络上。网络本身固有的特性,如计算机病毒、黑客入侵等都使数字资源面临着前所未有的安全问题。数字资源一旦受到病毒侵蚀和黑客破坏将可能在瞬间化为乌有。加上人为操作失误、保存环境变化、停电,以及各种自然灾害等都可能对数字资源造成无法挽回的损失。

3 国内外研究现状及发展趋势

早在 1996 年 5 月,美国研究图书馆小组(Re-search Library Group,RLG)和图书馆与信息资源委员会(Council on Library and Information Resources,CLIR)等机构就颁布了“保存数字信息:最终报告与建议”,全面阐述了数字时代数字资源保存的问题与挑战、技术限制、保存对象、保存机构的角色与责任,并从数字资源保存的主要研究内容、试点项目、支持结构以及最佳范例等角度为数字资源保存提出了建设性意见。此后，随着每年一度的“国际数字资源长期保存会议”（the International Conference on DigitalPreservation，IPRES）的召开及专门讨论数字资源保存问题的《国际数字保存杂志》（The International Journalof Digital Curation）的发行，数字资源保存的理论研究与实践都取得了长足的发展。欧美等发达国家的图书馆联盟和图书馆已建成了诸如 LOCKSS、NDIIPP、PA-DI、OAIS、CAMILEON 等长期保存系统，以多种方式对数字学术资源进行长期保存，以确保当前某些数字信息资源在将来能够被特定的用户继续利用。

我国早在 2001 年就有学者发表了有关开放档案信息系统（OAIS）的研究论文。2003 年 OAIS 成为 ISO 标准后，图书情报界对它的跟踪和研究更为广泛和深入，并将其与数字图书馆、元数据、数字资源的长期保存和数字资源管理系统开发等结合，在实践方面亦开始了前期探索。2008 年 11 月由中国科学院国家科学图书馆联合有关图书文献机构在北京召开了主题为“国家数字文献资源长期保存服务体系建设”的数字图书馆高层论坛首届年会，呼吁国家教育科研机构和文献情报机构要充分认识数字文献长期保存的战略重要性和现实紧迫性，行动起来，促进我国数字资源长期保存的顺利开展。同时，若干文献情报机构开展了数字资源长期保存的试验。中国科学院国家科学图书馆承担了国家科技文献平台的数字科技资源长期保存的可行性研究与实施规划任务，在科技部和国家科技文献平台的支持下积极推进建立数字化国际科技期刊长期保存网络系统，数字资源长期保存技术示范体系、核心系统及相关规范、流程已经初步完成。中国国家图书馆网络信息资源保存试验项目、CALIS 的学位论文持久保存实践、清华大学图书馆参与的数字资源长期保存系统的研究与开发项目，以及“大学数字博物馆建设工程”等项目，都从不同方面对数字资源长期保存进行了开发和实践。

4 图书馆数字资源保存的重要性

随着数字技术和因特网的发展，数字资源以前所未有的速度和数量被源源不断地生产出来。这些数字资源以其新颖性、时效性、传输速度快、检索功能齐全、能及时跟踪世界科技发展前沿等优势，正逐渐成为图书馆馆藏的主体和最受读者青睐的信息资源。当前，各图书馆都非常重视馆藏数字资源的建设，并将它视为文献资源建设的重点，投入大量的人力、物力，先后引进各种大型数据库和相当数量的电子书刊文献，使图书馆的数字资源不断丰富、日益充实。随着数字资源的大量出现，如何构建合理的数字资源保存体系，确保各种数字资源能随时提取利用，则显得越来越重要。

从本质上讲，长期保存实时的、完整的、动态的数字资源，除满足当代人的信息需求之外，更是满足未来用户研究当前社会发展经验的需求，它起到传承民族与人类文化的作用。可是目前，数字资源保存既缺乏成熟的保存数字资源的标准和协议，又缺乏行之有效的技术手段，还缺乏可靠的法律依据。如何将有收藏价值的资源长久保存、如何为今后的信息服务提供保障，是摆在我们面前亟待解决的问题。

5　图书馆数字资源长期保存策略

数字资源的长期保存是一项长期复杂的系统工程，它涉及政治、经济、法律、技术等多方面因素，任务艰巨，意义重大，图书馆等保存机构应当高度重视，尽早制定长期规划，尽快展开相关的系统研究，努力探索适合数字资源长期保存的良策，切实实现数字资源的长期保存和长效利用。

5.1　人才队伍建设策略

随着数字资源长期保存实践的广泛开展，越来越多的研究和工作人员参与到长期保存活动之中，图书馆等存储机构应根据实际需要引进和培养偏重于技术管理与应用的人才，加强与国外相关机构的学术交流，促进对引进先进技术的消化、吸收与再创新，着力造就一批创新能力强的优秀人才队伍。优秀的数字信息管理人员不仅需要具有精深的专业知识与踏实的工作态度，能熟练掌握数字化技术及信息储存技术，还要具备灵活应对网络环境中突发状况的能力。图书馆等存储机构的工作人员要加强自身能力培养，努力提高综合素质，增强法律意识，适应数字化环境的需要。数字资源长期保存是一项长期复杂的工作，保存机构要加强人才队伍建设，确保数字资源保存工作能够长期有效地进行下去。

5.2　永久保存策略

确定保存范围。数字环境下，面对急剧增长、浩如烟海的数字信息资源，如果不加区分地将其统统拿来保存，是不现实也不可能做到的。这就要求我们应该有针对性、有选择地确定保存资源的范围。具体来讲，就是图书馆等存储机构应依据数字资源的保存价值、可利用程度有选择地进行数字资源的整理、保存与利用，决定保存什么样的数字资源，如何保存以及保存多久。国外一些国家图书馆已经针对选择保存对象的原则进行讨论，将数字资源分成：永久保存级、服务级、镜像级、链接级 4 个等级，除了永久保存级的数字资源，其他 3 个等级的数字资源都可以根据用户的需求和图书馆的馆藏政策更改等级归属。具体到图书馆来说，可以参考数字资源的所属学科、应用领域、实用价值等属性，并依据传统文献的馆藏原则以及服务策略来决定数字资源的所属等级。如对图书馆的特色馆藏、核心数据须进行长期保存，以保证数字资源的长期安全存取。

5.3　技术标准策略

采用标准格式。标准格式不统一，将会给数字资源的长期保存工作带来种种不便。为此，需要将数字资源转换成一种或多种主流格式，即标准格式，它可以供不同的系统和软件共享使用。数据保存格式和读取格式的统一，有利于图书馆等存储机构之间进行数据交换，有利于数字信息的长期获取和保存工作的开展。为此需要做好以下两点：①制定通用的标准规范。可以参考国际标准组织 ISO 颁布的标准和国际上同类项目已经使用的标准，在吸收利用的基础上，研究并制定符合中文环境的数字资源标准规范；②对标准格式的应用进行宣传推广。如果能在数字信息的生产和管理中使用标准格式，将更利于数字资源存取与维护的完整性,使数字资源更好地得到长期保存和可持续利用。

5.4 安全防护策略

数字资源的长期保存主要集中在网络上进行,而计算机病毒、黑客攻击、网络隐患、系统泄密会造成信息数据丢失,技术更新、系统升级、格式转换、信息迁移会给信息读取带来不可靠的因素等。针对数字资源保存过程中可能会出现的种种不安全因素,图书馆等存储机构应采取不同方式加以应对,逐步建立一套安全的长期保存体系。具体措施如下:①依法建立安全管理标准和规则;②进行用户认证或为特许用户提供合适的访问权限,使其不能越权使用;③通过数据加密的方式保证数字资源在存取与传递的过程中不被非法查看、篡改或窃取等;④国家或部门还需要制定合理的机制与规范,对记录备份的时间、格式与份数予以规范,保证数字资源的安全;⑤在对系统进行升级或引进先进技术时,应优先考虑到系统的兼容性、技术的连续性、格式的标准化、信息迁移的可靠性等相关问题,为数字信息的安全存取提供保障。

5.5 共同合作策略

要广泛开展合作。数字资源长期保存是一项费用高、耗时长、跨领域的工程,仅靠一个机构或一个部门是无法完成的,需要开展不同形式的合作。①加强国际之间的合作力度。由于数字资源的传播具有无国界性、共享性、涉及的问题复杂及所需的经费庞大,因此,数字资源长期保存必然要走国际合作的道路。②开展同类型保存机构之间的合作。这样利于在技术和内容上进行合作,便于制定统一的标准格式。③拓展不同类型保存机构之间的合作。这样就可以从不同侧重点和不同角度对数字资源进行保存,从而弥补各机构的不足与缺陷。总之,广泛开展合作有助于实现技术上的联合攻关,使资源保存上的分工更加合理,使经费得到最佳分配、资金达到有效利用,利于数字资源长期保存机构顺利完成既定目标。

5.6 法律保障策略

创建良好的法律环境。开展数字资源长期保存涉及的法律问题不可避免,更不容轻视,因此,如何在法律允许的范围内进行长期保存是非常重要的。制定相关法律法规,构建良好的法律环境,有利于协调数字资源保存中各方的关系,使数字信息资源的创造者、出版者、使用者以及服务者之间的相关利益趋于平衡。相关措施如下:国家要赋予数字资源保存机构相应的法律权利,出台配套措施,对网络环境下的版权法进行适应性修改,为图书馆、档案馆等公益信息管理机构获取数字资源长期保存权利创造有利条件;制定适当的隐私保护政策和实施方案,避免在资源的保存与利用过程中侵害隐私;相应的调整或更改知识产权和目前政策中不完善的地方,尽量减免在运作过程中可能出现的版权纠纷等。总之,只有通过法律的规范,才能为数字资源长期保存提供一个良好的法律环境。

5.7 资金保障策略

要构建可持续的基金支持体系。数字信息资源长期保存工作是一项复杂的系统工程,是一项长期的高资金投入的项目,需要较为稳定的资金来源作为经费保障。而一般的图书馆、档案馆等单位均无力承担这样高额的保存费用,只有建立一个可持续的资金支持体系才能更好完成这项任务。为此,需要做好以下三点:①针对数字资源保存生命周期,开展成本预算研究,制定科学的资金需求计划;②多渠道筹集数字资源长期保存资金;③要严格管理、账目清晰,而且在数字信息资源的长期保存工作实践中要尽量避免浪费,力争使资金达到有效利用。

5.8 综合评估策略

要建立科学合理的评估体系。在数字资源长期保存的研究实践中,需要建立一套科学合理的评估体系,对数字资源保存的内容、结构、管理、安全等方面进行综合评估。从而确保数字资源保存的内容与保存授权协议规定的协调一致;保证数字资源在内容、结构、背景信息、元数据等方面完好无缺;使数字资源安全无病毒侵袭、不易受到攻击和篡改;使数字资源具备可读性和可利用性,保证数字信息的可识别性、存储系统的可靠性、载体的完好性等,更好地为数字资源的长期保存提供保障。

总之,数字资源长期保存是一项艰巨而复杂的系统工程,它涉及人力、技术、法律、经济等诸多问题,我们必须综合考虑各种影响因素,为数字资源长期保存创建有利的条件与氛围,逐步建立一套完善的保障体系,为保护和传承人类优秀的智力成果和文化遗产做出应有的贡献。

参考文献

[1] 林强. 2009—2010 年国外数字资源长期保存模式分析及启示. 图书馆建设,2011(3)
[2] 潘菊英,刘可静. 国外数字资源长期保存和长效利用研究进展. 图书馆,2011(5)
[3] 杨小云,魏鑫,吴玉玲. 数字资源长期保存存在的问题及对策. 农业图书情报学刊,2009(11)
[4] 贺令辉. 对数字资源长期保存策略的思考. 河南图书馆学刊,2009(5)
[5] 刘可静,孙铮. 美国图书馆数字资源长期保存利用中的隐私政策与实施措施及启示. 图书馆,2011(6)

关于图书馆网络信息资源组织和管理的思考

白　薇　李竺铁(广西桂林图书馆)

摘　要:本文通过对网络信息资源的特点、图书馆开展网络信息资源组织与管理的意义以及网络信息资源5种组织方式的分析,对图书馆开展网络资源组织和管理提出了几点建议。

关键词:图书馆　网络　网络信息　信息组织

近几年,随着网络技术和计算机技术的迅速发展,网络信息在信息总量中的比重日益上升,网络已经成为人们获取知识、信息的重要信息资源库。网络信息资源的发展为图书馆数字资源建设提供了广阔的发展空间。然而随着网络信息量指数级的增长以及信息杂乱无章的局面,如何对网络资源进行科学的组织管理,在利于人们方便、快捷、准确获取的同时,使具有潜在价值的网络资源作为馆藏资源长期保存下来,成为图书馆界关注的焦点。

1　网络信息资源的特点

网络信息资源是指以电子数据的形式将文字、图像、声音、动画等多种形式的信息存储在光磁等非纸质载体中,并通过网络和计算机等方式再现出来的信息资源。也就是说,借助于网络环境可以获取和利用的各种信息资源的总和就称为网络信息资源。

网络信息资源具有以下特点:一是数字化、网络化、虚拟化。网络资源以存储方式数字化,传播方式网络化,形态结构虚拟化的方式在互联网上表现出来。二是内容多样性。网络资源丰富多彩,涵盖各学科范围,有数量大、类型多、非规范、跨时空、内容良莠不齐、质量高低不等的特点。三是无控制性。网络资源的构成和分布杂乱无章,缺乏统一的结构和组织,处于无控制、混乱无序的分步状态。四是开放性。网络资源是开放的、相关联的,任何用户在网络上都可以任意浏览并下载网络资源;另一方面,任何人都可以在互联网上发表自己的观点和作品。五是动态性。网上资源跨地区分布,高速传播,更新淘汰周期短,变化快、不稳定,呈高度动态性和很强的时效性。六是互动性。在网上可以形成广泛的论坛氛围,可以就某一专题开设电子论坛,在网上直接交流讨论、反馈用户信息,具有很强的互动功能[1]。

2　图书馆开展网络资源组织与管理的意义

在数字化、信息化的时代背景下,图书馆开展数字信息服务已经成为其主要服务模式。对图书馆的评价不再局限于馆舍规模、馆藏数量,一个图书馆的优劣开始取决于它的数字信息服务能力。海量的数字资源是数字信息服务的基础。丰富的网络资源为图书馆提供了资源保障。

2.1 可以充实馆藏信息资源

图书馆自古以来就是文献信息保存中心，收藏各种载体的文献是图书馆的首要任务。20世纪末，电子信息产品(包括磁带、磁盘、光盘)以及基于网络的信息资源开始大规模出现，图书馆界在收藏电子信息产品的同时也逐渐认识到收藏网络资源的必要性。20世纪90年代后期，各国陆续开始对网络资源进行收集和保存。2003年年初，国家图书馆启动了“网络信息资源收集与保存实验项目”，开始着手对网络资源的收藏。各公共图书馆也相继利用网络资源建设具有地方特色的专题资源库。与此同时，长期以来图书馆购书经费的增长与文献出版发行的增长不成正比，经费短缺一直是困扰图书馆发展的主要因素，在经费短缺的情况下，对网络信息资源进行整合和组织，将有效的资源纳入馆藏，可以丰富馆藏信息资源，节省图书馆的经费。

2.2 可以提高网络资源的利用价值和使用效率

网络信息迅猛增长，导致了信息泛滥。知识的增长速度远远低于信息的增长速度，人们获取知识受到阻碍。图书馆通过网络资源整合可以更好地揭示资源，将分散无序、相对独立、不便于用户检索查询的信息资源经过类聚、融合和重组，使其转化成有利用价值的资源，重新组织成为一个新的有机整体，同时将各类资源纳入到统一的文献信息服务体系中，实现信息资源结构由“信息资源”向“知识体系”转化，从而为用户提供高效率、个性化的优质信息服务[2]。

2.3 可以减少信息污染，建立良好的信息资源使用环境

网络信息数量庞大，既有非常有用的信息资源，也存在大量的信息垃圾。由于网络信息的非控制性，传播面广，给用户在获取信息时带来许多困难。图书馆按照统一的规范和质量控制标准，对网络信息资源进行过滤，去芜存菁，在减少信息污染的同时，也为用户提供了一个良好的信息资源使用环境。

3 网络资源的组织方式

网络资源的组织就是利用一定的规则和方法，通过对网络信息资源外在特征和内容特征的表征和序化，实现无序信息流向有序信息流的转换，从而保证用户对信息的有效获取和利用[3]。根据网络资源的特征和结构，网络资源的组织方式主要有文件方式、数据库方式、主题索引方式、超媒体链接方式和混合组织方式5种。

3.1 文件方式

计算机处理的最终结果通常以计算机文件的形式保存。对于文本、图形、图像、图表、音频、视频等非结构化信息，可以用文件系统来组织和管理。这是最早的信息组织方式。在加工、处理、传输文件等方面的技术和方法已经很成熟，组织非结构化信息简单方便，容易处

理。但是,随着信息量的增加,以文件方式进行传输和共享信息使得网络负荷越来越大,而且对于内在关系紧密、结构复杂的结构化信息组织难以实现有效的控制和管理。这些局限性决定了文件方式只能是网络资源组织的辅助形式。

3.2 数据库方式

数据库方式利用严谨的数据模型对要处理的信息进行规范化处理,利用成熟的数学理论进行信息查询的优化,用户通过关键词查询即可以获得所需的网络资源,大大提高了信息管理的效率。数据库方式有成熟的理论支持,可以处理大量的信息,效率高,占用存储空间小,共享性好,信息操作灵活性强,是目前图书馆组织网络资源的重要模式。但是缺乏灵活易用的界面机制,专业性强,对信息资源有规范要求,数据库自动扩充难,信息单元之间的知识内容的语义关联难。

3.3 主题索引方式

主题索引方式是将信息资源按照某种事先确定的概念体系分门别类地逐层加以组织,具有严密的系统性和良好的可扩充性。这种方式为用户提供了友好的界面,用户可以逐层浏览检索信息,找到与自己需求有关的网络信息资源,简单易用、目的性强、查准率高。但这种主题索引究竟分多少层,每层分多少类,没有统一规定。如何科学合理地构建网络信息分类体系便成为了该技术的难点。

3.4 超媒体链接方式

超媒体链接方式是一种非线性的信息组织方式,是超文本技术和多媒体技术的结合。这种方式将网上所获得的文字、音频、图像、视频等多种信息媒体,利用超文本技术有机地编织在一起,使人们可以通过高度链接的网络结构在各种信息库中找到所需要的信息。它是Internet上占主流地位的信息组织模式。这种方式大量使用链接技术,所以它从内容上可以将相关信息关联起来,充分发挥信息检索的自由度,符合人们思维的联想性和跳跃性习惯,具有良好的包容性和可扩充性。但是当超媒体网络过于庞大时,很难准确迅速地定位到需要的信息,降低了检索效率,而且很难保存浏览过程中所有的历史记录。

3.5 混合组织方式

以上每一种组织方式都存在一定的缺陷和不足。由于异构数据环境的客观存在,大多数网络信息资源的组织结构都不是唯一的,而是将各种组织方式结合起来使用,扬长避短,提高网络资源结构的合理性。目前常用的一种混合模式是以超媒体和数据库为基础,其他方式为补充来构造网络信息组织结构,形成以满足不同层次网络用户的检索需求,同时能够有效组织各种不同类型信息的信息源。

4 对图书馆网络资源组织和管理的几点建议

4.1 图书馆应该做好馆藏资源的规划,有计划地整合网络资源,建立特色馆藏资源

网络资源庞大繁杂,在给图书馆的数字资源建设带来发展空间的同时也带来了困惑。

面对内容如此庞杂、表达形式多样的网络资源,任何一个图书馆都不可能独立完成全部网络资源的采集、加工、保存和管理。如果毫无规划,以有限的人力、物力去组织无限增长的网络资源,必然会导致图书馆的馆藏资源建设与网络资源的不对称性。因此,图书馆应该做好资源建设规划,建立一个良性的馆藏资源保障系统,根据目的性、系统性、连续性、准确性、开放性的原则对网络资源进行"选择性采集",确定任务,明确目标,通过某种方式进行资源组织,最终将网络资源纳入统一的馆藏资源系统中,建成具有馆藏特色的数字资源体系。

4.2 图书馆应该成立专门负责网络资源组织和管理的队伍

网络资源的组织和管理是一项长期、连续、动态的工作,需要专职的工作人员在海量的网络信息中搜索,确定所要收藏的信息,定期进行跟踪,及时补充,图书馆有必要成立专门的队伍开展此项工作,并针对不同工作内容设立岗位。从事网络资源组织管理工作的图书馆员要具备专业的学科知识,具有一定的学科背景,如图书馆学、计算机科学、信息学等;能熟练地操作计算机,掌握信息检索的能力;具备一定的决策、判断能力和信息组织能力;有与读者沟通交流的能力;具备良好的英文阅读能力以便组织英语资源等[4]。目前,图书馆从业人员的知识结构比较单一,高级人才和复合型人才比例偏低,图书馆在引进复合型人才的同时,加强现有人员的人才继续教育,培养复合型人才。

4.3 应该立足用户开展网络资源组织管理工作

网络资源的组织管理不仅仅是作为图书馆馆藏资源的补充,更重要的是作为图书馆为用户提供信息服务的平台。立足用户进行网络资源组织与管理,首先,应该主要按照用户的需要和用户评价来选择资源,从用户最关心的问题提取评价指标,如检索功能、信息质量、链接情况、响应速度、信息的权威性和可靠性等[5];其次,应从方便用户高效率地发现信息的角度来设计信息资源的组织方式;再次,根据用户信息需求的特点,即社会化、综合化、集成化和高效化,组织网络信息资源,给用户提供集成化信息。

4.4 采用统一的元数据标准对网络资源进行组织

网络信息络资源的组织必须按照某种格式和标准进行,这种标准就是元数据。元数据是网络信息组织的重要组成部分,它是专门用来描述数据特征和属性的数据,可以帮助识别、描述和定位网络信息资源。目前,国际上通用的有 Dublin Core(都柏林核心)、RDF(信息资源描述结构)等。近几年,我国国家图书馆、上海图书馆、黑龙江图书馆等致力于元数据项目的研究,取得了不少成绩,研制了《专门元数据元素集及著录规则》系列元数据规范,其中《专门元数据元素集及著录规则——网络资源》是一套网络资源元数据标准规范,它确定了元数据结构、扩展原则和元素定义,制定了网络资源的著录规则。

4.5 开发适用于图书馆界的网络资源组织管理平台

目前,我国图书馆界进行网络资源的采集、加工、保存工作还处在发展阶段,对采取何种信息组织模式有效管理网络信息仍在探索中。为了使网络资源组织工作规范化,有必要由图书馆与信息技术机构共同开发适用于图书馆界的网络资源组织管理平台。该平台设计信息组织模式时可采用混合组织模式,即以超媒体和数据库为基础,其他方式为补充的信息组织结构。而超媒体技术和数据库技术如何结合使用以达到更好的效果还需进一步探索。该平台提供给用户使用应确保界面友好、简单易用、易于检索。

4.6 网络信息资源组织应向信息挖掘转变

网络信息挖掘是数据挖掘技术在网络信息处理中的应用,是在已知数据样本的基础上,通过归纳学习、机器学习、统计分析等方法得到数据对象间的内在特性,并以此为依据进行有目的信息提取。网络信息挖掘技术沿用了 Robot、全文检索等网络信息检索中的优秀成果,同时以知识库技术为基础,综合运用人工智能、模式识别、神经网络领域的各种技术。应用网络信息挖掘技术的智能搜索引擎系统能够获取用户个性化的信息需求,根据目标特征信息在网络上或者信息库中进行有目的的信息搜寻[6]。

4.7 应重视网络信息知识产权问题

现在,越来越多的互联网出版者加强了版权意识,因此,图书馆在进行网络信息资源采集时要解决好版权问题,避免侵权。同时,图书馆也要注意保护自己的版权,可以运用先进信息技术保护措施予以控制,如加密、设置存取权限等。图书馆员素质参差不齐,大部分的工作人员缺乏知识产权保护相关知识,图书馆可以把知识产权相关法律知识纳入到继续教训培训内容中,通过培训提高从业人员的知识产权保护意识。

总之,网络信息资源经过采集、加工和组织整理,实现了网络信息资源的增值。图书馆以用户需求为导向,有计划地组织网络信息资源,建成特色馆藏资源,并与本馆资源融为整体,形成一个良好的信息资源使用环境,是当前图书馆的重要职责,需要我们在不断的实践中不断地总结经验,不断完善,不断发展。

参考文献

[1] 杨淇蘅. 网络资源的重组与利用. 科技情报开发与经济,2005(13)

[2][6] 苏帆. 高校图书馆网络信息资源组织和管理研究. 情报探索,2012(1)

[3] 苏贝,刘鲁红. 网络信息资源组织建设概述. 图书馆学刊,2007(4)

[4] 刘春鸿. 互联网信息资源采集与组织利用. 情报探索,2004(1)

[5] 卢共平. 面向用户的网络信息资源组织与管理. 情报探索,2007(5)

浅谈公共图书馆利用互联网古籍信息资源服务读者

翟艳芳(大连图书馆)

摘　要:针对各图书馆普遍存在的古籍"藏与用"之间的矛盾,介绍了网络古籍信息资源采集的背景、意义、途径等,并提出了公共图书馆古籍采集与管理为读者提供关于古籍方面的网络信息服务的措施。

关键词:公共图书馆　古籍　数字化　网络信息资源　采集与管理

古籍是前人留下的宝贵文化遗产,对后人进行科学研究和文化传承都具有非常重要的意义,但随着时间的推移,这些宝贵的文化遗产变得相当脆弱,各大图书馆古籍服务工作长期以来都面临着"藏与用"的矛盾。而且由于古籍的收藏分散在全国各图书收藏单位,这种状况也严重阻碍了对古籍文献信息的充分挖掘。

1　图书馆古籍网络资源采集的背景

1.1　古籍数字化的实践成果

随着计算机技术的飞速发展,一种新的古籍保存和利用方式应运而生,这一新的方式就是古籍的数字化。古籍数字化就是从利用和保护古籍的目的出发,采用计算机技术,将古籍图书开发成数字化产品,将常见的语言文字或图形符号转化为能被计算机识别的数字符号,用以揭示古籍文献信息资源的一项系统工作。古籍数字化资源包括机编古籍书目、索引、文摘,古籍全文数据库,古籍影像数据库等。根据存在载体形式的不同,又可分为单机光盘(CD-ROM)版、网络版等。

我国自上世纪80年代开始进行古籍数字化工作,经过几十年的探索与开发,取得了显著成果。现存约15万个品种50万个古籍版本中,目前已完成大约3万个古籍品种的数字加工,超过20亿字的全文文本格式及数千万图像格式,并形成了较为成熟的古籍数字化技术和标准。

1.2　大量古籍网络资源的开发

根据维基百科的定义,网络资源是一种存储于网络载体的信息资源,是指由数字化技术、信息存储技术、数据库技术、网络通信技术与超文本、超媒体所支撑的信息资源,是借助于网络环境可以被利用的各种信息资源的总和。它可以是媒体资源(图片、音乐、影视等)、文档资源、软件资源、存储资源等。

到上世纪末,随着国际互联网技术的快速发展,以基于互联网的古籍数字化产品和大型全文数据库的出现为标志,全文检索、可视检索、知识库等技术得到了快速发展,大量数字化古籍在国际互联网上传播。古籍的网络资源主要由图书馆本身数字化馆藏资源和从网络上获取的虚拟信息资源两大部分组成。古籍的网络出版能实现跨越地理限制的实时全文检索或图像浏览,因而也大大提高了古籍资源的利用效率。

随着古籍网络资源的开发和建设,图书馆藏古籍资源的内容和形式也发生了变化,这也意味着图书馆资源采集的方法也要有所改变。

1.3 图书馆网络设施的建设

网络设施是数字化资源和网络资源运作的基础。图书馆网络运作形式主要有局域网、城域网、互联网。图书馆网络硬件设施主要包括两大部分:一是软件操作系统和数据库系统;二是应用系统,包括虚拟图书馆、管理信息系统以及信息资源管理等。目前国内图书馆网络硬件设施的建设进展迅速,其中以数字图书馆为核心的网络数字资源建设最为突出。数字图书馆借助网络环境和高性能计算机实现信息资源的有效利用和共享。

1.4 广大读者对古籍阅读的要求

我国的古籍资源储藏比较分散,大量的古籍资源分散在全国各地的大、中、小图书馆和博物馆里,还有一部分收藏在日本、韩国、英国、法国及美国等国家的图书馆里。由于我国古籍资源分布的这种特殊性,以及古籍的脆弱性和稀缺性,给古籍的充分利用带来了一定的难度。因此,实现古籍资源的共享,也是势在必行。古籍不仅要实现数字化,更为重要的是要实现古籍数据的资源互通互享。

2 图书馆古籍网络资源采集的意义

2.1 充实馆藏古籍资源

古籍是图书馆资源采集的重要内容。传统的古籍采集多采用复制或收购的方式,古籍日益走高的价格使这两种方式所采集的古籍均十分有限。

2.2 有利于馆藏古籍的保护并有效解决古籍保护和利用的矛盾

图书馆的藏书建设为的是服务读者,古籍善本很大一部分的价值在于文献价值,其间记载的历史与文化堪称宝藏,从事古籍整理与研究的学者,很大程度上得仰仗图书馆的公共服务,而图书馆馆藏古籍也只有在公共服务中方凸显其价值。许多图书馆在对待古籍资源的态度上,更多的出于保护的角度而轻利用。古籍数字化和网络资源可以有效地解决古籍保护和利用的矛盾。同时大量的古籍网络资源也可迅速地充实馆藏古籍资源,从而发挥古籍的文化传承功能。

2.3 提供快捷检索和阅读服务

在网络环境下开展古籍信息服务必须依托数字化的古籍信息资源。网络古籍数据库可以为读者提供多种途径检索、知识导航和资源链接,可以实现多种条件的组配检索。检索服务主要有书目检索和全文检索。许多图书馆将本馆所藏古籍制成了书目数据库向读者提供快捷的书目查询。全文检索是指可进行单字或词语检索的全文数据库。全文影像版的古籍资源开发成本较低,早期的数字化古籍多采用这种形式。但全文影像版古籍是以图像的形式存在,所以,只能阅读,不能进行检索。当然全文数据库也可提供阅读服务。

2.4 促进传统历史文化的传播

中华民族有着悠久的历史文化,而记录我国历史文化的载体就是流传下来的古籍。21世纪的最重要的传播手段是网络传播。网络技术的飞速发展为古籍的传播带来了全新的传播方式,其传播范围可在全球的任何地方,因此,实现古籍的网络化是传播中华民族悠久历史文化的有效途径。

3 图书馆古籍网络资源的采集途径

3.1 自建古籍数据库

自建古籍数据库投资巨大,实施周期长,但考虑到古籍的保护和读者服务,许多图书馆仍然很重视古籍数据库资源的建设。早期的古籍数据库建设主要是古籍书目数据库的建设。目前,拥有古籍馆藏的图书收藏机构大部分都建立了各自的古籍书目数据库,只要读者登录该图书馆的网页,都可进行书名、著者、类别以及关键词查询。同时运用信息系统技术还建立了众多古籍联合目录数据库。在全文数据库方面,也涌现了大量古籍数字化成果,较有代表性的包括:国家图书馆古籍数字资源库,北京大学数字图书馆古文献资源库,上海图书馆馆藏善本古籍、家谱全文影像数据库,大学数字图书馆国际合作计划(CADAL),文渊阁《四库全书》电子版,中国基本古籍库等。大连图书馆也建有“馆藏古旧籍书目数据库”“馆藏善本古籍书目数据库”等书目数据库,还建有“馆藏明清小说全文数据库”“馆藏清内务府档案数据库”“馆藏稀见方志数据库”“小方壶斋舆地丛钞三补编全文数据库”等全文数据库,都可进行全文影像浏览。

这些由图书馆和科研院所等公益型古籍网络出版单位所建的数据库是免费古籍网络资源链接的主要来源,开发网络资源只是为了古籍的保护利用和文化传播。因此,这类古籍网络出版带有公益性的特点,对用户免费开放或只收少量维护费用。

3.2 整合网络免费信息资源,提供集成化信息咨询服务

随着各大图书馆数字化进程的推进,具有高效传播的互联网自然要与古籍数字化结合起来,图书馆的古籍数字化也逐渐实现了网络共享。互联网为古籍信息搜集创造了广阔的空间,但其信息资源分布在多个网站上,而且缺乏有效的组织和控制,网络资源的复杂性使古籍信息的全面性和准确性受到影响。以网络古籍资源为基础搭建古籍信息服务平台,需要选择国内外公认的、权威性的网络古籍资源,并发挥图书馆专业技术人员在分类加工、组织整序文献信息方面的特长,在本地网站主页建立超链接,或统一收藏并引入本地数据库,经过详细分类、重新组织整理后,按照图书馆的业务要求对所搜集的信息资源分别描述其内容特色、检索利用方式,存储在Web服务器上,整合为图书馆的虚拟馆藏资源,为读者提供古籍信息导航,逐步实现统一检索和跨库检索。如此不仅能提高古籍网络资源的利用率,同

时也提高图书馆的信息服务水平。

4 图书馆古籍网络资源的管理

4.1 制订采集计划

图书馆古籍网络资源的采集首先要有计划性。根据本馆的服务对象和实际需要,制订出工作重点,定期了解服务对象对于资源的需要及其利用情况的意见,研究制定具体的采集方法与细则。同时对馆藏古籍网络资源的整体规划诸如硬件建设、资金状况、人员素质等做好分析测评,全面、科学地规划好图书馆馆藏网络资源。只有加强古籍网络资源采集工作的计划性,才能保证古籍资源的系统性。

4.2 严格采集程序

数字资源包括网络资源的采集程序与传统纸质文献的程序有诸多差异。由于古籍数字出版和网络出版还不是很规范,也缺少有效的流通渠道,因此古籍数字化资源的采集首先要做好资源的调查,了解资源的类型和分布。一般而言数字化出版公司的古籍数字资源信息可通过出版年鉴或广告获取,而一些兄弟单位开发的资源可通过会议交流或网络搜索工具来实现。

由于古籍数字化成果没有统一的发布平台,各单位、各系统按照自己的规则发布,存在光盘版、网络版、局域网发布等多种方式,其中局域网发布又占了很大比例,因此虽然已有大量古籍数字化产品,但读者能够看到的却不多。国家古籍保护中心对全国图书馆进行的调研发现,古籍书目数据库大部分对外开放,而绝大部分图书馆的全文影像数字化产品只提供在馆阅览,不提供互联网服务。因此,必须在充分的资源调查基础上才可以制订采集范围。资源采集后还要进行核查、送审、签订协议,最后还要做好验收登记。

4.3 配备专业人员

配备专业的管理技术人员是古籍网络资源有效运作的保证。与图书馆传统管理方式不同的是,网络资源的管理有其特殊性,这一点尤其表现在图书馆机构的设置和人员的配备上。传统的图书馆古籍部一般配备的是懂古籍的专业人员,而古籍网络资源的管理涉及计算机技术和网络信息技术。然而目前的实际情况是高校人才培养模式存在文理分科培养的现象,缺乏既懂计算机又懂古籍整理的人才。解决这一问题的唯一办法是做好人员的培训工作,从而保障古籍数字资源的有效运作。

古籍数字化是古籍保存、整理和利用的必然趋势,是数字图书馆建设的重要组成部分,网络古籍资源也越来越成为图书馆古籍资源的重要组成部分。而且随着网络技术的不断发展,在网上查找资料已经成为人们的基本技能。随着广大读者信息需求与行为的变化,网络古籍资源正成为普及古籍和研究古籍所需的主要的信息源,各图书馆也应顺势而为,满足读者对古籍网络资源的需求。

参考文献

[1] 何志兰. 图书馆馆藏信息资源的构成及其发展趋势. 情报探索,2005(3)

[2] 郭德华. 做好电子馆藏资源采集工作的思考. 图书馆,2005(1)

[3] 中国古籍书目网络资源总汇. http://blog.sina.com.cn/s/blog_59404d5d0101ca22.html

[4] 沈蕙. 古籍整理过程中对免费网络资源的利用. 图书馆建设,2009(5)

数字资源长期保存的现状和前景

陈克俭　刘金哲　季士妍(国家图书馆)

摘　要:数字资源长期保存是数字资源管理领域一个非常关键的问题。本文从数字资源长期保存有效性、完整性和真实性的影响因素入手,分析了数字资源长期保存在存储介质、数据格式、技术手段和保存策略等方面的解决方案以及发展前景。

关键词:长期保存　存储介质　数据格式

随着数字时代的来临,数字技术和相关设备将与传统纸质资源天壤之别的数字资源呈现给我们。数字资源有着纸质资源无法比拟的快捷、便利、灵活,同时数字资源存在一定的不稳定性,正因为这种不稳定性,使得数字资源的管理面临了前所未有的挑战。如今数字信息的爆炸性增长,数字资源的长期保存问题已经成为了目前业界关注的焦点。

1　数字资源长期保存的背景

数字资源长期保存是指通过一定的技术手段,保证数字比特流可以长期维护并且内容可以长期获取的管理活动。数字资源长期保存有两层含义,一个是长期保存,另一个是数据可获取。

在数字时代的环境下,人类对数字资源的依赖性日益增强,同时,由于受网络、存储媒介以及不断变化的软硬件影响,长期保存的数据并不稳定,随时都有无法使用的可能性。因此,为了有效保存数字资源,也为了保存数字资源长期可用,数字资源长期保存是非常必要的。

从上世纪90年代开始,数字资源长期保存相关问题的研究就一直受到各界的关注。由加拿大哥伦比亚大学图书档案信息学院主持的InterPARES项目,于2001年启动,2012年完成。该项目为永久保存的电子文件及其真实性建立了一套完善的理论以及方法,并为同行业提供了指南。2009年国际标准化组织颁布了ISO 15489文件管理国际标准,规定了文件管理的要素以及文件管理所要达到的结果。我国对于电子文件的保存管理也有不少的研究规范,如2002年版本的《电子文件归档与管理规范》对于电子文件保存管理的相关要求都提出了很明确的国家标准要求。同时《版式电子文件长期保存格式需求》《磁性载体档案管理与保护规范》《纸质档案数字化技术规范》等也都从不同的角度对于数字资源长期保存管理提出了相关标准。

2 影响数字资源长期保存的因素

数字资源受到保存介质、保存环境、保存状态等主观、客观因素的影响，这些因素均为数字资源长期保存带来一定的挑战与影响。

影响数字资源长期保存的客观因素主要有以下两方面：

一是硬件方面，存储介质的不稳定。虽然数字技术的发展，能够使更小的空间保存更多的资源，但是数字资源的存储介质的寿命远不及传统的纸质介质或者缩微胶片。随着技术的发展，能否出现更加稳定的数字资源存储介质，或者延长现有存储介质的寿命，都是至关重要的。

二相比于存储介质的老化损坏，数字技术的更新淘汰对数字资源的长期有效的威胁更大。影响存储的数字技术主要是指数字资源的记录方式以及保存格式。一般数字资源的记录方式一经确认相对稳定。但是数字资源的某些保存格式很有可能因为技术的更新换代而被淘汰，即使存储介质非常稳定也无法读取。因此，规范数字资源的保存格式也是长期保存需要解决的重要问题。

数字资源长期保存也受到一定的主观人为因素的影响，如病毒感染，黑客攻击，文件被恶意篡改等。

正因为这些主观以及客观方面的因素，数字资源长期保存面临着长期有效性、完整性以及真实性三方面的挑战[1]。

若干年后保存数字资源的存储介质是否可用，保存数字资源的格式化内容是否可被它的使用者理解，以及旧有的数字信息是否能被新的软硬件环境兼容，都影响着数字资源长期有效性。

同时，一份数字资源往往由文字图片甚至音视频多种形式组成，这些信息可能采用不同的格式在不同的介质上存放，正因为这种信息与载体的分离性，软件或者硬件任一载体出现问题都很可能会直接影响到数字资源的完整性。

关于数字资源长期保存的真实性，在国际标准文件 ISO 15489 中指出，主要包含 3 个方面：(1)文件内容符合文件的本意；(2)文件的形成者和发送者与其既定的一致；(3)文件的形成和发送时间与既定的时间一致[2]。从上述三点可以明确看出，关于数字资源的真实性，可以很通俗的认为，文件在保存的过程中没有被更改。但是数字资源的不稳定，极易被更改，在数字资源形成、传输等过程中都有被改动的可能性。而且在如今的网络环境下，病毒入侵、黑客攻击以及系统的故障漏洞等也都影响数字资源长期保存的真实性。

3 数字资源长期保存的解决方案

为了应对数字资源长期保存面对的挑战与影响，可以从存储介质、数据格式、技术手段和保存策略等方面选择合适的实施方案，从而提高数字资源长期保存的质量、保障数据的长期可用、长期保存。

3.1 提高存储介质的保存时间

对于复杂多样的存储介质，哪些更适合数字资源的长期保存，国内外的一些权威结构都有相关的规定要求。

在《电子文件归档与管理规范》(GB/T 18894—2002)中，对于存储介质有很明确的规定：本标准推荐采用的载体，按优先顺序依次为：只读光盘、一次写光盘、磁带、可擦写光盘、硬磁盘等。不允许用软磁盘作为归档电子文件长期保存的载体。

国外对于数字资源的存储介质也有相关的规定，如美国档案与文件管理局(NARA)就认为：除磁带外，有三种光学媒体可以用作为文件的数字记录存储媒体，即 CD - ROM、一次性写入介质(WORM)及可擦除式光盘。

就目前来讲，磁带和光盘是比较适合作为数字资源长期保存的介质。磁带是出现最早的磁记录介质，有着很高的标准化程度，同时有着可靠性高、技术成熟、互换性好的优势。磁带的寿命大概有 30—50 年，可以说是目前保存时间最长的介质。国家图书馆目前正采用磁带作为长期保存的存储介质。光盘有着成本低、传递便捷，保存相对简单的优势，对于光盘的使用寿命，在清华大学《档案部门光盘使用和长期保存指南》中提出：档案级光盘存档寿命目标值为正确保存的档案级空白光盘保存期大于 5 年，确保存和数据刻录的档案级光盘的存档寿命大于 20 年是可以达到的、可以接受的、也是现实的[3]。

提高存储介质的保存时间，可由以下两方面入手：

第一点是物理手段。即控制存储介质保存的环境，如控制环境温湿度；使用防尘灯；同时规范日常使用方式，防止存储介质在日常使用中受到破坏，以及一系列对载体本身的维护，从而延长存储介质的物理寿命。

第二点是制定相关的保存策略。首先是制定相关的数字资源管理规范，严格检测监控介质的状况，明确归档前的检测以及定期的抽样检查确保介质有效可用。在《电子文件归档与管理规范》中都明确规范了电子文档归档前检测以及定期抽样检查的相关要求，如明确检测的相关内容，并且要求合格率达到 100% 才能进行交接，定期抽查的抽样率不低于 10% 等。其次根据存储介质的相关特性，定期更新存储介质。在《电子文件归档与管理规范》中明确了“对磁性载体上的归档电子文件，应每 4 年转存一次。原载体同时保留时间不少于 4 年”。严格意义上讲长期保存的数字资源需要保存三套，一套作为长期保存保管，一套作为外部查阅使用，一套作为灾备进行异地保存。

3.2 规范长期保存的数字资源的格式

关于数字资源保存格式的选择，原则上是择独立性高、通用性好、标准化程度比较成熟的文件格式。在《电子文件归档与管理规范》也有相关的推荐，如文本类的电子文件以 XML、PTF、TXT 为通用格式；图像类的电子文件以 JPEG、TIFF 为通用格式；视频类的电子文件以 MPEG、AVI 为通用格式；音频类的电子文件以 WAV、MP3 为通用格式。而 PDF 格式，其格式规范已经公开，而且能够免费获取，有着非常广泛的支持性，不依赖任何平台，非常适合作为长期的保存格式。但是再好的兼容性也经不起时间的考验，或许未来的哪一天某种现在认为非常稳定的格式遭到淘汰，用这种格式保存的数字资源将会面临无法读取的危险。因此应该密切关注保存的数字资源的相关格式信息，必要的情况下采取相应的技术转换保存资源的格式。

3.3 采取合适的技术手段

除了硬件软件方面保障外,还需要定期采取必要的技术措施。以下简单介绍下集中长期保存的技术措施:

(1)更新

更新可以简单地理解成存储介质的复制,即将存储介质上所保存的数据拷贝到另一个新的介质上的过程。更新有两个目的,一是定期的载体更新来保证介质长期可用,从而保证数字资源的可用性;另一个目的是新技术代替老技术,让数字资源更有保障。

(2)迁移

迁移是指将数字资源向目的系统进行转移存储的方法和过程,迁移是目前长期保存非常常见,比较成熟的技术措施。通过这种方式能够延续数字资源的可获得性以及可用性。迁移与更新的差别是在于更新是单个存储介质的转换,而迁移更像是整个存储系统的更新。迁移通常需要依靠存储系统平台上专门的软件来实现。促成迁移的原因有很多,比如说新的技术的替代或者旧的存储出现问题。在某些情况下,迁移方式可以解决由于格式的原因,数字资源原有格式遭到淘汰,需要采用适当的转换工具将数字资源的格式转换成新的通用格式。

不过迁移策略存在着不少风险,比如迁移过程中的数据丢失的问题,以及迁移过程容易造成数据失真问题,从而导致与之相关的某些功能或者信息丢失。因此,迁移技术比较适合那些与软件无关的简单的文档类的数字资源,而较为复杂的如音视频数字资源,在连续不断的迁移中,容易出现数据失真的问题,导致数字资源无法正常使用。

(3)对原始的存储环境的保存

这种方式是将保存数字资源最原始的操作环境连同数字资源一块保存下来。其中包括最原始的应用程序、操作系统软件以及硬件平台,主要是确保最原始的运作环境能够保留下来。由于是在原生的环境下,在其中的某种技术已经当时技术所淘汰的情况下,仍然能够读取保存其中的数字资源。不过这种方式过于理想化,可行性较低,因为在不同技术环境下完整的保存一整套存储环境是件非常困难的事。硬件设备比如说磁带受时间影响很可能会逐渐出现故障的情况,那时候这种型号的存储介质不一定生产,就算一次性储藏很多盘备用的磁带以备以后更换的时候使用,但是碰到其他的模块的损坏呢?所以说对于整个原始环境的保存,只能说是一种阶段性或者临时性的办法。

(4)仿真技术

仿真是指在新的平台上,通过相关仿真技术来模拟出原始的运行环境。较于第三种方式这种方式其实是进一步的延迟技术淘汰方法。从技术角度来看是可行的,用新的环境来保存旧的环境,并不是件非常难的事。但是这种方式实际运行中也有很多问题,比如说随着新系统的维护和升级,仿真软件也必须随着一块升级来适应新的技术平台,暂时看来或许可行,但是从长期保存的角度,这种方式需要投入大量的人力物力。因此,这种方式可以说是一种对于延迟原始环境淘汰的阶段性方法,长期来看并不可行[4]。

以上4种方式各有特点,对于存储介质损坏、过时等情况,使用更新技术更合适;对于数字资源保存的格式淘汰问题,迁移的方式更加合适;当硬件软件都过时随时都有可能淘汰的情况下，采用保存原始环境或者仿真技术则能够适当延缓淘汰的速度。

3.4 制定严格的保存措施

采取安全可靠的防护技术措施，防止受到主观人为因素的影响。

(1)加强以及完善关于数字资源长期保存相应的制度流程，对各个环节进行严格控制。

(2)严格规范对身份和权限的控制，控制身份以及权限量，高权限的身份越少越好。

(3)规范操作流程，对于每项操作都应该有相应的日志或者记录，对于日后出现的问题要有据可查。

(4)对于处于静态的数字资源应该严格禁止随意修改，采取适当的方式，阻断对内容的修改途径。

(5)对于非公开性的文件需要采取必要的加密技术，防止信息泄露。

(6)加强互联网安全，如防火墙控制，对访问地址以及端口严格控制，防止外界攻击或者病毒入侵。

4 数字资源长期保存的前景

如何提供一个可靠稳定的存储环境一直是数字资源长期保存工作要解决的问题。技术的更新给数字资源长期保存不断带来新的思路，其中云存储技术是近期最为关注的。云存储是在云计算的基础上的延伸出来的一个新概念，是指通过集群应用、网格技术或分布式文件系统等功能，将网络中大量各种不同类型的存储设备通过应用软件集合起来协同工作，共同对外提供数据存储和业务访问功能的一个系统[5]。云存储技术运用在数字资源长期保存中主要体现下面几个优势：

(1)云存储集成使用了大量的存储的集群技术，能够支持海量存储以及动态扩展，更加容易实现存储介质的更新或者大规模的数据迁移。

(2)能够向下兼容，能够利用老的存储设备。

(3)由于其设备的分散，能够相互备份，数据更加安全。

云存储技术实施起来较为复杂，需要许多方面的支持，而且目前还不是十分成熟，真正投入使用的案例也较少。但云存储技术有着传统存储方式无法比拟的优势，是一个极具潜力的研究领域，在数字资源长期保存方面有着长期的研究意义。

如何保障数字资源的长期可获得性，它不仅是一个迫切的问题，也是一个发展的问题；它不仅是一个技术性的问题，也是一个公共策略问题，总体来说它是整个社会公共服务和公共保障的重要责任。

数字资源的长期保存是一个需要进行总体规划和协调，以及需要长期和持续研究的过程。我们不仅要关注长期保存的最新技术，关注未来可能会出现的更加先进的保存介质，也要注重保存格式的通用性和国际标准性，研究更加先进可行的长期保存技术措施和保存策略，从而切实保障需要长期保存的数字资源及其所承载的优秀社会文化遗产的可传承性。

参考文献

[1] 国家标准:电子文件归档与管理规范 GB/T 18894—2002
[2] 文件管理国际标准: ISO 15489
[3] 陈垦,徐斌.档案部门光盘使用和长期保存指南,2006
[4] 陈慰.浅析数字信息长期保存研究现状.浙江高校图书情报工作,2008(2)
[5] 高建修,吴振新,孙硕.云存储在数字资源长期保存中的应用探讨.现代图书情报技术,2010(6)

浅谈地方公共图书馆数字资源长期保存的方案与实施

王承冠(金陵图书馆)

摘　要:数字资源的长期保存问题已经成为图书馆界关注的热点。本文从地方公共图书馆的角度,提出了数字资源长期保存的方案,并结合自身工作实际,简述了该方案的实施情况。

关键词:数字资源　长期保存　地方公共图书馆

国外有关研究预测,随着数字技术和互联网的飞速发展、数字信息的激增和数字化环境的形成,2015 年印刷媒体占到 45%,电子媒体会占 55%,甚至更高。数字资源及其利用所依赖的网络和存储媒介的不稳定性使数字资源容易消失,难以长期为人们所利用。因此,数字资源长期保存是近年来图书馆界讨论与研究的热门话题,并已发展成为图书馆技术的一个新的研究领域。

1　数字资源长期保存的国内外现状

1.1　国外研究现状

数字资源长期保存在国际上已不是新话题,但具体实施并没有大范围展开,几个发达国家的一些大型图书馆在制定标准、具体实施等方面有所建树。具有代表性的有:

1.1.1　OAIS 标准

在数字资源长期保存领域,最有影响的标准当属开放档案信息参考模型 OAIS。它是由美国国家航空和航天局、英国太空数据系统委员会(CCSDS)联合制定的标准,于 2003 年正式成为 ISO 标准(ISO 14721:2003)。OAIS 规定了数字资源跃期保存的术语、概念和参考框架,确定了一个存档系统的基本功能,提出了一个管理数字对象和信息包的信息模型。在一致性方面起了很重要的作用,并逐渐成了众多存储项目遵循的标准,被广泛用于开发保存工具和存储系统。

1.1.2　美国的 NDIIPP 项目

NDIIPP(National Digital Information Infrastructure Preservation Program)项目即国家数字信息基础设施和保存计划,是以美国国会图书馆为主导,联合全国许多大学图书馆、研究机构、商业组织对数字资源进行收集、保存的研究。它的工作目标是构建数字资源收集和保存的全国性战略,与图书馆、联邦代理机构、研究机构和非营利性组织等进行合作,帮助鉴别和保存濒临消失的数字资源,对数字资源保存方法、模式和改良工具等发挥促进作用。

1.1.3　英国的 CEDARS 项目

CEDARS(CURL Exemplars in Digital Archives)项目即高校研究图书馆联盟数字存盘样

书项目。该项目在1998—2002年间进行，致力于研究数字保存的策略、方法和实际问题，包括数字对象的获取、长期保存、有效描述和永久获取。其成果是研究了数字资源长期保存的战略框架和具体方法，并建立了一个分布式的长期存储系统和支持数字资源长期保存的CEDARS元数据。

1.1.4 澳大利亚的PANDORA项目

PANDORA(Preserving and Accessing Networked Documentary Resources of Australia)项目即保护和存取澳大利亚网络信息资源项目。该项目由澳大利亚国家图书馆主持实施，其根本目的是在建立一个经过选择的澳大利亚网络信息资源归档系统的同时，为保护和存取澳大利亚电子资源制定政策和程序。采用选择性存取策略，侧重收集重要的且具有长期保存价值的联机出版物和网站。

1.2 国内研究现状

我国对数字资源保存问题的研究开始于20世纪90年代后期，目前，国内学者对数字资源长期保存问题的理论研究主要集中在对其概念、影响因素、保存策略3个方面。虽取得了一定的成绩，但与国外相比，我国对数字资源长期保存问题的研究仍处于起步阶段，基本上还是以跟踪、吸收、消化国外研究成果为主。

从研究主体来看，目前我国关注数字资源长期保存的机构比较集中，主要是图书馆、信息中心等信息服务机构。从研究内容看，我国偏向理论研究，实践研究比较缺乏，对数字资源的研究主要以相关项目的介绍、研究动态综述为多，介绍自身情况的较少。从启动项目看，我国数字资源长期保存实践项目成立的时间较晚，项目不多，具有代表性的如“中国国家图书馆的网络信息资源保存试验项目——WICP-Project”“OAIS体系结构的研究”“数字资源长期保存迁移技术及其在国家图书馆中的应用研究”等。

2 地方公共图书馆数字资源长期保存的方案

国家和各级政府对公益性文化事业的关心和支持使得地方公共图书馆的发展日新月异，根据2013年全国公共图书馆评估标准中对省级(含副省级)图书馆的数字资源、自建资源总量的指标，绝大部分省级、副省级公共图书馆在数字资源总量方面均能达到甚至超过30TB的最高标准。数字资源的长期保存成为地方公共图书馆将要面对和亟待解决的问题。然而，各地方图书馆所属的地域、经济、财政投入等情况的不同，造成了各馆在数字资源建设、软硬件水平的千差万别，这也是地方公共图书馆数字资源长期保存的难点所在。此外，国家图书馆是包括数字资源在内的各类信息资源的国家法定保存机构，它对各种信息资源进行保存管理，具有不同于一般信息服务机构的特异性。因此，地方公共图书馆对数字资源的长期保存，必须要从实际出发，因地制宜，制定切实可行的方案。笔者认为地方公共图书馆数字资源长期保存方案的思路或制定，在遵循本馆实际情况的基础上，可从以下4个方面入手。

2.1 资源分类与价值评估

数字保存是一个需要持续投资的成本昂贵的项目,在缺乏政策支持、财政投入的情况下,若不对所有长期保存的资源进行分类、评估、取舍,必定会使经费本来就不宽裕的图书馆雪上加霜。

从数字资源的来源上分,可以分为外购商品数字资源与自建数字资源;从数字资源的内容上分,大致可以分为电子期刊、电子图书、多媒体音视频、特色数据库等;从数字资源的存储位置上分,可以分为包库资源、镜像资源和本地资源。此外,在对资源进行分类的同时,还需对资源的价值进行评估。评估的标准应从本馆的自身条件与实际出发,如财政的投入,本馆的人力水平、技术力量,数字资源的版权问题等。笔者认为,只有经过评估,确定有永久保存价值及重要的数字对象才进行长期保存,才是地方公共图书馆比较务实的做法。

2.2 资源格式与资源存储模式

数字资源的长期保存涉及两个方面的内容:一是防止数字资源的变更和被破坏,二是维护数字信息资源的长期真实性和可获得性。因此,需要将数字资源分为元数据与对象数据加以描述和规范,以确保资源的存取。元数据是关于数据的数据,是对信息资源的结构化描述;对象数据是用户最终获取、以特定形式展现的数字化文本、图像、声言、影像等数据。数字资源长期保存在保存之初,就应考虑资源的格式问题,包括元数据格式与对象数据格式,应尽可能采用当前主流的、标准的格式,以方便未来对这些数字资源的仿真、迁移、再保存。

目前数字资源存储依旧是以磁盘、磁带等磁介质为主的存储设备与系统,根据数字资源的使用状况和应用需求,可以将它们分为在线、近线、离线 3 种存储模式进行存储和展现。对于数字资源长期保存来说,在对数字资源价值评估的基础上,根据数字资源的访问需求和性能要求将数字资源放入在线或近线存储系统,同时也要做好数字资源的离线存储工作,并确保备份数据的可靠性和一致性。

2.3 备份数据抽检与数据迁移

由于数字资源的载体极易受外界环境的影响,必须对保存的数字资源进行定期检测,以保证数据真实性和完整性。对于目前常见的存储介质来说,一般磁性载体每满 2 年检测一次,光盘每满 4 年检测一次,抽样率以不少于 20% 为宜。检测包括外观检查和逻辑检测。外观检查是确认载体表面是否清洁、是否有霉斑、是否损坏或变形等。逻辑检测是采用专用或自行编制的检测软件,对载体上的信息进行测试,查看数据有无丢失,如果发现问题应及时采取恢复措施。

硬件、软件的技术淘汰使数字信息的长期读出充满了未知数,正如刘家真所说:"媒体的腐坏与脆化带来信息的丢失,即使保存条件再好,数字媒体的架藏寿命也是有限的。"因此,保存的数字资源需要在其生命周期过程中经历多次迁移过程。总体上说,这类方法主要有数字迁移、数字仿真和技术保存等。

数字迁移:迁移是根据软件、硬件的发展将数字资源迁移到不同的软件或硬件环境下,从而保证数字资源可以在发展的环境中被识别、使用和检索。根据迁移条件的不同,迁移可以分为硬件迁移、软件迁移、载体迁移、格式迁移、版本迁移和访问点迁移等。

数字仿真:指保存数字资源本身的全貌(包括内容和外观两个部分),但不保存数字资源存取的环境(包括软件环境和硬件环境),用户需要在新环境下实现对原始数字资源的访问。

技术保存:指将数字资源以及阅读数字资源所需的操作系统和浏览软件一起保存,用户始终在这个环境下实现对数字资源的存取操作。这种方法比较适合于一些小规模的专业数字资源的短中期保存,但对于大规模数字资源的长期保存而言则不具有可行性。

2.4 制度建设

地方公共图书馆在制定数字资源长期保存的方案时,有效的组织和管理是数字资源得以长期保存的重要保障。在不断探索和总结适合自己的技术手段的同时,数字资源长期保存的制度建设也同样重要。在工作流程上,通过长期积累的经验,总结出一套行之有效的方法,并形成文档,建立自己的SOP。在岗位设置上,应设有专门的部门负责全馆数字资源的长期保存工作,并由专业管理人员进行数据的保存与操作,保证数字资源保存工作的顺利进行。在考核机制上,不仅是要考核工作人员是否严格按照工作流程操作,还要考察管理人员的细心、耐心以及对工作的责任心。

3 金陵图书馆数字资源长期保存的实施情况

金陵图书馆系南京市图书馆、副省级图书馆。自2000年开始,便注重图书馆的数字化建设,除了常规的商品数据库的选购外,还自主建设、生产了富有南京地方特色的数据库,如南京云锦数据库、郑和研究专题数据库、南京民国建筑数据库、南京地方法律法规数据库等。此外,还建有金图讲坛视频资源库、南京文化信息资源共享工程视频资源库等。据统计,截至2012年,金陵图书馆总计发布数字资源数据库55个(不含试用资源),其中,自建资源数据库30个,外购商品资源数据库20个,共享工程下发资源数据库及数字图书馆推广工程共享资源数据库5个。总容量超过93TB,其中存储在本地的资源总量超过29TB。

金陵图书馆从2011年开始,就将数字资源长期保存作为一项课题,列入了信息系统部和信息技术部的工作计划,同年开始研究、制订方案,并于2012年进入初步实施阶段。金陵图书馆对数字资源的保存主要从以下4个方面进行。

3.1 立足自建资源,规避版权问题

从数字资源的来源看,金陵图书馆的数字资源主要分为外购资源和自建资源。经过对数字资源的价值评估、资源保存的可行性研究,最终决定立足本馆的自建资源,从自建资源入手根据资源的价值,选择性地进行长期保存工作。其原因有三:一是每年用于数字资源建设的经费有限,且市级财政并没有专项经费用于数字资源的长期保存;二是越来越多的外购资源趋于网络包库模式,使用本地镜像的资源,由于依赖于资源商专门的系统环境和数据结构,并不利于长期保存,加上镜像资源保存价值不高,即使丢失也可以通过资源商进行重新安装;三是版权问题不可避免,地方公共图书馆外购资源一般都是购买的使用权,并没有版权或保存权,相反自建资源一般都是对海量信息的搜集、整理、标引,以二、三次文献形式展现,恰恰规避了版权问题。

3.2 规范数据格式,建立存储机制

信息技术的日新月异,软硬件系统的更新换代,给数字资源读取造成的技术过时问题备受关注,同时也促使了元数据概念的提出。数字资源的长期保存,是对数据的保存更是对元数据和对象数据的保存。为了避免某些数据格式随着时间和技术发展而消亡,必须规范需长期保存的数据的格式,包括元数据格式和对象数据格式。数据格式的选择应本着大众化、主流化、系统依赖度低等原则。金陵图书馆针对需长期保存的资源,就元数据、对象数据等进行了如下的格式规范:

元数据格式:MARC 元数据,DC 元数据,XML,关系型数据库格式(如 Oracle、SQL Server、Access 等)。

对象数据格式:①文本:不压缩 TIFF 格式,PDF,TXT;②图像:不压缩 TIFF 格式,JPEG,PDF;③音频:WAV,MP3;④视频:MPEG2,MP4,FLV。

此外,金陵图书馆根据每个数字资源的使用频率、系统需求等因素,提供在线式 FC-SAN 存储和近线式 IP-SAN 存储系统。对于需要长期保存的数字资源,在规范数据格式的前提下,进行离线存档并根据资源的保存级别,建立多个备份。

3.3 完善备份机制,着眼数据迁移

考虑到数据存储的成本,对于需长期保存的离线数据和存档数据均使用普通 2TB 或以上容量的硬盘存储。根据本馆制定的相关规范,对于备份数据的完整性和正确性检测,其频率为 2 年一次,每次抽检 10 块硬盘或等同于 20TB 的存储空间,对于 3 年或 5 年以上的存储介质,无论是否数据正常,都应当使用新的存储介质进行 2 次备份,确保备份数据的完整、可靠。目前,我馆主要采用 MD5 的校验方法,通过使用 MD5 的校验工具和数据抽检、恢复机制,完成对所保存数字化文件的完整性检测。

由于金陵图书馆数字资源长期保存工作起步不久,对于数据迁移还没有实际的操作经验,但在学习和研究他人相关理论和成果的基础上,也开始尝试一些数据迁移的准备工作。例如:针对需要长期保存的数字资源,撰写资源恢复文档,尽可能详细地将如何安装操作系统、数据库系统、资源系统等进行文字性记录,并将该资源所依赖的操作系统、数据库系统等的安装程序一并保存。做到后人进行数据迁移时有迹可循。

3.4 强调制度建设,关注行业发展

在数字资源长期保存管理规范方面,金陵图书馆正在起草《金陵图书馆自建数字资源保存管理暂行条例(草案)》,从数字资源保存原则、保存级别、资源数据保存格式等方面进行阐述。在日常的数字资源保存工作中,制定了一系列切实可行的操作规范和流程,如《数字资源长期保存工作流程》《数字资源长期保存存档规范》《数字资源长期保存定期巡检操作流程》等。

此外,金陵图书馆将数字资源长期保存作为一项长期工作,在全馆范围进行普及。不仅是相关部门内部学习、讨论,还邀请业内人士就资源保存问题举行全馆学习,旨在树立全馆的资源保存意识。

数字资源的长期保存是一项对人类文明传承极具意义的工程。公共图书馆作为信息资源的保存机构义不容辞，地方公共图书馆更是新手上路，任重而道远。因此，在今后的工作中，一方面要让政府认识到数字资源长期保存的意义和重要性，积极争取政策和财政的支持；另一方面要积极与国家图书馆及其他地方图书馆交流合作，不能闭门造车。通过会议、实地调研等方式，在交流探讨中碰撞出新想法、新思路、新创意。

参考文献

[1] 宛玲. 国外数字资源长期保存的最新发展及对我国的启示. 中国图书馆学报，2004(2)

[2] 刘家真. 数字信息保存的策略. 情报学报，2000(4)

[3] 邢军. 国家图书馆数字资源长期保存现状与研究. 数字与微缩影响，2011(4)

[4] 刘喜球. 中小型图书馆数字资源长期保存的特点及其策略. 工作研究，2008(9)

[5] 董晓莉. 图书馆数字资源长期保存迁移技术分析. 图书馆杂志，2012(7)

政府网站公开信息资源的采集方法与问题分析

——国家图书馆“中国政府公开信息整合服务平台”项目的实践

李云龙(国家图书馆)

摘　要:政府网站公开信息资源日益增长,其价值日益彰显。采集是资源保存和整合服务的首要环节。本文从国家图书馆“中国政府公开信息整合服务平台”项目中网络资源采集的实践出发,概述了政府网站公开信息资源的采集方法,对主要问题进行了分析,并提出了相应的对策。

关键词:政府网站　政府公开信息　采集方法　国家图书馆

目前,政府网站公开信息资源日益增长,其价值日益彰显。《中华人民共和国政府信息公开条例》[1]实施5年来,国内各机构纷纷开展政府网站公开信息资源的相关工作。资源采集作为政府网站信息资源保存和整合服务的首要环节,起到了十分重要的作用。

“中国政府公开信息整合服务平台”是国家图书馆为满足公众对政府公开信息的有效利用而开发的一站式服务平台,它以各级政府网站政府公开信息为对象,通过自动采集,将各级政府公开信息采集到本地,然后对这些资源进行整合,最后进行发布对外提供服务,为公众查询政府公开信息提供了便利[2]。

1　政府网站公开信息资源及采集概述

1.1　相关概念

政府信息,是指行政机关在履行职责过程中制作或者获取的,以一定形式记录、保存的信息[3]。政府公开信息,是依照《条例》中的公开范围进行公开的政府信息。政府网站公开信息资源,是指通过计算机网络在政府网站上发布、传递和存储的政府公开信息类资源的总和。

1.2　资源利用的过程

采集政府网站公开信息的最终目标是给读者提供政府公开信息资源的查询及相关服务,整个过程一般包含4个步骤:采集、整合、保存和服务[4]。

(1)采集。网络资源采集系统能够按照预先的配置,将设定为采集点的政府网站的公开信息自动进行采集。

(2)整合。对采集到的公开信息进行过滤,剔除重复信息,根据实际内容抽取相关信息,根据类别或主题自动进行分类。

(3)保存。采用数据处理相关技术,将整合后的公开信息存储在数据库中,实现本地海量数据的存储。

(4)服务。将保存的数据进行正式发布,对公众提供政府公开信息资源的浏览、检索、文献传递等服务。

1.3 采集范围

政府公开信息采集的对象范围就其内容上讲,应涵盖政府公共信息和政务活动信息。政府公共信息包括反映行政机关机构设置、职能、办事程序等情况,或者是人员任命、机构考核等信息;而政务活动信息则是政府信息的主要组成部分,它是政府部门在行政管理活动中形成的体现各项活动的运作过程及结果的各种信息,包括日志、笔录、证据材料、各种文件、数据资料等全部能被人接收和识别的信息数据。这是信息公开的主要方面,也属于信息采集的范围[5]。

1.4 采集系统

网络资源采集系统能在互联网上对政府网站的公开信息进行实时监控,并把更新的资源定时采集到数据库中,然后对采集到的数据自动进行过滤、分类等智能化处理,最后将信息传输到后台管理软件中。

具体采用了以下技术:信息智能化采集,均衡各采集工作站的任务,更新各网站的资源;使用采集任务集中控制,多台采集工作站分布采集的方式,实现系统的可扩展;采用多线程并发采集和控制,将采集模块分别安装在不同的采集工作站上,实现多采集工作站的协同工作,从而实现对大量网站资源的高速和实时采集[6]。

2 政府网站公开信息资源的采集流程

政府网站公开信息资源的采集流程如图1所示,包括以下6个步骤。

2.1 选择采集点

通过实际调查,按区域收集已在其网站上设立政府信息公开栏目,开展政府信息公开服务的相关政府机构,确认该机构的准确名称与链接地址。收集各政府网站信息公开栏目的名称及链接地址,并确认该链接下的信息具有可采性。一般有两种情况:

(1)网站已建立专门的信息公开平台,可以通过一个链接地址查看该机构下所有的公开信息。在此情况下,选择该公开信息列表的链接地址作为采集点。

(2)网站没有建立信息公开平台,公开信息分散于网站的各栏目中,需要对各栏目的名称和链接地址分别进行配置和采集。

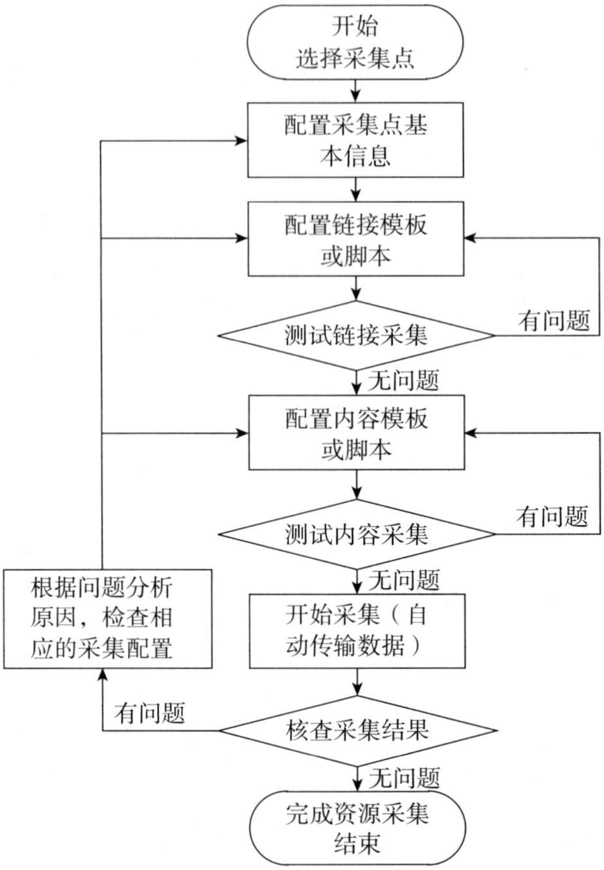

图1　政府网站公开信息资源的采集流程

2.2　配置采集点基本信息

采集点基本信息主要包括:起始链接地址、网站名称、栏目名称、采集频率等,需根据网站的实际情况进行配置。

2.3　配置链接模板或脚本

由于网页上包含很多链接,而其中一些是不需要采集的,所以需进行相应的配置来获取所需资源的链接。优先采用链接模板的方法,选择采集区域。当链接难以获取时(如网页链接地址需进行拼接),需编写链接脚本对源网页进行解析,从而获取正确的链接地址。

2.4　配置内容模板或脚本

用于抽取源网页中的内容信息,主要包括:标题、来源、时间、正文等。优先采用内容模板的方法,用网页源代码中的标识置标来抽取相关信息。当内容难以抽取时(如标识置标不唯一),需编写内容脚本对源网页进行解析,从而抽取正确的内容信息。

2.5　开始采集

配置完成后,开始进行采集,系统能根据设定的时间间隔自动执行采集任务。采集情况会自动存储到系统日志中，采集到的数据会自动传输到后台管理软件中。采集完成后，可对采集结果进行查看。

2.6 检查采集结果

在后台管理软件中检查数据的采集结果，检查的内容主要包括：网页的数量是否采集完整、内容是否采集准确、是否采集到了相关附件、数据是否有重复等。如果发现问题需分析原因并检查或修改相应的配置，重新进行采集。

3 政府网站公开信息资源采集存在的主要问题

3.1 资源重复采集

资源重复采集是在采集过程中存在的一个最主要的问题，资源的采集情况与原网站资源的发布情况密切相关，政府网站的公开信息类资源往往存在重复发布的问题，一般来说有以下四类情况：

(1)网页的链接地址完全相同，但被同时发布在了网站不同类别的栏目下。往往政府网站的“通知公告”和其他栏目之间比较容易出现此问题。

(2)网页的链接地址不同，但其内容完全相同。此类情况与第一类情况类似，不同之处在于，当资源发布到不同栏目时，根据相应的生成规则，产生了不同的链接地址。如国家烟草专卖局网站政务信息的“通知公告”和“资金与项目”栏目中的重复资源。

(3)网页的链接地址不同，但实际上是同一个网页，此类情况较为少见，这是因为某些网站具有多个域名，但所对应的 IP 地址是同一个。如长春市人民政府网就同时具有 www.ccszf.gov.cn 和 www.cc.jl.gov.cn 两个域名，所对应的 IP 均为 221.8.13.115。

(4)发布信息的网站不同，但其主要内容是相同的，此类情况较为多见，一般出现在具有上下级关系政府机构的网站中。往往下级部门的公开信息同时也会在其上级机构的网站上发布，如四川省经济和信息化委员会网站的公开信息也在四川省人民政府网站上发布。

采集工具通常是以某个采集点所采集资源的链接地址作为查重对象，只要链接地址相同，就会被认定为重复资源而不被采集。这种策略主要是在采集工具的层面上避免重复采集，而不能实现对资源内容的查重，无法解决上述 4 种情况的资源重复问题，在实践中就需要信息审核人员进行人工查重，这无疑增加了工作量。

3.2 脚本配置复杂

各个政府网站的设计思路和所采用的方法、模板各不相同，其复杂程度不一。以资源列表为例，就有直接显示、页面嵌套、调用数据库等方法。这就导致在进行采集点配置时需要根据网站的具体情况进行具体分析，尤其是针对一些难以采集的网站，需要配置连接脚本和内容脚本，这不仅增加了脚本代码的编写难度，对从业人员有更高的要求，更增大了工作量，在一定程度上降低了工作效率。

3.3 附件和格式的采集结果不理想

网页的附件是指以图片、表格、文档等形式单独存在于网页正文之外的资源，这些资源是对正文内容的补充或说明，和正文同样具有重要的价值，在采集一些网站时，这些附件的采集结果并不理想，往往无法获取。另外一些政府公开信息，如公文、公报等，具有特定的标准规范和格式，一些格式往往不能被准确采集。这就使得采集后的资源无法还原网站的原貌。

3.4 采集点失效

在实践中我们发现某些采集点在正常采集一段时间后就没有资源更新，这是由于采集点失效而造成的，而采集点失效主要是由于网站更新所导致的。具体有两方面的原因：一是采集点的链接地址发生改变，原地址已停止资源发布；二是网页的源代码发生改变，导致置标或脚本错误，无法准确获取资源的链接和内容。由于采集点较多，当发现某采集点失效时，该问题往往已经存在了一段时间，这就导致资源更新滞后，在一定程度上影响了服务质量。

4 政府网站公开信息资源采集相关问题的对策

针对政府网站公开信息资源采集存在的具体问题，需从从业人员和采集工具两方面采取相应的措施来应对。

4.1 从业人员方面

(1)筛选适当的采集点。针对资源重复采集的问题，在对某个具体网站选择采集点时，相关人员应当全面了解该网站整体的资源发布情况，尤其是栏目的设置情况，将各栏目的资源进行比较，优先选择那些能够涵盖某些子栏目的综合性栏目，尽量避免所选栏目的资源出现大量的重复。

(2)主动加强学习。针对脚本配置复杂问题，相关技术人员要主动加强学习，熟悉网站的源代码和设计方法，能够快速地对网站的结构进行分析，同时要积累脚本代码的编写经验，能够准确地编写出相应的脚本，提高工作效率。

(3)定期检查采集点。针对采集点失效的问题，相关人员要定期查看最新资源的情况，如果发现某网站资源更新有问题，要查看采集点的运行情况，还要详细查看原网站的链接地址和资源内容，及时发现并解决问题。

4.2 采集工具方面

(1)针对资源重复采集的问题，采集工具的研发人员可从以下 3 个方面改进其功能：

①扩大资源的查重范围。以某个采集点进行查重显得过于局限，可将其范围扩大到网站层级，并能够在数据库中进行查重。

②改进链接地址的查重方法。将链接地址完全相同作为资源重复的标准会存在遗漏，

在查重前可先将链接地址中的域名统一替换成其对应的IP,然后再进行查重。

③增加对内容的查重功能。网页的具体内容才是其真正的价值所在,也应该是查重的核心,因此对内容的查重显得尤为重要,这样才能从根本上最大程度地避免资源的重复采集。

(2)针对存在的其他问题,可进一步完善采集工具的功能,使其能够尽量减少人工干预、能够对网页进行更加智能化的分析、能够对在一段时间内没有资源更新的采集点进行记录和提醒、提高采集的效率、提高采集操作的便捷性、提高采集内容的准确性、提高对附件和格式采集的成功率。

国家图书馆对政府网站公开信息资源的采集已初具规模,但是在实际的采集工作中同样存在一些问题。在政府网站公开信息资源的采集工作中,相关从业人员要主动加强学习,提高业务能力,采集工具的功能需要进一步完善,以提高所采集资源的价值属性,充分发挥政府公开信息资源的服务作用。

参考文献

[1][3]中华人民共和国政府信息公开条例. http://www.gov.cn/zwgk/2007-04/24/content_592937.htm
[2][6]梁蕙玮,王志庚. 中国政府公开信息整合服务平台的现状与未来. 图书馆建设,2010(1)
[4] 朱华. 浅谈网络信息资源采集技术. 国家图书馆学刊,2004(2)
[5] 王钰. 浅议政府公开信息的采集、保存与管理. 档案与建设,2009(5)

网络信息资源采集与整合

魏治国(大连工业大学图书馆)

摘　要:在网络上采集信息资源,经过精心整合后再向读者发布,是当前数字图书馆信息资源建设与服务的重要内容。本文论述了网络信息资源采集与整合的定义与技术要求,提出了网络信息资源采集与整合的基本原则、方法及其案例。

关键词:网络　信息资源　信息采集　信息整合

随着信息网络的飞速发展,数字图书馆正在逐渐演变为网络的节点,成为信息网络的重要组成部分。但网络上未经组织、加工、无序管理的海量信息却给读者高效获取有用信息带来很大困难。网络信息资源的采集与整合,正是在对网络上源信息中所包含的知识内容进行分析解构的基础上,运用现代信息技术和计算机技术,对网络上零散的、无序的、优劣混杂的信息进行筛选、解构、整合,使之有序化,进而实现知识增值。

1　网络信息资源采集与整合的意义

在网络上采集信息资源,经过精心整合,再通过网络向读者发布,已成为当前数字图书馆信息资源建设与服务的重要内容。

1.1　通过网络预先采集存储所需信息

以学校图书馆为例,上机检索一个教育网的站点时,校园网出口将成为第一个瓶颈。如果检索的站点是ChinaNet时,CERNet与ChinaNet的接口也将是一个瓶颈。如果检索的站点是国外站点时,国际出口便成为了一个重要的瓶颈。从目前网络的使用情况来看,网络存在着使用高峰。高峰期间,大多数图书馆的读者很难访问校园网以外的信息,尤其是国外站点。如果将所需网络信息资源通过网络采集后存储到本地,那么图书馆便只需进行一次对外访问获取数据,从而减少了全校用户的对外访问,以此提高检索速度,减少用户对网络的占用时间。

1.2　将网络信息与本馆资源融为整体

就网络信息的整合而言,可以从两个方面理解。从内容层面上可以理解为,根据实际需要,按照一定的规范和标准,利用现代信息技术对网络上的文字、图像、声音和影像进行采集,并根据用户的需要将其重新整理、排序和组合,提升网络信息的知识价值,挖掘网络知识的增值潜能;从技术层面上可以理解为,基于知识和内容对存在于同构或异构的图书馆内部和外部的数字资源进行集成、重组和融合。分散的信息资源经过整合、集成后，应该达到在新信息仓库中直接访问任何一个分系统的信息的效果，即整合、集成后的综合信息仓库中的信息是各异构信息资源的有机集成和关联存储，而不是简单的汇集或堆放。

1.3　实现网络信息的一站式检索

虽然现在大多数网站信息发布工具都是采用浏览器方式和 HTML 语言，给使用者提供了方便易读的工具。但是，各个网站采用的检索点、检索词、检索技术不同，显示的内容及提示信息也不同，使用中读者仍然要学习多个软件的操作方式。另外，每个网站都是独立的，同一个主题的文献在不同的网站时，读者必须分别进入不同的网站，进行多次检索才能获得全部信息。

另外，不同信息资源之间还存在着语义上的区别与冲突，这些语义上的冲突又导致各种不完整甚至错误信息的产生，以及数据集成结果的冗余，干扰数据的处理、发布和交换。常见的语义冲突既有简单的名字语义冲突（不同的名字代表相同的概念），又有复杂的结构语义冲突（不同的模型表达同样的信息）。因此，网络信息资源经采集、整合、集成后的数据应该根据一定的数据转换模式统一数据结构和字段语义编码转换，实现读者的一站式检索。

1.4　提高网络信息的查准率

网上资源最大的特点是其开放性，有许多的免费资源可以利用。但是，由于发布者的目的不同，信息的发布形式、发布时间也不同。网络站点的增加与撤消自由，这就为读者的利用创造了难题。有时一个网站发布的信息非常多，与一个特定主题相关的信息只占其中一部分。而且，一般网站都会有大量广告、宣传信息，读者所需要的信息也可能隐藏在三级以下栏目内。虽然用户可以通过多次选择找到自己所需信息，但这无疑也会占用大量的时间。

另外，由于数据的生产者不同，使用的标准也不同。类似的内容在不同的站点描述差异较大。即使是使用相同的标准，由于标引者的水平差异，没有统一的规范控制，数据质量也会不尽相同。特别是网络上还存在着大量的垃圾信息和无用信息。所以，只有通过采集与整合网络信息，剔除和过滤网络上的无用信息，减少无用信息的干扰，才能提高网络信息的查准率。

2　网络信息资源采集与整合的技术要求

Web 的飞速发展使其成为一个重要的信息来源，但同时 Web 的快速膨胀又造成了信息获取的困难。如有的用户对某些站点比较感兴趣，希望随时从该站点中获得信息，而有些用户则对某些主题感兴趣，希望从网络上自动获得与该主题相关的信息。故而，如何满足读者的多样化需求，便成为了一个优秀的网络信息采集与整合系统必须解决的技术性问题。

2.1　网络信息资源的采集技术

网络资源的绝大部分是采用超文本标记语言（HTML）方式的 Web 网页。超文本本身就具有明显的等级层次关系，通过链接跳转可以方便地显示网络资源分类体系的结构。网络信息采集系统应支持多语言的编码,包括:简体中文、繁体中文、英文、日文、法文等;按用户指定网页链接层数、下载超时时限、重试次数和定时定制下载要求,在计算机并不繁忙的时候完成用户指定的网站网址以及初始网页 URL 的信息搜集工作;系统还应追踪敏感站点的页面变化,特别是网页某个区域的变化,并支持以电子邮件的方式通知用户网页的变化。

另外,有相当一部分有价值的数据是存储在数据库中,并通过 Web 的形式发布出来的。然而,采取常规的手段无法获取后台数据库中的内容,这时就应通过主动查询技术,确保对任何一个数据库,只要给定搜集主题,就能从 HTML 文件中自动提取有关数据。

2.2 网络信息资源的分析与过滤技术

就某一类的信息而言,其涉及的站点可能很多,不同的站点收录信息范围不同,数据质量差异也较大,所以必须正确分析每一个站点的特点,判断其质量等级,才能保证下载数据的质量。

网络信息资源采集系统必须有效去掉 90% 以上的垃圾信息及无用信息,并提供强有力的手段控制信息的发布,其中包括:基于超链接的过滤技术,该技术能针对超链接中的文本、超链接结构、主机地址进行设定,通过超链接过滤掉 50% 以上的垃圾信息;基于下载资源类型的过滤技术,该技术可将采集的资源分成 HTML、图像、PDF、ZIP 等多种形式,定制需要下载的类型;基于结构的过滤技术,该技术可提供正确表达式过滤条件,为高级用户提供除关键词以外的另一种选择;基于内容的过滤技术,该技术允许用户提供一批文章作为过滤条件,在下载中仅下载与这批文章相似的信息资源。

2.3 网络信息资源数据库管理技术

数据下载不是目的,重新整合并发布才是目的。如果想充分发挥下载数据的作用,就必须有良好的发布系统。发布系统的基础是科学的数据管理,高水平的数据库管理技术是研制数据库结构、各数据库关系、安全保存、快速获取的基础。而信息整合则有两种方案,一种是提供线索,建立链接;另一种是直接提供原文。

2.4 网络信息资源的整合与评价技术

根据学科专业设置,依据成熟的信息分类体系,对所采集的网络信息资源进行重新分类,这是数字图书馆开展个性化信息定制服务、建立专题数据库的基础和前提。只有具备高水平的信息资源,才能保证高水平的信息服务。由于下载数据的来源不同,质量差异较大,就必须有高水平的管理人员对数据质量进行评价,这就要有良好的数据质量管理机制。

2.5 网络信息资源的发布与推送技术

实时、动态、科学分类的发布技术,不但可以确保读者查找方便,也可以确保数据的全面及时。给读者提供良好的查询界面和友好的个性服务是数字服务追求的目标。Push 技术可以具有自动搜集并定期推送信息的服务机制以便主动、直接传递用户感兴趣的信息。用户设置信息订单,由 Push 服务器选择网络资源,推送给用户读取,这就更需要采用信息整合技术。

3 网络信息资源采集与整合方法

网络信息资源采集与整合一般分为信息资源的采集、回采后信息资源的整合处理、整合后信息资源的发布等环节。

3.1 网络信息资源的采集

网络信息资源的采集需遵循三个原则。一要遵循需求性原则,网络信息资源不论是在时间、空间上的配置,还是数量上的配置,其依据的都是用户对信息资源的需求性,所以,在网络信息资源的采集过程中应首先进行需求分析,以需求带动网上信息资源组织的有效性。二要遵循互补性原则。网络信息系统的组织主要是针对本馆信息资源的不足而进行的,网络信息资源不论是在内容上、数量上的组织,还是形式上的组织,其结果都是对本单位收藏文献信息的补充。所以,应以网络获取信息为补充,实现馆藏文献信息的数字化、电子化,与印刷型文献相辅相成,衔接互补,形成布局合理、结构优化、功能强大的文献信息保障体系。三要遵循有效性原则。网络信息资源不论是馆藏体系上的考虑,还是需求上的考虑,其落脚点都是用户的有效利用。所以,应针对网络环境下信息服务工作的特点及时进行适应性调查,积极探索信息服务的新模式,使网上组织的信息资源得到有效利用。

网络信息资源采集的方法主要有两种。一是利用浏览器。目前使用最普遍的是 WWW 服务器模式,尤其以 IE 浏览器软件最为广泛,读者只要在 IE 的地址栏内输入统一资源定位符,指定想获得的 WWW 服务地址,即可浏览该网站的主页,阅览网站提供的信息。二是利用搜索引擎。为了便于人们在网络上搜索信息,一些站点专门提供了搜索引擎,对网络上的信息资源按一定的主题进行自动分类排序,建立超级链接。只要熟悉和掌握了这些搜索引擎的使用方法,查找信息就变得十分方便,以雅虎为例,搜索军事资料时,只要在搜索引擎后面加上有关军事学科的主题词即可搜索到军事资料。

3.2 网络信息资源回采后的整合

回采后的网络信息资源整合,一要遵循标准化原则。特别是要遵循有关国际和国内通用协议或格式,用统一规划、统一标准、统一运行规则来指导数字资源的整合,这样既可以避免造成人力、物力、时间上的浪费,又可以为实现信息资源共建共享打下基础。二要遵循实用性原则。实用性原则的核心就是以用户为中心,从用户的需求出发,通过使用信息技术实现资源的整合。根据资源的内容和用户对资源的需求程度不同,可以考虑从不同的级别来整合数字资源。三要遵循开放性原则。从技术上说,整合后的系统应该是一个开放的系统,系统在整合过程中主要是解决不同系统和产品间接口和协议的"标准化",以使它们之间达到"统一操作"的效果。它应当提供标准的数据接口、网络接口、系统和应用软件接口。

首先,对回采后的网络信息资源整合还要做好信息的标引工作。标引就是将一篇文献的内容变成可检索知识点的过程。计算机利用应用软件,可自动切出标题、作者、作者单位、摘要、关键词、正文等字段,通过一系列有序的工作,将文章中的信息切分为有序的知识点,作为数据库的素材为全文检索提供条件。其次,还需做好信息的加工工作。对采集来的数据，根据其特点，简单分成不同的类型，编辑后再进行详细处理。另外，还要做好分类工作。根据分类标准，把经过标引加工的资料按层次分门别类地组织在一起，生成静态索引页面，为用户按目标浏览和检索方式定位提供所需信息。

3.3 网络信息资源整合后的发布

网络信息资源整合和集成的目的是为读者提供集成的、统一的、快捷的信息查询检索和基于知识组织挖掘的服务。为此，整合、集成后的数字资源必须符合集成性、完整性、一致性、访问安全性和扩展性的原则。整合后的网络信息资源，可以有效利用已有的服务类型，并可以根据需要随时扩充新的服务类型，集成新的网络信息资源系统类型乃至整个服务的基本系统设施。

网络信息资源整合后的发布方式，一是建立全文检索系统，就是以各类数据诸如文字、声音、图像等为处理对象，提供按照数据资料的内容而不是外在特征来实现的信息检索手段。它能提供快捷的数据管理工具和强大的数据查询手段，通过快捷的数据管理工具，能快速帮助读者进行大量文档资料的整理和管理工作，通过强大的数据手段，使读者能快速方便地查到想要得到的任何信息。所以，对重组后的信息数据库应建立全文检索系统。二是建立静态网页发布系统。该系统可以方便地按照各种设置将数据库中的各种数据生成 HTML 文件，加载到 Web 服务器，并可按设定的时间按时自动进行。通过这种方式，工作人员只需维护数据库，系统便可定时更新 Web 服务器的网页，使读者及时捕获到新的信息。三是建立光盘信息发布系统。对于网络不能覆盖的用户，可考虑建立光盘信息发布系统，使用全文数据库服务器的查询模块实现光盘的查询。光盘信息发布系统可以制作单机版，也可制作网络版，从而使网上获取的信息资源可通过多种手段为用户提供服务。

4 网络信息资源采集与整合案例

近年来，我馆试用的数据库产品“VOS”，就充分体现了互联网信息资源的采集与整合的整个过程的需求，为图情领域的网络资源整合提供了很大的帮助。

4.1 该数据库的目标以及科学新闻入库标准

该数据库能以最快的速度向公众传播最新、全面、准确及重大科学研究成果，促进科学知识走进教育和日常生活；将自然、社会科学各领域的最新进展准确、全面的向公众展示、激发其阅读兴趣，促进对科技新闻的了解，增强对科研的认知，全面提高公众科学素养。

该数据库中科学新闻的入库标准严格，符合图书馆对网络资源采集、整合时的要求，主要标准有四点：①每则必须保证有原始文献来源（SCI 收录范围）；②在来源期刊中影响因子高的期刊优先选择；③知名媒体的报道优先选择（纽约时报等）；④科学新闻尽量生动有趣、受众面广 。

4.2 该数据库的主要理念以及资源有效整合

4.2.1 揭示科学研究的内涵

科学研究的本质是要追本溯源，一切科研成果均要有可靠地证据，真实的来源与出处，以保证科研成果的真实、可靠。新闻也不例外,注明出处,既是一种新闻道德,也说明新闻具有科学性和可靠性。

该产品通过 SCI 中收录科学期刊的原始文献链接,向公众揭示科学研究的方法、目的、手段和思维方式,提高公众鉴别科学成果的能力,从而逐步建立科学、理性的科研认知。

4.2.2 循序渐进引导公众接近科学研究前沿

除了中英文对照的科学新闻,该数据库还加入了各种百科、国外著名大学相关课程视频、外文原版专业教材类图书等链接,帮助公众由浅入深,由兴趣到专业的接近科学研究的前沿。

为了更方便的让非专业领域的公众读懂科学新闻、提高专业外语水平,在原汁原味的专业外语科学新闻基础上,又加入相对应的中文参考以及英文音频。让公众从自己的兴趣出发,通过生动的语言,循序渐进的,逐步增强阅读科学新闻的兴趣。

所有科学新闻涉及的专业知识点都有相对应的维基和百度百科的连接,让读者除了通过科学新闻了解到新的科研动态,并且可以了解更多的相关背景信息,全面把握通过兴趣激发的所要了解的学科领域,从而拓展公众的阅读视野。

该数据库所汇集的网络上国外著名大学的视频课程,与科学新闻所提到的专业方向进行匹配、连接,帮助读者从全新的视角提高对某专业领域的认识,从而引导读者依据兴趣进行系统的学习。

读者通过以上内容的阅读,逐渐由兴趣转入进行专业研究阅读之后,可以使用该数据库加入的学术著作引文检索系统(SMCI)中的各类科技图书,特别是国外原版专业教材类图书,其中包括引用频次高的及高被引作者的图书,使读者可以更加系统、全面的进行深入的阅读,已初步达到专业的水平。

经过前面的阅读与学习,读者已经能够较好的把握本专业的研究背景与方法,再通过进一步阅读 SCI 收录的原始科研期刊论文,标志着读者完全由最初的兴趣,转向了专业的研究,已初步达到科学研究的水平。

4.2.3 提高科研人员与专业学生的科研交流水平

在进行科学研究的过程中,为了更好地促进科研成果的实现,科研人员之间的科学交流必不可少。科研交流除了论文这种书面交流,还有一些学术与科研交流论坛,重大科研学术会议,师生之间课堂沟通交流,同事之间工作协作交流等口头交流方式。

首先,库中有相关背景介绍,语言严谨、生动,不仅适合同行间交流,更适合不同专业方向的同事间工作协同交流。其次,可以学习知名媒体的科学记者准确、简洁以及生动的学术语言,改变中国学生晦涩难懂、语意不清的学术论文写作现状。另外补充了大学专业外语课程教材的获取来源,也是为学生从基础英语向专业英语学习架起的衔接“桥梁”。

4.2.4 全面拓宽公众的科学视野

每一则科学新闻都是一个孤立的事实,关注的是科学上具体的新发现、新理论和新进展,读者不容易获得相关学科的背景知识和整体印象,不能像最常见的科普读物(教材)那样,由读者自己推敲和实践,几乎起不到科学普及的作用。

而该数据库通过提供相关百科知识、国外著名大学相应的公开课程、权威的本学科原版教材类图书以及本新闻的原始论文来源,为公众了解和学习该新闻的更深层次的背景知识铺平了道路,VOS 数据库收录的每一则科学新闻都是通向每一个学科领域的信息入口,能够较好的承担起科学传播与普及的重任，从而全面拓宽公众的科学视野。

综上所述，在网络信息资源急剧增长，信息技术已十分成熟的今天，数字图书馆建设面临的一个重要问题，就是如何把这些分布在不同网络、不同系统、不同类型、不同格式、不同检索方法的信息资源采集、整合成为本地资源，形成一个良好的信息资源使用环境，提高数字图书馆的服务效率。

参考文献

[1] 陈敬全，邱均平. 网络环境下的信息重组. 情报科学，2000，18 (2)
[2] 董爱辉. 网络环境下图书馆的信息组织. 图书馆，2002 (1)
[3] 黄建年，陶茂芹. 图书馆数字资源采集机制初探. 冶金信息导刊，2005(3)
[4] 吕莉媛. 基于自组织理论的图书馆数字资源整合研究. 图书馆学研究，2008(8)
[5] 刘炜，葛秋妍. 从 web2. 0 到图书馆 2. 0：服务因用户而变. 现代图书情报技术，2006(9)
[6] 董毅青. 图书馆信息资源管理模式. 情报科，1999，17(4)
[7] 余晓丹，何坚石. 数字出版环境下的信息资源采集原则研究. 河南图书馆学刊，2010，30(2)
[8] 罗映红. 图书馆信息资源管理模式之研究与探讨. 图书馆论坛，2004，24(3)
[7] 刘丹. 开放存取资源采集问题研究. 图书馆学刊，2009，31(5)

互联网环境下图书馆的资源建设及信息服务

谭　玮(北碚图书馆)

摘　要:在开放共享的互联网环境下,公共图书馆要密切关注用户的需求变化,利用新技术构建知识库、聚合信息资源,丰富信息服务方式,通过图书馆员与读者的深度互动不断优化资源建设和服务提供。

关键词:构建知识库　聚合资源　信息服务

高速发展的互联网和信息技术使人们的工作学习、生活娱乐方式正发生着巨大的变化。人们引用 WikiPedia 中的解释或博客中的言论撰写文章,利用 iTunes 搜集播客,利用 Social Bookmark 整理个人书签或搜寻浏览他人书签,利用 Flickr 整理个人相册或搜寻浏览众人或某一主题相册,利用 CiteULike 管理个人所收集的文章书目并发掘具有同样爱好的人并参考其收藏,利用 Wiki 共同编写百科全书,利用 SNS 在网络上认识朋友的朋友扩展自己的人脉[1]。人们越来越享受以 Web 为基础的信息存取和信息服务。作为信息服务中心的公共图书馆应跟上互联网发展步伐,以读者为中心、以 Web 为平台,利用新技术构建知识库、聚合信息资源,丰富信息服务方式,注重用户互动体验,将知识、信息、娱乐送到读者手中。

1　利用维基构建专题知识库

维基(Wiki)是时下 Web2.0 热潮中非常重要的元素之一。维基系统创始人 Ward Cunningham 在 1995 年赋予维基新的定义:“Wiki 是一组相互连接并可自由扩展的网页、一套用来储存与修改信息的超文本系统,所有的网页储存在一套数据库中,任何人透过具有表单功能的浏览器用户程序,皆可轻易加以编辑”[2]。维基所具有的协同创作、语法格式简单、开源软件系统的特点,打破了网络上少数人垄断信息发布、更新与维护工作的局面。随着维基的快速发展,以维基形式建立的专题知识库越来越受到广大读者的欢迎。作为信息服务中心的公共图书馆拥有丰富的资源,但它们却以各种不同形式存在,利用维基这种支持面向社区的协作式写作的超文本系统,可以将相同学科的资源集中到一起,并利用维基具有的自组织性,自动在系统内的相应信息之间建立链接,形成知识网,加上方便的检索功能,构建功能强大的知识库。同时,利用其开放性特点,通过图书馆员和读者的共同创作,优化主题知识库的建设。如 OCLC 于 2005 年 10 月正式开放的 Wiki 版联合目录 Open World Cat,通过 Wiki 邀请用户参与图书馆的知识管理[3];Library Success:A Best Practices Wiki 平台,聚集志同道合者共建以图书馆信息服务为主题的 Wiki 知识库;巴特勒大学参考维基,读者可对馆内提供的各种资源进行合作评论,可添加对参考资料的注释、评论,可加入超链接、flash、图片、表单等,巴特勒大学参考维基还提供维基种子云图,使最近变化越多的维基种子的标签字体越大[4]。因此利用维基构建专题知识库既可充分利用图书馆现有资源,又能调动用户参与图书馆服务的积极性,在互动交流、创作中不断优化、完善知识库。如果公共图书馆想建立自己的维基版主页,可根据服务器操作系统、Web 程序、数据库系统、技术人员背景、具体使用需求等选择一个合适的维基引擎。维基比较网站 http://www.wikimatrix.org/收集了 80 余种维基引擎,不仅详细地列举它们之间的特征、功能和部分语法差异,很多还可以免费试用,有利于图书馆做出正确选择。

2　利用 RSS 聚合网络资源

RSS 是 Rich Site Summary(丰富站点摘要)或 Really Simple Syndication(简易信息聚合)或"RDF Site Summary"(RDF 站点摘要)的简称。它是一种用于共享网页内容的数据交换规范标准,是由网站直接把信息聚合后推送到用户桌面的技术。作为信息交流方式的一种标准,RSS 具有节省时间、屏蔽垃圾信息、方便查看、个性化聚合、自动更新等优点。一方面它可以快速捕捉最新更新的信息,另一方面可起到信息的智能过滤和积累作用。大部分新闻网站和博客网站都支持 RSS 标准。目前,RSS 已经在图书馆的各类信息推送和信息聚合方面得到了广泛应用。图书馆利用 RSS 通过专业学术网站、学术研究型博客、开放存取期刊等发布最新信息资源时,也滋生了大量的 RSS Feed 数据,这些网络数据都将成为重要的网络学术资源。图书馆应通过合理搜集、分类组织、整理揭示,应用 RSS 聚合工具,实现学术资源的聚合浏览,通过图书馆的信息门户,向读者提供最前沿的信息服务。如上海大学图书馆利用 RSS 来聚合用户资源和学科信息,取得了良好效果。上海大学图书馆使用的是基于 SXNA、以用户被动更新模式的 RSS 新闻聚合器,相当于基于 Web 的 RSS 阅读器。针对 SXNA 单用户管理、不能反映用户喜好程度的缺点,上海大学图书馆对其进行了改进,在将其转换成 SQL SERVER 版同时,增加了多用户管理和隐形投票系统,改进了读取 XML 信息的过程[5]。目前,上海大学图书馆的新闻聚合系统聚合了上海大学图书馆新闻、中国图书馆界博客以及各学科博客与论坛。读者不仅可以浏览最近的新闻,还可以按照题名、分类、作者、时间段和 URL 地址来搜索感兴趣的新闻。

3　利用插件加载馆藏信息

通过安装一些小插件,可以方便地获取图书馆藏书信息,把网上书店的读者吸引到图书馆来。利用小书签(Bookmarklets)可以自动发现某些指定的网页内容,运行特定的简单代码,可以使浏览器链接菜单(或收藏夹)中的收藏。国外有些图书馆采用 JonUdell 公司的 LibraryLookup 小书签,在浏览器中链接图书馆的藏书目录,用来在网上书店查询图书馆的收藏情况。在安装 LibraryLookup 生成器时,只需添加图书馆 URL 地址、图书馆名称以及使用的 OPAC 系统等信息即可。读者在网上书店选书时,通过链接的图书馆藏书目就可查看自己区域内图书馆是否已购买此书。滑猴子(Greasemonky)是 Firefox 等浏览器的一种特殊插件,通过安装 Firefox 浏览器的 GreaseMonkey 扩展功能,可以实现网上书店图书本馆收藏情况即时显示。如上海图书馆提供了3个网站的书目连接器:中国图书网、当当网、Amazon。读者可以根据个人喜好下载任意一个(或多个)书目链接器到本地目录,即可在浏览网上书店时查看图书馆收藏情况。又如Google学术搜索的“图书馆链接”计划也是利用浏览器插件,在浏览器中安装一个扩展程序,在图书馆链接服务器并将电子馆藏告知Google后,图书馆读者在使用Google学术搜索时,其搜索结果可实现与图书馆的无缝链接,如果查到的文献在本馆有馆藏,就会出现访问馆藏的链接(根据接口限定,或者通过“使用偏好”设定)。如果链接的是订购的电子资源,直接点击就可以查看原文;如果是印刷文献,点击后就可以进入馆藏目录系统(查看馆藏状态等)[6]。

4 利用博客畅通咨询服务

博客是图书馆吸引读者,增强互动的重要途径。博客所具有的更新快速、传播快速、沟通直接、观点多元的特点,拉近了读者与图书馆员间的距离,减少了彼此沟通的障碍。因此,图书馆要把博客运用到图书馆网站建设中,将咨询导读、读者服务紧密结合起来,让图书馆服务更具个性化和针对性。图书馆博客在包括最新消息、新书推荐、主题书展、参考咨询等内容外,还可建立一些专题博客,如搜集读者对流行音乐看法的音频博客:提供畅销书单上的最新图书,并提倡读者发表评论的图书博客;提供视频和DVD服务,让读者对视频资料进行评论的视频博客等。运用博客倾听并收集读者意见,不但可以达到双向、直接的扁平沟通,透过回响、引用等回馈机制,读者多元的论点也丰富了图书馆网站内容。如Darien图书馆网站上就建立了指南、建筑、图书、电影和音乐、新闻事件、信息和技术、儿童、青少年、咨询台说话、Darien社区问题等10个方面的博客,实现发布信息及解答读者问题的咨询功能[7],使图书馆与读者之间真正做到了沟通无障碍,最大限度地深化了图书馆信息咨询服务。

综上所述,高速发展的互联网技术正对图书馆发展和服务产生着积极的影响。图书馆要与时俱进,充分利用新技术,整合各类开放资源,以自己的核心资源和核心能力不断推进图书馆事业发展。

参考文献

[1] 杨美华. 社会性软件在大学图书馆之应用:台湾经验. http://you. xmulib. org/
[2] Leuf B., Canningham W. The wild way:Quick collaboration on the web. Boston:Addison Wesley,2001
[3] 范并思,胡小菁. 图书馆2.0:构建新的图书馆服务. 大学图书馆学报,2006(1)
[4] 巴特勒公共图书馆wiki版参考咨询. http://www. seedwiki. com/wiki/butler-wikiref
[5] 马国栋. 对SXNA新闻聚合系统的二次开发. http://ishare. iask. sina. com. cn/f/9752184. html? from = like
[6] Google学术搜索为图书馆提供支持. http://scholar. google. com/intl/zh-CN/scholar/libraries. html
[7] http://www. darienlibrary. org/

互联网资源在公共图书馆的运用与实践
——云南省普洱市图书馆互联网资源运用初探

吴　健　查正儒(云南省普洱市图书馆)

摘　要:计算机技术在图书馆的运用已经日趋完善。地处云南少数民族地区的普洱市图书馆将互联网资源运用于实践也走过了十多年的历程。本文从数据资源和数据库建设理念、数字图书馆硬件设施、互联网资源采集、主题数据资源库建设、数字文献资源服务、数字资源保存、待完善和充实部分等方面简要综述普洱市图书馆的互联网资源具体运用与实践。

关键词:图书馆　互联网　资源　资源利用

随着计算机技术的迅猛发展,特别是网络技术、数码存储与传输技术等的全面普及,现代社会对文献信息的加工、存储、查询、利用等方面产生了巨变。科学技术的发展特别是计算机技术的广泛运用促进了数字图书馆产生。数字图书馆技术运用的重要意义在于能将所有载体的知识、信息以数字化的形式处理,在收集、整理、保存的基础上,进行文献筛选、分析、重组,形成多元化的以计算机数字化为基础的文献书目数据、文献全文数据、声像资料、动画片、影视片、多媒体资料等组成的文献数据库。通过图书馆数字化管理软件进行分类、编目等技术处理,用计算机系统管理数据库,运用图书馆局域网和互联网满足各类读者群的阅读、检索和咨询,实现文献信息资源的共享。

互联网文献资源的有效运用和数字图书馆建设对于边疆少数民族地区图书馆而言尤为重要,首先是一种馆藏数据文献资源的增量,为数字图书馆建设积累了大量数字资源;其次是可以保存和延续边疆少数民族地区将遗失殆尽的民族文化遗产;再者是网络资源信息量超大,对于一个馆藏仅几万册的公共图书馆,通过实践证明,只要有较高的网络检索水平,相对来讲很多咨询问题都可以得到解决。普洱市图书馆从1997年开始运用互联网资源,这种利用超出馆藏资源"N"倍的文献资源建立的主题数据库的建设和有效运用,使文献检索、参考咨询等读者服务工作受益匪浅。

1　数据资源和数据库建设理念

多元的普洱少数民族文化经过千百年沉淀,成就了璀璨的少数民族文化遗产,文化传承是一个民族的魂,它构筑了一个强大的生态系统,形成了淳朴的民俗生态圈,以一方水土养育着一方人,它的传承与子孙后代和中华民族大家庭的和睦与昌盛息息相关。普洱茶文化亘古至今,已经搭上现代科技的快车誉满全球,其斑斓绚丽的原生地史诗是它之所以名扬四海的根基。身处古代"银生节度"六大茶山福地的普洱市图书馆同仁深谙此理,在馆藏建设和数字图书馆建设中，以地方文献数据库和普洱茶文化数据库建设为己任，把运用互联网资源服务于本地社会经济作为发挥公共图书馆职能的重要的节点之一。确立了立足本地社会经济发展，利用互联网资源，建设适用于普洱市发展的文献数据库的基本策略和发展方向。

2 数字图书馆硬件设施

互联网资源运用的最佳依托之一是数字图书馆，数字图书馆是一个现代计算机技术和网络技术的结合体，必须建立在一定的硬件基础之上。中心机房、服务器、系统、存储、数据库、网络等设施都直接影响着数据库的建设和长期稳定发展。同时，文献数字资源是一个日积月累的过程，其质量取决于专业队伍素质和制度化、规范化以及设备和系统的安全运行等诸多因素。普洱市图书馆数字化建设，经历了一个从无到有、从初级到基本满足要求的过程。

3 互联网资源采集

（1）设置资源采集主题库。在进行互联网资源采集的过程中，力争做到有的放矢，首先详细解读本地区域经济发展状况，确定目标。调整硬件设备、网络资源、文献资源和技术资源的最佳融合点，有计划地设置主题资源库，确定互联网资源采集范围。最终确定普洱市图书馆数据库资源定题为：A. 少数民族地方文献数据库（含：普洱茶文化、少数民族地方史志、普洱市社会经济发展史志），B. 经济信息参考数据库，C. 文化信息参考数据库。

（2）互联网资源采集。普洱市图书馆 2001 年开设云南省第一个公共图书馆电子阅览室，同时开始运用互联网资源互补馆藏文献资源，编制专题书目和专题资料，为读者提供参考咨询服务（由于硬件条件限制，仅以网络计算机终端机为数据资源库），互联网数字文献资源的整理、保存、整理和利用从未间断。2009 年开始以文献信息资源共享工程服务器为依托，收集、整理和累积互联网资源提供服务，2012 年中心机房建成，完成数字图书馆全套设备构架，使互联网资源采集服务工作得到了进一步完善。

（3）资源整理。截至 2012 年年底，依据本馆确定主题资源库范围，从互联网下载图文资源 220GB，按照主题资源库内容整理完成 273 万文字资源（"普洱茶文化""经济信息参考数据库""文化信息参考数据库"），整理完成地方文献数据《普洱日报》全文数据 1. 2TB。

4 主题数据资源库建设

（1）本馆数据加工。设置文献数字化工作室，将馆藏中已确定主题资源库范围内的书刊、古籍、善本等各种文字、图像（包括地图），缩微制品包括缩微胶卷和缩微平片等，利用计算机和相关设备，对文献资料进行数字化处理。

（2）采购、捐赠数据资源。充分利用图书宣传周等社会活动，营造多读书、读好书的学习氛围，广泛宣传数字化图书馆在现代社会和社会大众精神生活中的不可替代性，感召受众为文化事业发展的大厦增砖添瓦，接受本地部门、单位、作者出版的地方文献数据稿。同时根据采购经费情况，依据所设定的主题资源库采购数字文献充实馆藏数据库。

5　数字文献资源服务

普洱市图书馆对互联网资源的运用主要体现在两个方面：一是依托专业特点，由专业技术人员开展以专题咨询为主的服务；二是利用主题资源库，对互联网资源进行二次、三次深加工，结合本地社会经济发展特点，编辑发行内部刊物，提供当地政府领导和不同读者群进行信息参考服务。

（1）运用互联网资源开展专题咨询服务。普洱市地处边疆少数民族地区，其读者群体的素质构成与经济发达地区存在差距，同时，缺乏专业的整理机构为不同读者群进行专题文献服务。普洱市图书馆充分发挥互联网文献检索的技术优势，承接了大量地方政府、部门、单位和读者的专题咨询，进行了大量的互联网资源检索，并以 E-mail、专题目录、专题资料汇编等形式满足了咨询需求。如“普洱日报”题名朱德同志手书咨询案例，即是报社多方寻找无果，向图书馆提出咨询，馆内专业人员通过互联网资源检索、甄别、定位寻找，在报纸投印前数日圆满完成咨询答案。再如“普洱茶文化”中的许多史书检索、原文字段查找等。这种大范围历史标线很长的检索，要在一个边疆少数民族地区公共图书馆实现难度可想而知，因为几万册馆藏文献的检索满足率几乎为零。也只有信息量可谓“浩如烟海、汗牛充栋”的互联网资源才能满足需求。

（2）对互联网资源进行二次、三次深加工。普洱市图书馆互联网资源运用的一个重要项目是 2005 年创刊发行的内部资料《信息参考》双月刊。期刊为 16 开 60 页，每期发行 60 册。内容为国内外经济信息、文化信息和普洱茶文化 3 个版块。所使用数据文献 95% 以上均来自互联网资源。刊物的发行流程为：依据期刊版块内容由专业人员进行互联网资源遴选，其原则为：一是时效性，所使用的互联网资源必须是反映实效两个月以内的信息资料；二是互联网资源的相对可靠性，即以主流媒体为主要来源，保证其刊物参考资料的相对可信度；三是文献参考资料范畴和内容的连贯性，确保重点关注内容的持续性。《信息参考》内参期刊分别发往市委、市政府、各县和各级有关部门。这种主动以科技、专题、信息参考等形式进行的二次、三次文献服务方式，为部门、领导以及不同层次读者提供了多角度有价值的信息资料。受到有关部门领导和读者的认可和赞誉。截至 2012 年共发行 35 期，273 万余字。

另一个实用案例是利用互联网资源为本地农业科技服务发行的《科技文摘》册子。刊物 16 开 8 页，每月一期，每期 60 份。1997 至 2012 年共发行《科技文摘》180 期。其内容主要针对普洱市热区开发、农业科技、种植业、养殖业、茶产业等方面，汇集资料主要来源为互联网资源。即从国内主要门户网站或农业科技相关网站的专业栏目，选择适合本地农科相关选题的文献资源下载，由专业人员进行甄别、遴选、整理，组织成有效专题文献资料，编辑成册发行。

利用网络资源的采集来充实馆藏文献资源，利用计算机技术建设所设定的主题数据资源库。针对不同层次读者群，用阵地服务、参考咨询、文摘、期刊、网络服务等形式，提供不间断、持久的读者服务,已经成为普洱市图书馆利用互联网资源开展服务工作的一个主要方面。这种利用互联网资源建数据库并进行深层的二次、三次文献分析、整理和利用,整理编辑形成内部参考文献,为领导层提供信息参考等方式,为边疆少数民族地区科学普及解决了诸多实际问题,也将图书馆的文献服务水平推向了一个崭新的台阶。

6 数字资源保存

(1)数据库划分

普洱市图书馆计算机总控机房配置系统盘柜三组,划分为文献信息资源共享工程与数字图书馆。共享工程盘柜主要存储对象为上传和下载的国家共享工程中心和省级中心站数据资源,数字图书馆盘柜存储对象为本馆书目数据和全文数据,有效存储空间设书目数据库、全文数据库。已经建立的"地方文献数据库"等主题数据库存入数字图书馆盘柜,从属于存储中全文数据库。

(2)数据安全保障制度

为了保障数据安全,制定了完善的文献数据采集制度、数据录入安全制度和服务器数据保存安全制度。馆内加工数据资源由专人按文献类型的操作规范使用专用设备进行处理;采购、捐赠等非本馆加工数据必须由专人在专用计算机等设备进行检查核对处理。所有入库数据建立可靠的备份制度和详细记录备案待查。

7 待完善和充实部分

(1)数字图书馆是通过网络宽带高速互联的计算机网络,依托局域网和互联网分布式的图书馆群体,是一个整合大量数字文献单元的联合体,以实现不同地理位置、不同类型的信息按统一标准有效存储为依托,通过网络计算机终端,超越空间和时间为读者服务,实现文献信息资源共享的系统工程。目前普洱市图书馆受资金局限,还未建立网站或租赁运营商路由完成本馆数据库资源互联网共享。

(2)专业人员学科知识、文献水平、制版编辑技巧等综合素质,以及专项资金决定着内发期刊的质量。已经发行近十年的《信息参考》双月刊,亟待改进以跟上时代发展,计划从信息内容、编辑版式、期刊装帧等方面进行一次重组,以提高其质量。

(3)数字图书馆的发展是一个从量变到质变的过程,各类型文献的数字化需要可靠的硬件设备作为转换基础。只有建立较牢实的硬件基础,才有持续稳定发展的将来,这是努力的方向。普洱市图书馆文献数字化处理工作室已经配备相应的文献数字化处理设备,但如果要处理大批量现代地方文献数字扫描,异型或大幅面文献,还需要有相应的设备。

以上是普洱市图书馆从 2001 年开始运用计算机和网络的实践。互联网资源在公共图书馆的运用与实践是公共图书馆事业发展的必由之路,随着国家对公共图书馆事业的硬件投入不断加大,地(市)县级馆数字图书馆设施设备不断完善,一个以国家图书馆为中心的公共图书馆文献数字化资源网络已经基本形成。互联网资源的运用与实践在解决了硬件设备之后,互联网资源运用的技术、技能、技巧就直接影响着互联网资源运用的成果与效益。只有图书馆专业人员掌握了广泛的学科知识和文献工作能力,具备娴熟的中文工具书检索、关键词选取、二次文献和三次文献加工整理等专业技能,才有可能取其精华去其糟粕。反之,则会面对浩如烟海的互联网资源茫然不知所措。实践证明,互联网资源运用与实践过程中,文献工作技能和图书馆专业素质尤为重要。

国家图书馆网页资源获取系统的设计与实现

曲云鹏(国家图书馆)

摘　要:网络资源的采集与保存是互联网时代图书馆新的保存任务之一,很多国家图书馆都开发了自己的网络资源采集与保存软件平台。国家图书馆为了更好地开展网络资源存档工作,开发了网页资源获取软件平台用于该业务。本文介绍了该平台的设计初衷,以及系统的功能与特点,并对未来的工作进行了讨论。

关键词:网络资源采集　Web Archiving　系统设计

互联网资源的内容丰富性和易失性已经引起了图书馆界的关注,网络资源存档(Web Archiving,WA)已经逐渐成为网络时代的图书馆所需要承担的新的保存任务之一,2003年,由多个国家图书馆共同组成的国际互联网保存联盟(International Internet Preservation Consortium,IIPC)[1]成立,旨在对全球互联网资源进行保存保护,并开发了一系列的网络资源存档、索引与访问工具。2007年,国家图书馆加入了IIPC,成为中国内地唯一的代表,网页资源获取系统是国家图书馆对于网络资源采集与保存工具包的一次尝试。

1　相关研究

为了更好地完成网络资源存档工作,很多专业机构和国家级图书馆都开发了自己的互联网采集与保存工具软件。在众多的工具包中,最具有代表性的是Internet Archive(IA)开发的Heritrix、Nutchwax和Wayback工具包组合[2],英国图书馆联合澳大利亚图书馆、新西兰图书馆等开发的Web Curation Tool(WCT)[3],以及丹麦皇家图书馆与洲际大学图书馆联合开发的NetArchive Suite[4]。

Heritrix、Nutchwax和Wayback是IA开发的开源软件平台,同时也是IIPC推荐使用的软件工具集合。Heritrix是目前使用最广泛的开源网络爬虫,它的特点是可以采集多种类型的网络资源,保存为WARC格式,保留了网站、网页的原貌,不对页面进行内容上的修改。Heritrix爬虫通过Web用户界面启动、监控、调整,支持多种爬虫规则,允许灵活地定义采集规则集合以获得目标网络资源。NutchWAX是目前Web Archive中应用最为广泛的全文本索引工具。NutchWAX是在知名索引工具Nutch基础上添加了针对WARC文件的全文索引和搜索的功能。Wayback是一款网络存档资源的检索和浏览开源工具,允许用户检索资源集来定位文档、浏览服务、通过Web浏览器查看资源集中的存档文档、多种访问方式供用户选择实现网站重现。

WCT是英国图书馆、澳大利亚图书馆和新西兰图书馆联合开发的开源网络资源采集与保存工作流管理应用,面向选择性的网络资源存档。其设计初衷是由图书馆或者其他收藏机构使用，支持非技术性用户使用，同时也可以对网络存档的过程进行详细的管理，比如许可、工作规划、采集、质量检查以及描述性元数据的收集等。

NetArchive Suite 由丹麦皇家图书馆与洲际大学图书馆联合开发，该工具包基于 Heritrix 爬虫，增加了采集任务的计划安排以及规划功能，并且支持分布式部署在多台服务器中。NetArchive Suite 由 4 个模块构成。通用模块提供了软件的基本框架，例如异常、消息、文件传输等。采集模块负责定义、安排以及进行采集工作。存档模块支持 BIT 保存，其可以进行分布式批量存档。访问模块通过代理模式提供对已存档数据的访问功能。

2 网页资源获取系统的设计与实现

2.1 网页资源获取系统的设计初衷

2003 年年初，国家图书馆组成网络文献收集与保存试验小组，开展了网络信息资源采集与保存试验项目（Web Information Collection and Preservation，WICP），目的是通过试验发现网络文献收集、整理、编目、保存和服务中存在的问题，提出解决问题的方案；确定保存对象，根据其特点确定技术路线和策略；试验性收集、整理、保存数据并提供服务；提出业务整合的方案。

采集工具选择是项目组在项目启动初期的重要工作。在考察了多种软件后，项目决定采用 IIPC 推荐的 Heritrix、Nutchwax 和 Wayback 软件作为项目的软件平台，开始尝试性地对网络资源进行采集。经过了一段时间的尝试与使用之后，项目组发现，对于国家图书馆来讲，基于这 3 个软件开展国家图书馆网络资源采集与保存业务，存在着以下的问题和不足：

（1）只能单机部署，缺少扩展性，管理麻烦。Heritrix 软件只能在单机运行。在需要同时运行多个 Heritrix 爬虫时，数据采集人员需要在多台服务器中进行 Heritrix 的部署使用。而在进行管理的时候，采集人员需要不断在多个 Heritrix 爬虫的管理界面中切换，操作复杂。

（2）系统流程断裂，需要在软件之中切换。3 个软件功能相对单一，只面向网络资源采集与存档工作中的一个环节。图书馆员在使用的时候，完成一个环节后就需要更换一个软件界面或者服务器来进行下一个环节，工作流程并不顺畅。例如，利用 Heritrix 采集数据、生成 WARC 文档后，需要将数据复制到 Nutchwax 或者 Wayback 服务器中，进行索引与发布访问。这个过程涉及数据的整理、迁移，操作重复且繁琐。

（3）缺少易用性。3 个软件中，只有 Heritrix 提供了 Web 管理界面，Wayback 的使用需要配置 XML 文档，Nutchwax 的使用需要进行命令行操作，三者使用起来并不方便。另外，3 个软件尽管提供了一些数据统计功能，但是对于图书馆员最为熟悉的编目功能并未提供。在网络存档工作流程中会产生大量的中间数据，这些数据记录较为复杂，人工记录并不方便。

（4）语言问题。3 个软件都使用英文界面，缺少中文的系统界面。尽管中国的图书馆员对于英文的使用并不陌生，但是在比较专业的网络爬虫领域，还是缺少经验，很多专业的术语无法真正理解。语言的问题是图书馆员进行网络资源存档工作时所面临的一个重要的障碍。

（5）技术问题。3 个软件的配置和维护对图书馆员的要求很高。3 个软件的使用都需要一定的 Linux 使用经验、开源软件的部署经验和高级语言脚本的撰写基础。例如，Heritrix 的使用需要图书馆员具有 Java 应用基础和 Linux 命令行使用基础,并且熟悉互联网领域和爬虫术语。在使用 Nutchwax 对存档文件进行全文索引时,图书馆员需要在 Linux 命令行中直接输入命令以便完成任务。Wayback 的配置需要直接编辑 XML 文档。这些技术要求使用者具备较多计算机、网络知识,提高了软件使用门槛。

因此,针对以上存在的问题,项目组根据软件功能和自身的业务需求,提出了网页资源获取系统的设计原则、业务流程和系统框架。

2.2 系统设计

2.2.1 系统设计原则

网页资源获取系统设计原则如下:

(1)系统功能覆盖网络存档的主要流程。网页资源获取系统在功能设计上应覆盖网络资源采集与存档工作的主要流程,给图书馆员提供一个完整的业务平台。

(2)系统易用。系统应使图书馆员脱离繁琐的重复劳动和技术性工作,专注于网络资源存档业务本身。

(3)系统易于扩展。系统应该可以方便地扩展爬虫和存储空间,以便在未来进行大规模的网络资源采集与保存工作。

2.2.2 网络资源获取系统的业务流程

网络资源获取系统的业务流程分为 8 个部分,分别是种子选择、采集、索引、预发布、质量检查、元数据加工、数据整合和正式发布。

(1)种子选择:根据图书馆的网络资源采访条例,选择满足要求的网络资源 URL,作为种子,准备进行采集。国家图书馆的种子选择方法为,选择那些可以反映我国政治、经济、文化的网络资源作为采访对象。

(2)采集:种子确定后,根据种子配置爬虫模板,设定采集规则,开始采集目标网络资源。

(3)索引:在目标网络资源完成采集后,生成 WARC 文档。根据资源发布要求,采用软件对资源进行索引。索引分为两种,第一为全文索引,即对网页中的文字进行全文索引后,可以进行全文检索;第二为 URL 索引,即只对 WARC 文档中的 URL 进行索引,检索时,也只对 URL 进行检索。

(4)预发布:在索引后,对所采集的网络资源进行内部访问。预发布的主要目的是进行质量检查和元数据加工。

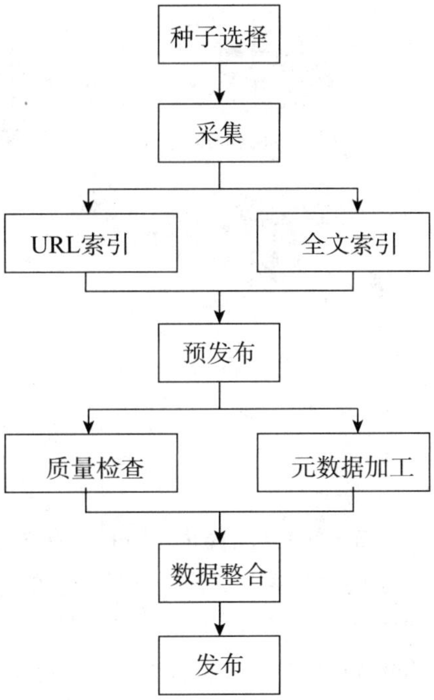

图 1　网络资源采集与保存工作流程图

(5)质量检查。质量检查的主要方法是判断所期望资源是否采集,是否完整,若有问题,调整采集规则后重新采集。质量检查的主要手段是进行预发布回放来检查和通过所采集网页的属性列表来检查。

(6)元数据加工:根据确定的元数据编目框架,对符合要求的网络资源进行编目。编目可以从多个粒度进行，例如可以进行网站级别编目，也可以进行网页级别、文件级别编目。网页资源获取系统中需要内嵌基于 Dublin Core 的元数据加工模块。

（7）数据整合：根据图书馆资源大环境以及数据整合要求，将网络资源进行整合，形成多个资源库，例如网站库、图片库等。

（8）发布：根据资源的版权情况和图书馆数据发布要求，选择适合发布的资源，提供馆内访问或者互联网访问。

2.2.3　网页资源获取系统的系统框架

在确定了系统主要业务流程后，为了满足大规模网络资源采集与保存业务的需求，网页资源获取系统决定采用多爬虫、分布式的系统框架。系统框架图如下所示：

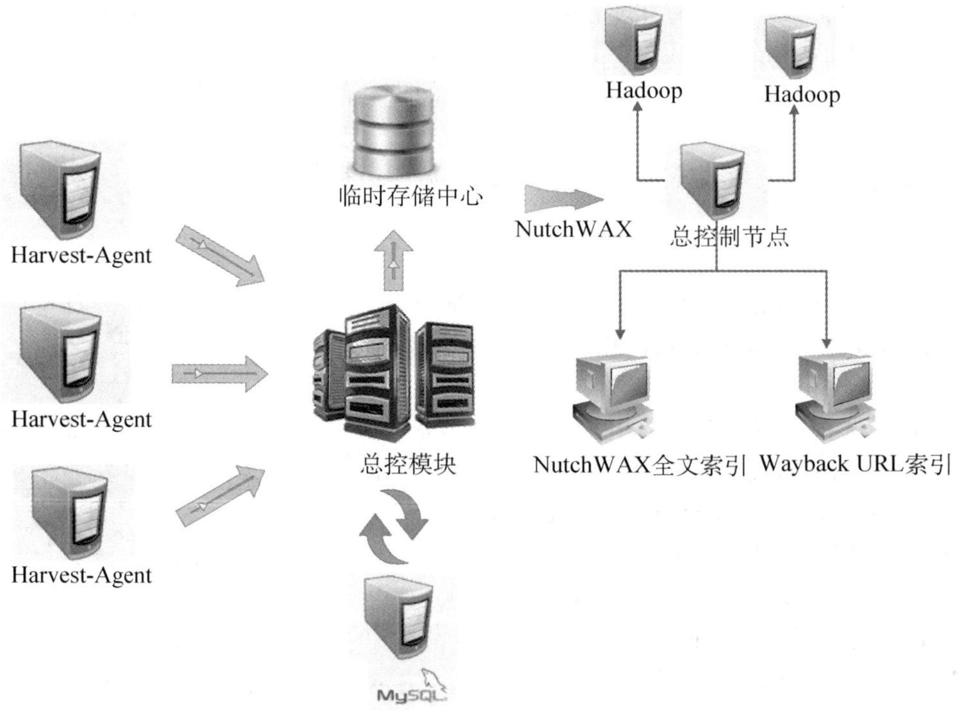

图 2　网页资源获取系统框架图

系统中，Harvest-Agent 为分布式网络爬虫，分布在多个采集服务器中。系统采用后台总控模块对于多个爬虫同时进行管理，采集过程中所生成的数据保存在 MySQI 服务器中。采集生成的对象数据保存在临时存储中心中，通过 NutchWAX 命令导入到 Hadoop 集群中。Hadoop 集群通过总控制节点，对多个 Hadoop 集群数据节点进行管理。NutchWAX 全文检索界面和 Wayback 网址检索界面通过 NutchWAX 总控节点对数据进行检索和访问。网页资源检索门户网站通过集成 Wayback 网址检索界面和 NutchWAX 全文检索界面来实现资源的发布。

2.2.4　系统功能

网页资源获取系统的主要功能包括采集任务规则的灵活设定、统计信息的记录、完全兼容 WARC 1.0 版本、支持采集任务质量检查、支持全文检索和 URL 检索、支持存档资源访问

与回放等。此外,系统还增加了一些易用、灵活的功能,主要包括以下功能:

支持分布式爬虫。网页资源获取系统支持对于分散在多个服务器的分布式爬虫的统一管理。图书馆员可以通过一个 Web 页面监控所有的爬虫信息,并以任务为单位实现对于所有采集任务的控制。所有的记录都保存在 MySQI 数据库中,图书馆员可以随时调用检查。

实现了任务的定时功能。考虑到某些采集任务对时效性有较高要求,网页资源获取系统设定了任务的定时功能。管理员可以设定该任务的启动时间,保证网络资源的时效性。

实现了带宽的灵活管理。网页资源获取系统可以以小时为单位,设定爬虫在特定时段所占用的带宽,保证图书馆的正常网络业务不会受到爬虫采集资源占用带宽的影响。

实现了系统权限的灵活设定。网页资源获取系统的设计使用机构是单一机构中多个角色的工作人员共同使用,因此对系统的操作进行了细分,针对每个操作都设定了操作权限。例如,系统操作权限可以分类为采集权限、任务权限、管理权限等,每类权限下都有多个详细的操作。网页资源获取系统支持系统角色的配置,可以自由设定用户角色和用户个性权限,保证系统的安全性和用户使用的简易型。

支持了 Hadoop 分布式文件系统。网页资源获取系统索引后的数据将导入到 Hadoop 分布式系统,在保证数据安全性的基础上,保证了数据访问效率。

支持了网络资源编目。网页资源获取系统根据图书馆员的编目需求,开发了资源编目模块。模块对于常用编目项提供了支持,例如名称、创建者、主题、描述、所属网站等。编目模块还提供了对于简易分类词表的支持。图书馆员可以自行设定简单的词表用于编目调用。编目模块还支持通过 excel 文件的编目结果导入导出功能,便于大数据量编目和数据交换。

2.3 系统的特点

在确定了系统设计原则、业务流程和系统框架后,国家图书馆完成了网页资源获取系统的开发。系统的首页图如下图所示。

图 3　网页资源获取系统首页

网页资源获取系统具有如下特点：

系统提供了一个易用的、一体化的网络资源采、编、阅、存的工作平台。图书馆员可以使用该软件完成网络资源的采集、编目、访问和保存功能，不需要使用多个开源软件进行复杂的操作。系统中提供了定时采集、编目结果导入导出等方便的功能，可以满足多种工作需要。

系统具有强大的扩展能力。网页资源获取系统支持分布式爬虫和分布式存储，可以根据采集需求灵活地增加、减少爬虫，也可以根据数据要求增加分布式存储。

系统支持馆与馆之间的数据交换。网页资源获取系统支持 WARC 文档的导入导出，结合元数据项的导入导出功能，馆与馆之间可以以任务、名称或分类为单位，同时导入导出对象数据。

基于以上特点，网页资源获取系统开发完毕后，为国家图书馆的网络资源采集与保存工作带来了便利的平台，图书馆员可以脱离复杂的系统操作和数据迁移，将精力转移到扩大资源建设、完善业务流程、做好资源保存与服务的工作中来。

3 存在的不足和未来的工作

3.1 存在的问题和不足

上文介绍了网页资源获取系统的设计初衷、原则、业务流程和主要的功能与特点。尽管网页资源获取系统提供了方便的网络资源存档与服务平台，但是仍然存在着一些问题和不足之处。

（1）缺少对存档资源的版本管理和关联分析功能

网页资源获取系统覆盖了网络存档工作的主要流程，但是仍然缺少针对所存档资源的管理与利用功能。例如，网络资源存档目前还不能根据存档时间，将同一 URL 的资源区分为不同的版本。网页资源获取系统可以获取这些时间戳，但是无法针对时间戳进行更为详细的管理，比如历史数据导航、自动导引等。另外，互联网存档资源相互之间通过 URL 链接的方式相互关联，这是网络资源区别于其他数字资源最明显的标识。但是网页资源获取系统目前还不具备表现或分析网站网络资源相互之间关联关系的功能。

（2）缺少自动编目功能

网络资源的数据量巨大，通过人工对所有的网络资源进行编目是不可能完成的任务，需要依靠自动编目技术结合人工实现编目。网络资源中的网页资源是一种半结构化的数据，利用 HTML 语言表示，某些标签可以标识网页资源的某些元数据项的内容，例如名称、内容、时间等，这就为网络资源自动编目工作提供了可行性。

（3）质量检查功能偏弱

质量检查工作是网络资源采集与保存中的重要环节之一，其目标是判断图书馆员所期望采集的资源是否已经下载，或者是否下载完整。目前网页资源获取系统提供的质量检查功能仅能通过树形结构浏览所获取内容是否已经下载，但是对于完整显示 HTML 文档所需要的 CSS、JS 文件等还缺乏完整性的判断。

（4）资源索引速度较慢

网页资源获取系统支持对网页资源的全文索引，索引的速度在数据规模较小时比较可观，但是可以预见，将来数据索引规模越来越大时，索引合并工作会相当费时费力。

3.2 未来的工作

网络资源的采集与保存是数字时代图书馆新的使命，但是网络资源的规模远远超出了目前图书馆所能承载的能力，仅仅依靠单一机构是无法完成中文网络资源的全面采集与保存的，图书馆以及其他机构联合起来共同参与是必然的趋势。随着云计算、大数据等新的技术概念的出现，网络资源采集与保存工作又面临着新的问题，同时也有着新的机遇。网页资源存档工具开发的下一步工作将是开发新的功能，支持多机构合作进行采集；对网络资源采集与存档工作流程进行研究，进一步增强系统数据分析、监控功能和质量检查功能；结合最新信息技术，实现网络资源的高速、完整、安全的存档与访问。

参考文献

[1] IIPC. http://www. nerpreserve. org
[2] Archive access. http://archive-access. sourceforge. net/
[3] Web Curator Tools. http://webcurator. sourceforge. net/
[4] NetArchive Suite. https://sbforge. org/display/NAS/NetarchiveSuite;jsessionid = 13C5C9FAB386702BF776522C3E345DEE

图书馆界数字资源长期保存的现状与思考

任闽华(江西省图书馆)

摘　要:本文结合国内外的数字资源长期保存实践项目,就数字资源长期保存的必要性、数字资源长期保存的所存在的问题和国内外实践现状进行了简要概述,并对国内的数字资源长期保存问题,提出自己的一些想法。
关键词:数字资源　数字资源的弱点　数字资源长期保存

古语云,唯书有色,艳于西子;惟文有华,秀于百卉。在过去,书与文化资源基本画上了等号,而计算机技术、信息技术及多媒体技术的发展,打破了这一恒定格局,给现在文化信息市场带来了不小的冲击。文化知识已经可以脱离书本,通过高科技信息技术、多媒体技术等转化为数字化信息符号,并形成了广阔的数字资源力量,给新时代的科技研究、资料保存、文化遗产传承、文化共享等带来方便、持续、可靠的使用。

数字资源的出现,也就引发了关于数字资源的长期保存问题,这是一个复杂繁琐的过程,世界各国专家学者依旧还在研究探索这个问题的可持续发展规划,本文就国内外数字资源长期保存的现状,进行分析,以探索可行的发展道路,为国内数字资源长期保存提供一些自己的想法。

1　公众对于数字资源的需求量日益激增

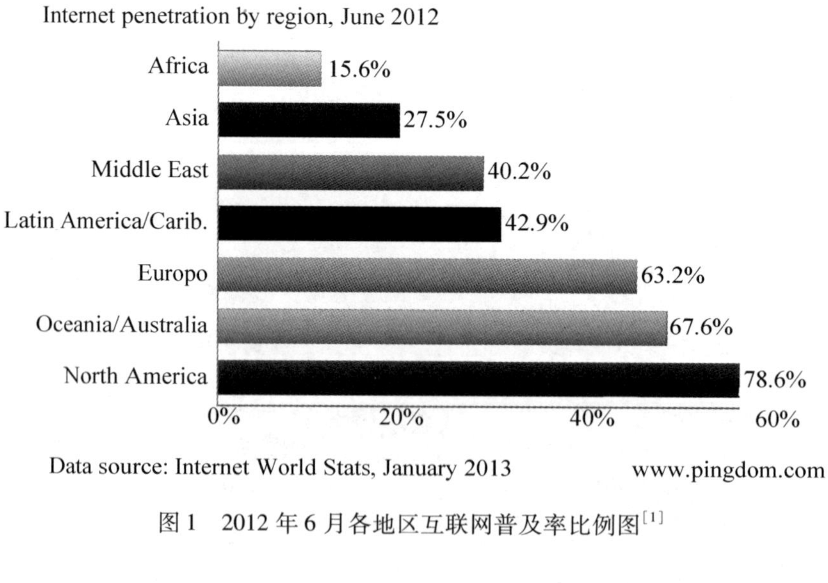

图1　2012 年 6 月各地区互联网普及率比例图[1]

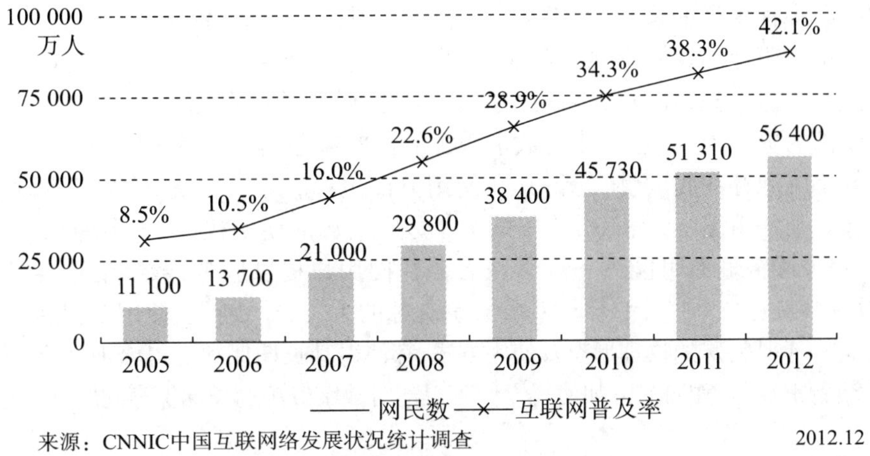

图2　中国网民规模和互联网普及率[2]

根据瑞典互联网市场研究机构 Pingdom 公布的数据及 CNNIC 的报告，我们不难看出全球网民日益增长的速度。据了解，截止到 2012 年 12 月，全球网站总数已达 6.34 亿，网络的便捷性与无界性，使得人们对网络的依赖增强。

根据中国新闻出版研究院最新公布的第十次全国国民阅读调查数据显示，2012 年我国 18—70 周岁国民数字化阅读方式（网络在线阅读、手机阅读、电子阅读器阅读、光盘阅读、PDA/MP4/MP5 阅读等）的接触率为 40.3%，较 2011 年的 38.6% 上升了 1.7 个百分点[3]。

数字化阅读，已经占领了公众阅读的很大一部分，数字资源正是在网络时代下应运而生的产物。何为数字资源，数字资源是文献信息的表现形式之一，是将计算机技术、通信技术及多媒体技术相互融合而形成的以数字形式发布、存取、利用的信息资源总和。像文献、图书、数据集、多媒体出版物、网络原生资源、视听资料、图像等都可以转化为数字资源。

丰富的数字资源已经在很大程度上占领了传统印刷文字资源所覆盖的需求群。人们不再是靠传统印刷型文献学习了解世界，而是通过互联网中海量的数字资源学习知识，认识世界。数字资源赋予了文献信息新的表现形式，出现在了人们的生活中，并影响着全球知识网络的发展。

2　数字资源出现引发了数字资源长期保存的问题

中国工程院院士、国家科技文献中心副理事长胡启恒说，“数字资源长期保存所需要的经济技术支撑机制、法律责任、投资要求、管理权限、公共服务约束等还没有建立，实际上多数数字资源还面临着由于无明确保存政策、无长远经济保障、无可靠保存系统、无有效恢复与保障服务机制而带来的难题”[4]。

数字资源并不是那么易于保存：

首先，数字资源的来源是多样性的，有些数字资源是来自个人或者某些机构自建的资源；有些数字资源是偶发性的，比方说像网络的原生数字资源；有些数字资源则是购买来的商业化资源等,多种多样的来源,使得数字资源在保存之前,需要重新整理整合。

其次,数字资源存储媒介存在不稳定性,因为数字资源多是以二维码形式编制的,存储媒介种类复杂、良莠不齐,导致数字资源存储差异化增大,使得存储标准难以统一,加上时代的变更,软硬件的更新换代,也就使得数字资源的长期保存遇到了不小的问题。

再者,数字资源存在脆弱性,使得其在使用方面也存在不少问题,数字资源的使用涉及知识产权问题,某些情况下,信息机构仅购买了数字资源的使用权,由于多种原因,数据库商或其委托的镜像服务商有可能终止经营或者停止向用户提供服务;数字信息容易被未经授权操作而改变甚至删除等[5],都容易造成数字资源的丢失,导致无法使用及保存。

数字资源由于其特殊的物理形态及使用方式,都使得其长期保存变得繁琐,但是数字资源在未来社会扮演着重要角色的趋势,却使得人们不得不对数字资源的长期保存问题越来越重视。

3 数字资源长期保存的问题受到重视

3.1 国外对于数字资源长期保存的现状

全球对于数字资源长期保存的问题都在积极探索当中。联合国教科文组织推出了《数字文化遗产保存纲要》和《数字遗产保存指南》,国际图联发布的《IFLA/IPA:永久保存世界记忆——关于数字信息存档与保存的联合声明》等这一系列的国际化举措,都体现了全球对数字资源长期保存的重视与关注。

表1 国外数字资源长期保存项目实施情况

项目名称	参与主体	实践内容
EMANI	德国主要的数学学会、Springer - Verlag 科学出版社、德国哥廷根州立大学图书馆、美国康奈尔大学图书馆、法国 ORYEB 图书馆、中国清华大学图书馆、欧塞数学图书馆	合作保存模式,推动世界范围内数学领域的出版物数字化,以推进数学信息的长期保存和确保数字格式的可用性
NEDLIB	荷兰图书馆、法国图书馆、挪威图书馆、德国图书馆、葡萄牙图书馆、瑞士图书馆、意大利图书馆、Kluwer、Elsevier、Springer - Verlag	合作项目模式研究长期保存基础结构,建立电子出版物存储系统开发共同的基础设施和功能设计框架及基础工具。研究电子出版物存储系统(DSEP)的功能规格和总体设计。其他焦点在于评估迁移和仿真过程、起草技术元数据标准
PANDORA	澳大利亚图书馆、澳大利亚学院原住民和托雷斯海峡岛民研究、澳洲战争纪念馆、国家影片和声音档案、澳大利亚国家美术馆、澳大利亚国家图书馆、北领地库、新南威尔士州立图书馆、昆士兰州立图书馆、南澳大利亚州立图书馆、维多利亚州州立图书馆、西澳大利亚国家图书馆	合作模式,建立一个经过选择的澳大利亚网络信息资源归档系统,并为保护和存取澳大利亚电子资源制定政策和程序。采用选择性存取策略,侧重收集重要的且具有长期保存价值的联机出版物和网站

续表

项目名称	参与主体	实践内容
LOCKSS	美国斯坦福大学图书馆、美国国家自然基金、香港理工大学、新加坡国立大学、中国科学院文献情报中心等80家图书馆和50多家出版商	解决电子期刊的永久保存与利用问题，这个项目是通过出版商与图书馆，及各个图书馆之间的相互协作建立平台，解决电子资源出版、发布到永久性保存与利用的相关问题
Portico	安德鲁梅伦基金会、JSTOR	第三方委托保存模式，提供第三方委托存储模式协助图书馆执行保存学术文献

3.2 国内对于数字资源长期保存的现状

早在2004年，数字资源长期保存领域的主流国际性系列会议iPRES(International Conference on Preservation of Digital Objects)，已在北京召开，中国与在欧洲图书馆界有了首次合作，开展了一次深入的座谈会，而后就形成了每年一次国际交流会议，使得中、欧各国都可以在会议上学习和交流经验，数字资源长期保存问题受到各国重视。

表2 iPRES会议历年主题

时间	会议主题
2004年	数字资源长期战略保存的管理与技术策略
2006年	协作在数字资源长期保存的境界
2007年	数字资源长期保存：当前进展和最佳实践
2008年	协作与实践：数字资源长期保存工具及方法
2009年	步入主流，保障我们数字化的未来
2010年	绿色数字保存

从历年更新的主题，我们不难发现，数字资源长期保存已经越来越被重视，并且在未来，将会成为我们的主流文化之一，人们需要做出长期有效的可持续发展策略来做到绿色数字保存。

表3 国内数字资源长期保存项目实践情况

实践主体	实践方式	实践内容
中国清华大学图书馆	加入德国EMANI项目	以保存数学教材为例，探索保存元数据方案，参与全球范围内的Web数学文献利用环境，达到全球数学文献资源的可共同利用
北京大学图书馆	加入数字资源长期保存项目CLOCKSS	是基于开放资源LOCKSS的技术，参与全球范围内数字资源长期保存的国际合作，在确保数字资源完好无损地长期保存的同时，兼顾本地化的长期保存需求

续表

实践主体	实践方式	实践内容
“中国知网”CNKI系列数据库资源	三级保存方式	在企业保存方面，目前采取光盘、硬盘、纸质三种载体保存，对原始资料、元数据、全文、数据库软件建档保存，并设有5个安全保存点；近期还将启用缩微胶片和磁带保存技术。在国家保存方面，积极配合了国家图书馆战略保存工程，以便在出现不可抗力或无法向用户服务时，由国家提供长期服务保障。在用户保存方面，向用户提供光盘出版产品，保证用户恢复硬盘数据和软件系统[5]
中国科学院国家科学图书馆	加入数字资源持久保存国际合作试验项目LOCKSS	构建对于电子出版物的长期保存系统
CALIS	购买NATURE数据库	拥有了对部分期刊的保存权
中国Web信息博物馆	以平均每月一千网页的速度扩大规模的进行采集和保存	有效地保存中国互联网上曾经出现过的历史信息

4　国内外数字资源长期保存的现状所引发的思考

4.1　合作模式是主导模式

从以上表1、表2我们可以看到，国外的很多项目，都不是独立一个机构或者单位完成的，都是由一个或者多个图书馆领头，再联合出版商等进行多方合作的方式。多方合作，不仅可以解决单一机构承担巨额项目研究经费的问题，还可以进行多方交流合作，进行资源的相互交流与保存。而国内的研究机构，却相对单一独立，并没有形成大规模合作意向，没有找到成熟的合作模式。

4.2　国家政策的支持，国家图书馆的主导地位

联合国教科文组织在《数字文化遗产保存指导方针》中指出，国家图书馆拥有法定权去获取和保存该国出版的文化遗产，国家图书馆必须承担长期保存的责任，其中有的还要起引导作用。数字信息长期保存的责任主体需要进行战略上的合作，共同行动以促进立法等环境的改变[6]。

从国外的实践应用项目，我们可以看到很多数字资源长期保存项目都是由国家图书馆带头做起，像是荷兰图书馆的“NEDLIB”、澳大利亚的“PANDORA”项目等。在一个复杂的项目当中，国家图书馆无论是在资金、人员还是在资源集中和技术更进方面，都处于关键的战略地位，经过国家图书馆统筹规划和建设，才能树立威信，从而吸引更多出版商，或者更多其他机构的加入。在数字资源长期保存的未来规划中，国家图书馆占领着先驱地位，并且不论对于促进国内的数字资源长期保存项目，还是国际上的项目，都可以起到协调促进，合作共

享的作用。

4.3 出版商与图书馆,数字资源保存之间的相互关系

从表1的几个项目中,我们都可以看到出版商的身影,数字资源长期保存除了图书馆的主要地位,出版商也影响着资源保存项目的开展。出版商拥有着众多出版物的知识产权,图书馆购买资源后,或者只使用权,并不一定拥有最后的保存权,一旦出版商放弃资源的保存权,而国家图书馆或某个机构没有对该资源进行保存,那么该数字资源也就存在消失的风险。所以出版商一方面依赖着图书馆这些相对专业的机构保存资源,并为读者提供服务获利,另一方面图书馆也依赖着出版商给予的丰富资源,来扩大资源储存量。

4.4 国内数字资源项目起步晚、结构简单,还需长期努力

从国内数字资源长期保存的现状看来,国内的项目还是偏少,而且缺乏专业的数字资源长期保存的项目工程,多是参与其他项目当中,缺乏自主研发,技术创新的倡导项目。所以在技术层面上,我们还需多向国外先进图书馆学习,了解自身在技术上的差异,多学习,多培训,跟上国际统一技术步伐,这样才能更好地对本国的数字资源进行长期保存,减少数字资源的缺失。

目前,我国国家图书馆正在建设国家公共文化数字支撑平台,这对于数字资源的长期保存来说,也是重要的一步。这个平台的建立,无疑会涌现出大量的自创自建或者其他途径产生的数字资源,而这些数字资源中重要级别的就需要进行长期保存,这将是我国图书馆界面对数字资源长期保存的所经历的又一次考验。

与国外的现状相比,国内缺乏合作模式,国家相关机构、相关基金、出版商、数据库生产者等少有参与者,比起国外多方参与合作的模式,就相对缺失了更多的资金支持与资源的融通频率。因此也造成了,数字资源在一定程度上的使用界限,势必这不利于公共文化服务体系的大环境发展,所以我国的图书馆界在此方面,还可以加以改进。

电子化和数字化时代的到来,不断地在对图书馆提出新的挑战与机遇,新的挑战就是数字资源长期保存的复杂与繁琐的研究探索过程,机遇来自于图书馆告别过去陈旧老化的印刷文献年代,迎接数字化时代的到来,给自己不断创新与更新的机会。

国内还有很多图书馆在数字资源长期保存上面处于零起步阶段,要多学习国外经验,通过学习与参与,来加强本国在数字资源长期保存方面的水平,从而为读者提供更完整的服务。

参考文献

[1] http://info.1688.com/detail/1097435601.html

[2] http://www.cnnic.net.cn/gywm/shzr/shzrdt/201301/t20130115_38518.htm

[3] "第十次全国国民阅读调查"成果发布. http://www.chuban.cc/yw/201304/t20130419_140027.html

[4] 数字资源长期保存:国家主导最重要. http://scitech.people.com.cn/GB/131715/8501123.html

[5] http://www.cnki.net/gycnki/daobao/cnkidaobao34/daobao34_7.htm

[6] Neil Beagrie. National Digital Preservation Initiatives: An Overview of Developments in Australia, France, the Netherlands, and the United Kingdom and of Related International Activity, the Council on Library and Information Resources and the Library of Congress, April, 2003.

新疆生产建设兵团数字资源长期保存与长效利用的策略探析

苏　建　谭彩霞　柳　荫
（新疆生产建设兵团图书馆）

摘　要：随着信息技术的发展，数字资源已成为人类知识信息传播与利用的主要形式。本文从数字资源长期保存和长效利用的重要性出发，探析了影响新疆生产建设兵团（以下简称兵团）数字资源长期保存和长效利用的主要因素，并结合兵团实际，就如何做好数字资源保存和利用的策略进行了积极探索，以期在实践探索中达到良好效果。

关键词：新疆生产建设兵团　数字资源　长期保存与利用策略

随着信息技术的不断发展，无论是文化、教育、科学，还是技术、法律等各类信息越来越多地以原生数字形式创建，或者从现有资源转化成数字形式的文献。急剧变革的信息化和"数字"革命，使人类文明的传播进入了一个全新的时代，数字信息逐步成为信息传递和利用方式的主流，网络成为各种文化资源传递和融合的主要通道。数字资源的普及虽然极大地提高了用户获取信息的能力，但也带来了长期保存的严峻挑战。因此数字资源如何进行长期保存就成了目前图书馆领域探讨的热点问题之一。兵团地处偏远，信息化建设基础较为薄弱，如何使颇具特色的兵团文化在各种信息资源的激烈交锋中独树一帜？我们探求符合兵团发展实际的数字资源保存和利用策略，对于实现兵团文化在现代社会数字式的文化创新具有重要意义。

1　兵团数字资源现状分析

数字资源是指将计算机技术、通信技术及多媒体技术相互融合而形成的以数字形式发布、存取和利用的信息资源总和[1]。数字资源的保存主要指图书馆、信息中心、档案馆等文献信息机构为使其所藏的信息资源免受自然的和人为的损毁，延长文献信息保存期限和使用寿命，尽可能保存其原来形态的技术和措施[2]。其最终目的在于数字资源使用的可持续性。

作为一项长期的系统工程，数字资源长期保存和长效利用需要大量的资金、人力和技术等资源的持续支持和完善的政策保证。目前就兵团数字资源长期保存和长效利用的情况来看，还存在许多问题，主要体现在以下 3 个方面：

1.1　基础薄弱，文化资源利用数字技术整合和开发的力度较低

数字资源长期保存活动建立在数字资源建设的基础上，但受历史因素、技术因素、经济

因素等整体环境的影响,兵团过去没有自己的图书馆,其专业队伍、相关历史传承等都是空白。兵团数字资源建设是在全国的文化信息资源开展以来才起步实施的,由于基础薄弱,兵团数字化资源建设一切从零开始。此外,兵团也没有一个利用数字技术从宏观、中观、微观层面全面立体地展示兵团图书文化的专业网站。由于基础薄弱,文化资源利用数字技术整合和开发的力度较低。

1.2 地域及结构性分散造成合作性不强,公共平台建设滞后

兵团地域分布极为广泛,南起昆仑山,北到阿尔泰山,东至哈密,西至伊犁河畔,其边境农场就建立在长达 1597 公里的中苏、中蒙边境线上,垦区之间、团场之间,相距远的竟有 1000 多公里。兵团垦区在线长、面广、偏僻的特殊地理位置及各垦区自然条件和经济发展水平的不平衡,造成了各垦区间的信息化发展水平不平衡,认识不统一、资金缺乏,公共平台建设滞后,这一系列因素都较大地限制了信息的沟通和交流,造成数字资源保护工作与网络技术的发展不相协调,兵团数字资源保存和利用工作相对滞后的局面。

1.3 资金有限,人力资源保障欠佳,技术力量薄弱

数字资源长期保存和长效利用是一个复杂的系统工程。数字资源长期保存系统主要面向数字图书馆的长期保存数字资源,完成资源管理与存储任务,它将文献数字化加工、数字资源加工、电子资源缴送、网络资源采集等产生的各种数字资源进行归档保存,建立完备的电子账,实现对长期保存数字资源的有序化管理,同时根据资源的状况和应用需求,把它们分配到在线、近线、离线的三层存储体系中去,实现对数字资源的长期保存和利用。这就需要有较为稳定的资金来源和可持续性的经费投入和一定的专业队伍作保证。兵团数字资源建设在依靠财政拨款的环境中,建设经费短缺,硬件和软件资源都无法与内地相比,这在很大程度上制约了兵团数字资源的保存和利用研发。另外,数字资源长期保存和长效利用还需要有一定技术力量和专业技术人才队伍作为其发挥效用的有力保障,而兵团现有的技术配备、技术力量和专业技术人才都难以承担兵团文化资源数字化建设和保存的重任。这对兵团数字资源长期保存工作的快速开展造成了较大的障碍。

2 兵团数字资源长期保存与长效利用的策略探索

数字资源的长期保存与长效利用策略,是从长期保存与长效利用的目标出发,对数字资源长期保存与长效利用的各个环节进行规范和指导,并针对存在的问题提出相应的要求和解决方案。需要明确指出的是,数字资源的长期保存与长效利用策略并非等同于数字资源长期保存与长效利用的技术策略,其涵盖的内容更为广泛,涉及技术、管理、法律、政策等诸多方面。兵团数字资源建设工作虽然起步较晚,但基于数字资源保存和利用的重要性,新时代的兵团人需跟紧信息技术的发展步伐,借鉴先进地区的成功经验,探索符合兵团实际,具有兵团特色且行之有效的策略,保护与传承兵团文化遗产。

2.1 制定合理、完善的政策，对数字资源的长期保存和长效利用进行宏观政策的导向和微观实践的指导

政策是指“为实现一定时期的目标和任务而规定的行动准则，具有中介性、系统性、规范性、稳定性、阶段性、变通性等特点”[3]。政策一经确定就成为带有总的导向性的行动指南。结合到数字保存领域，笔者认为数字资源保存政策不仅可以解决数字资源建设和保存管理中存在的问题，还可明确标准规范、制定目标计划、统筹全局。在很大程度上，数字信息长期保存能否长期、全面、经济、安全地实施，取决于是否有健全的政策保障体系作为数字信息长期保存实施及延续发展的基础。然而，就目前国内数字资源建设的现状来看，总是过分强调从微观层面和技术角度解决数字资源的保存和开发利用，而忽视了从宏观层面开展数字资源保存和利用的战略规划与管理。“我国在数字资源的维护上，最缺乏的是宏观政策的导向和微观的维护指导”[4]。

鉴于兵团数字资源建设的现实状况，即各垦区发展的不平衡，首先应从宏观层面出发，在充分考虑前瞻性原则、协调性原则、系统性原则和危机意识原则的基础上制定规范的政策框架使数字资源的长期保存和长效利用工作在统一平台上统一规划、统一实施、相互合作，从而有效避免数字资源重复建设，同时协调相关机构、部门共同致力于数字资源保存工作，调动社会各界对数字信息保存的积极性，促进数字资源共建共享。同时，在宏观政策框架的有效指导下，相关机构和部门在数字资源长期保存实践过程中，还应从微观层面出发，在完善管理机制、注重技术引进和开发、加强过程管理和专业技术人才培养等具体措施方面及数字资源保护的各个环节对不同层面涉及的各种要素进行深入分析与协调组织。

2.2 以“文化援疆”为依托，紧抓“数字图书馆推广工程”的发展契机，完善信息基础设施建设，为兵团数字资源长久保存和有效利用提供有力支撑

“数字图书馆推广工程”是文化部、财政部于“十二五”期间在全国实施的一项重点文化建设项目，其核心建设以国家图书馆为核心，以省、市、县各级图书馆为节点的互联互通的数字图书馆系统平台和分布式资源库群，使数字资源总量和类型得到跨越式发展，全国数字图书馆人才队伍更加完备，各级公共图书馆服务能力获得较大提升，进而借助全媒体提供数字文化服务。作为文化援疆行动的重要内容之一，新疆更是位列第一批实施数字图书馆推广工程的15个省区市名单之中。在国家政策的大力支持下和在“数字图书馆推广工程”的有序推进下，兵团现在已经建立了一个省级和石河子市、五家渠市两个地市级数字图书馆建设工作，还有12个地市级数字图书馆在待建中，进一步加强兵团公共数字文化建设，积极推动覆盖全兵团的公共文化服务体系建设，这是我们的目标之一。

可以说，“数字图书馆推广工程”给兵团欠发达的地区的数字资源建设带来了良好的发展机遇。兵团应牢牢抓住“数字图书馆推广工程”在全疆范围内实施和推进的契机，依托对口援建单位的实力，积极创造发展条件，不断完善兵团各级图书馆信息化基础设施建设；同时，实行内引外联的灵活举措，与各方开展密切合作，并在经费支持、数字资源建设、新媒体服务、技术引入和研发、人才培养等领域谋求更多的支持，逐步搭建起统一的数字文化资源采集、整合与传输、保护与利用系统，为实现兵团数字资源的长久保存和有效利用提供有力支撑。

2.3 结合实际，建立保存平台，完善保存机制

为应对数字资源长期保存带来的挑战，兵团结合自身的实际情况，将大力开展数字资源的保存实践活动，具体方法如下：

（1）建立保存平台，完善保存机制，明确保存目标和内容

随着数字资源数量的日益增多，种类的日益丰富，重要性的逐渐增强，如何建立保存平台，如何构建合理的数字资源保存体系，制定合理的数字资源保存策略，将有价值的数字资源进行长久保存，确保各种数字资源能随时提取利用，以便为今后数字信息的利用提供保障，是兵团在数字图书馆建设中亟待解决的问题。目标是创建一组应用服务和工具来帮助我们的文化科学数字资源能够长期地被保存和获取使用。对实施的资源项目，整体由4部分构成：保存计划、保存实施、互操作框架和测试台（评估和认证服务）。因此建立完善的机制，进行数字化科技信息资源长期保存体系与政策机制、网络信息资源保存的理论与方法方面的研究，对数字资源的建设和保存有着十分重要的意义。

（2）培养建立一支从事数字资源长期保存的研究团队。以理论指导实践，有计划地、逐步建立培养自己的数字资源建设的专业队伍，使兵团数字图书馆拥有丰富的数字信息、优秀的人才和良好的保存环境与保存基础，更容易接受和拥有先进的保存技术，最大限度地发挥其在数字资源长期保存工作中的主力军作用。

3 加大技术引入和开发的力度，不断完善兵团数字资源长期保存和长效利用的技术体系

同传统的纸质资源保存相比，数字资源的保存和利用具有一定的特殊性，要做好数字资源长期保存工作，必须重视以下11个方面：修复、保存、管理（包括培训、教育、产权、资金等）、风险、数字对象的主要特征、互操作、工作流程自动化、工作场景、存储、试验、合作化发展。要充分考虑到保存的介质、载体、保存期限等多方面的问题，所涉及的技术广泛而又十分复杂，如信息存储与压缩技术、仿真技术、网络传输与安全技术、数据库技术、开发工具与平台技术、多语种处理和翻译技术、人机界面交互技术等[5]。虽然数字资源的长期保存需要众多高新技术的支持，但它也绝不仅仅是技术问题。要解决兵团数字资源长期保存和长效利用的技术瓶颈，主要应从两个方面着手：

一是要加大技术引入和开发的力度。数字资源的技术保护是指利用技术手段保护数字资源的真实性和完整性。技术不仅是数字资源产生的前提，也是数字资源持续发展的动力。技术水平的高低直接影响数字资源未来的发展前景，为了保持数字资源的长期有效性需要在技术上不断创新。但由于受历史、经济发展水平等多方面的制约，兵团数字资源建设的进度和水平普遍落后于内地发达省区，现在，就算我们迎头赶上，也并非短期内就能凑效。因此，鉴于兵团数字资源建设基础较为薄弱，整个技术水平还有待提高的现状，应从技术的引入和借鉴开始，并在确切的保存体制下逐步加大数字资源保存技术的开发和创新力度，使数字资源得到最大限度和保存和最大效率的利用。

二是要不断完善数字资源保存和利用的技术策略体系。数字资源的保存和利用不仅仅

是一个选取哪种技术的简单问题，而是需要分析数字资源保存所处的完整的上下文环境，识别影响保存技术策略的各种关键因素，根据既定目标，选择合适的保存技术，形成一个可行的、安全的混合保存技术策略，最终完成数字保存的使命。因此，在数字资源长期保存的工作实践中，兵团应基于不同的保存环境、不同程度的保存内容、不同层次的保存能力和不同种类的保存技术的组配，探索适合自身发展的技术策略，不断完善兵团数字资源长期保存和长效利用的技术体系。

4 注重区域内外的协同配合，打造数字资源长期保护和长效利用的合作共享平台

数字资源长期保存是一项复杂而巨大的工程，兵团在数字资源长期保存领域的研究尤其在实践领域和内地省市存在一定的差距，必将向着合作化的方向发展。以项目形式与兄弟省市数字图书馆的合作试验，同时也要与兵团师团连做好统一互动合作活动。重视总体的规划和协调："大处着眼，小处着手"，一开始，要重视对数字长期保存项目的总体规划和协调。合作与交流，避免重复工作，尤其是数字保存项目涉及的研究方向比较广泛，从技术手段、保存策略的选择和评价，到标准、法律等相关体系的配套建设研究，项目的完成往往需要来自很多机构成员的合作和分工才有保障。在项目分工、资源共建、信息共享和经费分担等方面合作。

数字资源的长期保存和长效利用是涉及多地区、多部门、多机构、多行业共同合作完成的一项长期任务。为了不受地域及结构性分散的影响，兵团数字资源建设要注重解决区域性分布态势，避免"各自为战""单打独斗"的建设模式，防范出现各自为政、分散发展、盲目建设与服务的局面，兼容各垦区间的数字资源建设，在遵循投入小、好布局、讲实用、便共享等原则的前提下构建区域内的协同建设机制，打造数字资源长期保护和长效利用的合作共享平台，形成兵团数字资源保存和利用的综合优势。

一要强化思想协调。即从思想上凝聚各垦区、各单位对"共建共享"的共识，形成共同愿景，激发参与热情。

二要注重组织协调。首先在组织管理体制上要成立跨部门、跨行业、跨地区的协调机构，实现组织保证；其次应该在相关部门的组织协调下，统筹规划，合作建设，打破区域间的条块分割，建立长效的合作机制，实现资源、技术、人力、物力、财力的充分互补。

三要重视利益协调。通过利益协调机制对参与数字资源建设的相关主体进行经济利益关系的调整，促使各相关主体产生积极参与共建共享的驱动力，从而实现对各相关主体思想行为的引导与控制。

5 增强产权意识，健全和完善数字资源保存和利用的法律保障体系，提升数字资源保存和利用的质量和服务能力

数字资源长期保存和利用过程涉及诸多权利和责任，合理地权衡这些权利和责任不仅

是数字资源长期保存和利用顺利实施的重要依据和保障,也直接影响到数字资源保存的质量和服务的能力。因此,需要在法律的框架内对数字资源的长期保存和有效利用进行有效的规范,以促进其良性发展。就兵团而言,健全和完善数字资源长期保存的法律规范应包含两方面的内容:

一是要增强产权意识,加强权益维护。从事数字资源建设的各相关人员应事先对数字资源建设过程中可能涉及的知识产权保护问题加以考虑,尽量规避知识产权风险。同时,应在知识产权管理的框架内,运用法律赋予的权力,保障自身的合法权益,为兵团充分发挥自身资源效益,增强兵团文化的创造力和活力创造有利条件。

二是要进一步明确并完善知识产权法中数字资源保存的有关规定,建立一个有利于数字资源保存的保障体系,做到既有利于数字资源的保存,又有利于保障知识产权人的利益,使个体利益、局部利益、整体利益、长远利益与和暂时利益之间保持平衡。

同国内其他地方相比,新疆生产建设兵团对于数字资源长期保存和长效利用的工作还处于探索阶段,本文在立足兵团发展实际,有选择地借鉴国内外有益经验的基础上,对兵团数字资源的保存和利用策略进行了积极探索,但由于数字资源保存和利用是一项系统工程,周期长,涉及面广,因此,在每个具体环节的选择与实现方面,还需要相关实践与研究的进一步推动与深化。

参考文献

[1] 王靖会,杨之音. 数字资源长期保存研究. 现代情报,2009(12)
[2] 程焕文,潘燕桃. 信息资源共享. 北京:高等教育出版社,2004
[3] 王福生. 政策学研究. 四川:四川人民出版社,1991
[4] 刘家真. 我国数字资源保存状况调查. 中国图书馆学报,2006(5)
[5] 孙红娣. 论开放存取中的数字资源长期保存问题. 图书馆学研究,2005(11)

美国大学图书馆数字资源保存策略与实践分析

戴广珠(南京图书馆)
郑　天(美国杜鲁门大学信息技术中心)

摘　要:伴随着计算机信息技术的发展,数字资源已成为图书馆资源的重要组成部分与未来发展方向。美国大学图书馆凭借学术与资源优势,在数字资源长期保存方面已形成了完善的规划,制定了成熟的策略,积累了相当丰富的经验。本文通过对美国大学图书馆数字资源保存策略与实践的分析,为我国未来数字资源长期保存体系的建立提供合理建议。

关键词:数字资源　资源保存　美国大学图书馆

数字资源是信息资源的一种表现形式,它将信息资源与计算机通信技术及多媒体技术相结合,形成以数字形式存取、利用及发布的信息资源库。资源保存是图书馆学与信息科学的重要分支,它的主要工作方向在于保持与恢复对人工资源的长期维护及浏览。资源保存通过对文档与记录的诊断、研究、处理,完成对损毁的预防及修复工作。美国大学图书馆多伴随高校建立,历史悠久,在资源保存工作方面制定了众多成熟完善的策略,近年来更是关注数字资源保存方面的研究,拥有重要实践经验。

1　数字资源保存的历史

资源保存工作成为图书馆学与信息科学的重要分支是由20世纪开始[1],但是对资源进行保存及修复的思想在人类古代文明中早已诞生。诸古代文明虽无避免书籍、卷轴等文献资料受到火灾、战乱、虫害等损害的种种技术,却有众多神明崇拜与此有关。古巴比伦人信仰诸神之一的纳布是记载楔形文字粘土板的守护神;古埃及人相信金龟子是圣甲虫,他们是书写记录的保护者[2];古印度人认为象头神是智慧与事业之神,作为文字的发明者,他也会保护图书、图书馆及书商不受伤害;许多我国古代书籍的最后一页或封底处印有韦陀画像,这是因为我国古代人民敬奉韦陀有防虫损防盗窃的力量;圣劳伦斯是基督教历史上的一位早期圣徒,他在西半球的欧洲图书馆中备受尊崇。

20世纪以来,世界各国的图书工作者与科学家们开始通过技术手段着手解决图书保存的众多难题。自20世纪30年代起,美国化学家威廉巴罗开始研究图书馆藏中纸张强度的问题并首次提出了通过碱性化达到纸张脱氧的方法[3];美国图书馆学家保罗班克指出了资源保存在图书馆学教育中的重要意义[4],并于1981年在哥伦比亚大学图书馆学院首次开启资源保存的教学;帕特丽夏贝汀是将数字化技术引入图书保存实践的首位图书馆工作者,她曾发起并领导了由美国国会资助的微缩胶片大型图书保存计划。

在个人电子计算机与网络普及后,数字资源保存成为资源保存的新方向,在欧美发达国家的许多大学及图书馆联盟间已建成LOCKSS、Portico等长期数字保存系统,多方式、多层次地对学术资源进行长期保存。而在我国,数字资源长期保存的研究也受到了极大重视。国内图书馆界从法律政策、技术手段、管理方法等多方面进行了研究与学习,并开展了诸多数字资源长期保存的实验项目:国家图书馆网络信息资源保存实验项目、中科院国家科学图书馆学术期刊资源长期保存示范系统、大学数字博物馆建设工程等,大量增加了我国对于数字资源长期保存知识的积累及储备,为未来国家的数字资源管理研究提供了重要实践。

2 美国大学图书馆数字资源长期保存策略

数字资源长期保存,首先要树立正确的指导思想。美国历史及艺术作品保护协会制定了《实践道德与指导方针规章》[5],其中要求资源保存专业人员必须"努力以可能的最高标准全方位进行保护"。实践道德在数字资源长期保存实践中占有领导地位,当制定保存计划、选择保存目标时,专业人员需要尽最大努力以长期保护人类共同文化遗产为目标,不因外界压力采取不正当、不规范的操作,导致文档内容的修改变动或人为损坏。

对于文化多样性的保存与尊重是美国当代数字资源长期保存工作的重要组成部分,在注重人文教育的美国高等学府中更是如此。《实践道德与指导方针规章》中要求:"所有保护专业人员的措施必须建立在对文化遗产尊重的前提下,其中包括对独特文化特点与重要性的尊重,及对创作者个人或集体的尊重。"对于大学图书馆的数字资源长期保存,文化多样性的保存思想被实践于日常护理及长期储存中。文化与宗教资源保存的重要性在美国不仅被行业协会规章所要求,更受到法律的保护。《美洲原住民洞穴保护及恢复法》[6]要求相关人员在对美洲原住民文化遗产进行研究与储存时,采用适当措施使用联邦经费归还文化遗产并于当地建立保护。在此情况下,将美洲原住民的文化遗产数字化存档成为众多研究机构的最佳选择,图片及影像成为在不对原件产生破坏情况下最佳的研究媒介。美国众多大学中拥有数量庞大的美洲历史研究群体,他们在不能到达原住民文化遗产所在地的情况下,主要通过数字化存档访问相关资料,可以说,数字资源已成为该学科研究的主要工具,所以数字资源的长期保存对于该学科的学术发展具有战略性的意义。美国通过立法手段支持对于文化类数字资源的长期保存工作,尤其是数字化存档项目的引进,拯救了大批濒危的美洲文化,对未来美国历史及社会的研究做出了正面积极的贡献。

在制定数字资源长期保存的决策与标准时,美国的图书馆工作者一直采取着严格的要求,而高等学府作为美国科技、文化等方面的发展输出机构,一直严格遵照图书馆行业标准规范所属图书馆。制定适当的决策是开始资源保存实践前的重要一步,保存工作决策的制定与材料的重要性及价值息息相关。材料的重要性不仅取决于材料在历史及文化中的地位,也取决于它的质量,包括深度、广度、权威性、独特性等。在分析研究一份材料重要性的时候,时常更多未被以往研究发现的材料背景、线索会被挖掘出来,这为图书馆材料的二次研究工作提供了极大便利。依据保存工作决策所制定的数字资源保存标准往往包含以下几方面的要求:①材料时间及地点;②数字可恢复程度;③材料独特性;④代表种类;⑤数字化后的影响。

3 美国大学图书馆数字资源长期保存实践

随研究与测试而来的是资源数字化的选择，从20世纪70年代起，美国大学图书馆界已对资源保存选择工作在图书馆组织与资源长期存储中的重要性有了足够重视[7]。为了更好地长期对珍贵的历史文化资源进行保存，一份系统制定的数字化选择计划是必需的。该份计划会对该图书馆当前资源长期保存的需求进行分析，了解该院校数字化需要，通过对全局及具体需求的认定，建立优先级，逐步将所有存档文献的数字化加入执行计划。由于经费及时间的限制，建立优先级经常是数字化计划中最重要的一环。优先级的建立条件往往依据资源的现存状况、稀有性、可数字化性、市场价值等，也需要适当考虑其他条件，如现有数字化设备、数字化专业人才配备情况。大学图书馆的数字化选择计划一般由专业人员制定，制定方法包括收藏情况调查、总体保存评估、逐件材料采样等。收藏情况调查工作一般无需额外进行，只需该大学馆藏有关部门调取数字保存资料配合即可完成，总体保存评估需要项目实施专家对现存材料数字化的需求进行具体分析，而逐件材料采样则一般由专业技术人员进行。

由于新型保存技术的不断发明，尤其是近年来信息技术的飞速进步，研究与测试在数字资源长期保存领域一直在持续。由于时间与空间上的便利，先进的数字资源保存技术往往在高等院校图书馆率先投入使用。图书馆与信息科学学科的研究人员、教学人员及学生一直在对资源物理化保存、数字化保存以及两者间互相转化的课题进行研究。目前在物理化保存领域的主要研究方向有酸性纸张的解体与水损，而在数字化保存领域，新技术在保存中的应用及保存格式的平稳过渡一直是重大课题，近年来随着网络技术的广泛应用，云保存与分布式保存在研究与测试上受到了越来越多的关注。美国图书馆协会与世界其他图书馆学研究机构、院校所发行的众多刊登资源保存工作方面研究论文的期刊表明，近年来对数字资源长期保存的研究比例在逐步提高。

美国的国家数字信息基础设施和保存计划以美国国会图书馆为主导，联合全国众多大学、图书馆、研究所、组织对数字资源进行收集、研究和保存。它的工作目标是在全国范围内寻找数字资源长期保存所需的技术以形成技术标准，并关注其重要的政治意义。该项目通过与各大学、图书馆、研究所、组织的合作，发展出了美国长期可持续的国家级数字信息资源收集和保存战略，建立了国家级合作伙伴保存网络，构建了合理细致的保存结构，对数字信息资源保存的理论与实践进行了深入研究。作为国家级的数字资源长期保存项目，该项目的基本内容包括了几乎所有当前数字信息载体，如音频、视频、网络多媒体、数字期刊、电子图书、学术数据库等内容，形成了一个数字资源长期保存的国家级规划，为美国的其他数字资源长期保存计划提供经验借鉴和资源支持。

自从数字资源长期保存进入美国图书馆界的视野，该方面的教育工作一直备受关注。在开展图书馆学与信息科学教育的诸多院校中，德州大学奥斯汀分校的信息科学项目较偏重资源保存方面的教育，该大学与美国基尔加林文化记录保护中心联合开展档案管理与保护的教学与研究。该校还为已持有图书馆学硕士学位的专业人员提供资源保护高级研究认证，协助希望深造的图书馆工作者对数字资源的长期保存工作建立更加深入的认识。密歇根大学也在其信息学院中提供数字保存管理专业方向的学位。美国博物馆与图书馆服务协会在众多高校资助数字综合处理教学项目,其中在北卡罗莱纳大学教堂山分校开展较为成功。

4 挑战与批评

正如物理化档案长期保存所拥有的法律问题,数字资源长期保存在美国也受到了版权法的一些挑战。希望将文档资源长期保存,解决现存及未来可能出现的法律问题至关重要。在很多情况下,大学等教育机构及其图书馆可以对有限数量的文档为保护目的进行有限数量的复制。在美国,版权法对于图书馆及档案馆特别列出例外情况[8]。

数字化保存在美国也遭受到了一定程度上的批评。越来越多的出版商减少纸质期刊的发行,主要依靠在线数据库进行论文的存储。由于数字化技术对权限的严格控制,很多论文较难被学术界广泛访问利用,而一家出版商的结束运营也可能导致学术论文在公共视野的永久性失落。由此带来的相关问题已经受到学术密集型图书馆如大学图书馆等的高度重视,美国图书馆界已开始通过云存储等先进技术着手解决这一问题,通过大学及图书馆联盟多地备份、分布式数据库等方式,对数据的存储及访问进行优化,使得数字资源在获得长期保存的同时依旧可被轻易引用。

数字资源具有高渗透性、高带动性与高创新性等特点,在高等院校研究学习过程中肩负第一工具的使命,在促进信息资源管理这一重要任务中担任催化剂的作用。数字资源的种种特点也为当代图书馆人提出了不断学习的要求,以知识为导向,实践为能量,才能更好地完成数字资源长期保存的使命。

数字资源长期保存的应用与研究在美国已开展了数十年,相关大学图书馆积累了很多宝贵知识和重要经验。我国既要学习国外数字资源长期保存的先进经验,又要注意联系实际国情,不断加强与国外图书馆界交流研讨,探索出一条具有中国特色的数字资源长期保存道路。我国的数字资源长期保存还有很长一段路要走,虽然我国图书馆从业人员具有良好的职业素质和道德标准,但是统一化的数字资源长期保存决策与标准尚未形成,在资源长期数字化保存过程中的选择甄别仍需加强。同时,与数字资源长期保存息息相关的教育与研究在我国尚未获得足够的关注与投入,相关立法工作也未能开展。而与此同时因数字资源长期保存工作尚不完善对我国科学、技术、政治、经济各方面研究所带来的障碍却在每天增多,严重制约我国的科研实力增长与经济水平发展。因此,我国建立完善持续的数字资源长期保存体系已刻不容缓。

参考文献

[1] Ritzenthaler Mary Lynn. Preserving Archives and Manuscripts. Chicago: Society of American Archivists, 1993

[2] Ward John. The Sacred Beetle: A Popular Treatise on Egyptian Scarabs in Art and History. London: John Murray Co., 1902

[3] Barrow W. J. The Barrow method of laminating documents. Journal of Documentary Reproduction, 1939(2)

[4] Banks P. N. Education for conservators. Library Journal,1979,104(9)
[5] AIC Code of Ethics and Guidelines for Practice. American Institute for Conservation,1994
[6] Native American Graves Protection and Repatriation Act. Pub. L. 101—601,25 U. S. C. 3001 et seq. ,104 Stat. 3048,1990
[7] Patkus Beth. Assessing Preservation Needs:A Self-Survey Guide. Andover: Northeast Document Conservation Center,2003
[8] U. S. Code: Title 17,108. Limitations on exclusive rights: Reproduction by libraries and archives. Legal Information Institute,2008

日本网络信息资源保存项目 WARP 研究与思考

王　薇　陈　瑜(国家图书馆)

摘　要:网络信息资源保障体系建设是现代化数字图书馆建设的一项重要内容,网络信息资源的长期保存工作影响和决定着图书馆服务工作的发展方向。首先对日本国立国会图书馆 WARP 项目的发展历程、采集策略和工作流程进行了研究分析,然后通过总结 WARP 项目的特点和优势,为我国相关信息资源保存项目的发展和建设提供借鉴。

关键词:WARP　网络信息资源保存　联机文献　资源采集　缴送制度

随着通信技术的飞速发展,海量的网络信息资源与日俱增,成为人类文化遗产和世界文明的重要组成部分。另一方面,随着数字阅读时代的来临,传统的纸质出版物逐步向电子型、网络型发展,网络信息资源的采集和保存问题正变得日益重要而紧迫,世界各国纷纷开展网络信息资源长期保存项目。为了更好地履行社会职责,全面保存文化财产,日本国立国会图书馆(National Diet Library,以下简称"NDL")于 2002 年启动了国家级数字保存项目 WARP(Web Archiving Project)。2009 年确立了针对国家政府公共机构网站的缴送制度,2012 年又确立了针对民间网络出版物的缴送制度,相关采集工作已于 2013 年 7 月 1 日正式实施。NDL 计划进一步扩大网络资源采集范围,将有偿发布以及带 DRM 版权保护的联机文献也纳入缴送范围,随着科技的进步和发展,还将对缴送义务对象代码和格式等进行相应修改。

1　WARP 的发展历程

1.1　试验性运行阶段

1998 年 4 月颁布的《日本国会图书馆电子图书馆构想》中首次提出,NDL 应对互联网上可获取的信息资源进行采集、保存和利用。2002 年 2 月,"国立国会图书馆网络信息资源选择性存储试验项目(WARP,Web Archiving Project)"正式启动,在取得信息发布人授权许可的情况下,对日本网络上的政策和学术信息资源进行选择性采集,作为文化遗产进行重点保存。同年 3 月召开的缴送制度审议会上确定了信息发布人的义务及网络资源采集的范围和方法。同年 6 月,《网络信息资源的采集、整理、保存、提供等相关实施计划》颁布,NDL 开始对表层网络资源进行选择性试验采集,11 月开始提供互联网服务。2004 年 11 月,NDL 开始对首相官邸等政府网站进行试验性采集。

1.2　选择性采集阶段

2004 年 2 月颁布的《国立国会图书馆电子图书馆中期规划 2004》中明确指出,NDL 有责任对日本网络上有消失危险的信息资源以知识单元为采集对象进行选择性制度化采集，制定相应的选择、保存、管理、发布和利用标准。在同年12月召开的“网络电子出版物采集问答会”上，缴送制度审议会提出，网络信息资源的全面采集工作需要制定具有强制性的缴送制度。NDL于2004年10月至2005年3月期间实施了“日本互联网网站全面采集、积累及保存相关调查”。在实际调查结果的基础上，就采集对象、方法等问题展开了讨论，并在网上公开征求意见。

2006年7月，WARP项目更名为“网络信息资源选择性存储项目”（英文名称不变）并开始正式运营，主要针对政府信息和学术信息进行选择性采集，截止到2010年3月末，共采集和存储网站2641个，电子期刊1958件。选择性采集必须取得信息发布人的授权许可，需要耗费大量的人力、物力和时间，此外，还可能遗漏掉其他有可能在将来产生重要价值的网络资源。

1.3　制度化采集阶段

1.3.1　针对国家政府机构网站的全面采集

日本《著作权法》第42条第3款规定，NDL采集网络信息资源时无需取得著作权人许可。2009年7月11日修订的《国立国会图书馆法》第25条第3款规定，在为国会及国家政务审议提供信息服务的目的之下，NDL无需征得信息发布人许可授权即可对国家政府机构及地方公共团体等公共机构所发布的网络信息资源进行全面采集。制度化采集的对象原则上仅限于日本国内产生且在互联网上公开发布的信息，LAN及WAN上发布的信息不在采集范围内。取得信息发布人许可之后，可对民间发布的网络信息进行选择性采集。

基于缴送制度的采集工作自2010年4月1日开始正式实施，WARP项目更名为“网络信息资源采集与保存项目”，采集范围扩大、采集频率加快，除了网站和页面单位的资源外，还采集政府会议资料、学术论文、调查报告等著作类资源。NDL把依缴送制度采集的电子图书和杂志定义为“联机文献”，在馆藏中的地位和纸本文献相同。

1.3.2　针对民间网络出版物的选择性采集

为了保存智力活动成果，实现信息资源全民共享，NDL计划将民间网络出版物也纳入制度采集的范围。2012年6月22日，《国立国会图书馆法》部分条文进行了修订。其中第25条4款明确规定，NDL可根据缴送制度对民间网络出版物进行采集和保存，该项规定自2013年7月1日起正式生效。

具体的缴送对象是民间出版社和出版人于2013年7月1日之后在互联网上免费发布的没有带DRM（Digital Right Management，数字版权管理）版权保护的电子图书和电子杂志（包括年鉴、要览、纪要、小说、儿童图书等）。有偿及带DRM版权保护的联机文献暂时免除缴送义务。缴送对象还必须至少满足下列条件之一：有特定代码（ISBN、ISSN、DOI）、有特定格式（PDF、PDF/A、EPUB、DAISY）。此外还建立了补偿机制，对缴送过程中产生的费用给予一定的补偿。义务人应缴送最适合保存和复制的最优版本，缴送之前还必须添加题名、作者、出版者、出版日期、版权信息、代码信息和URL元数据，缴送途径有自动采集、发送电子邮件和邮寄存储介质3种方式。

2 WARP 的采集策略

NDL 的文献资源配置都是围绕国会立法服务进行的,WARP 重点采集国家政务和学术科研信息,作为文化遗产进行永久保存。针对国会和国家政务审议当前以及未来的信息需求,对经过选择的网站进行持续的自动收集,对于不能自动收集的深层网站以知识单元为采集对象个别地收集、组织与保存,对于某些极易消失的网站进行基于事件的专题采集。该采集策略体现了全面性、选择性、针对性、全程性和实效性的原则。

2.1 采集政策

2.1.1 日本国内网络资源

· 根据缴送制度,对国家机构、地方公共团体等公共机构网站及著作物实施全面采集;

· 在取得信息发布人授权许可之后,选择有助于国会立法决策及政务审议、学术文化价值高、应该留存后世的历史记录等民间互联网资源进行采集;

· 积极采集东日本大地震记录等;

· 积极采集由纸本出版物转变成的互联网信息和资料以及只在网络上发行、公益性强的互联网资源。

2.1.2 国外网络资源

· 与日本相关(海外日文出版物、日本学文献等)且在该领域评价较高的互联网资源;

· 积极采集东日本大地震方面的电子数据,包括互联网资源以及机构局域网上资源等。

2.2 采集对象

2.2.1 网页站点类

《国立国会图书馆法》第 24 条及其第 2 款规定,WARP 的法定采集对象包括国家行政机构、独立行政法人、国立大学法人、特殊法人等,地方公共团体、地方公营企业等公共机构,具体有 9 类:①立法、行政、司法等国家行政机构网站;②都道府县网站;③政令指定城市网站;④市镇村网站;⑤因市镇村合并而消失的自治体及法定合并协议会网站;⑥特别地方公共团体网站;⑦独立行政法人、特殊法人、根据特别法而设立的民间法人及认可法人网站;⑧国立、公立、私立大学网站(不含短期大学);⑨国际性、文化性活动网站。

采集范围包括上述机构的网站、数据库、期刊,但涉密信息除外。对于私立大学等私有机构或个人的具有国际性、文化性的主题网站,在获得所有者许可的基础上进行选择性采集,目前的采集率大约为 6%。

2.2.2 联机文献类

联机文献类网络资源包括图书、论文、新闻报道和电子期刊等,依据《国立国会图书馆法》第 25 条 3 款第 3 项,具体有 17 类:①年鉴、要览及职员名册;②业务报告;③预算、决算书;④统计资料;⑤政府公报、法令、规章和判例集;⑥法律讲解书;⑦目录、书目类;⑧议会资料;⑨基本计划书;⑩政策评价书;⑪财务报表;⑫调查报告书;⑬学术期刊类;⑭宣传资料;

⑮报告会、展览会相关资料等；⑯审议会资料等；⑰与以上各类等同的出版物。

3 网络资源采集与保存工作流程

NDL 元数据标准规范了网络资源采集的工作流程，确保了数字信息的搜集、组织、保存、提供，以及数字资源的长期保存和可获取性，工作流程分为选择、采集、组织、保存、公开 5 个步骤。

3.1 选择

首先选定采集对象网站，根据采集目的、实施机构类型、规模可大致分为批量收割（Bulk Harvesting）和选择性收割（Selective Harvesting）两种。在选定采集单位时，WARP 综合考虑采集规模、保存网站的展示方式、采集效率等，根据不同情况，分别以“目标网站”和“网页”为单位进行采集。

凡以“. fr”“. de”等国家域名结尾的网站均属批量收割的对象，其中也包括像互联网档案馆（Internet Archive）之类的国际组织机构网站。其中，根据著作权法对日本国内的公共机构网站进行批量收割也称为“制度采集”。选择性收割大多是小规模的专题采集，通常以机构或者网络站点作为采集目标。

3.2 采集

WARP 目前使用 Internet Archive 研发的开源机器人 Heritrix 对网站页面资源进行自动采集。首先确定采集对象网站，设置网址 URL，网络爬虫根据 HTTP GET 命令对网页的 html 文件进行复制，复制内容包括 html 文件中链接的文字、图像、音频、视频文件，爬虫从起点网站（主页）解析链接描述，再次回到网页进行采集，如此反复进行，直至采集完网页的所有内容。为了减轻采集对象网站服务器的负担，爬虫下载的时候设置了 1 秒以上的时间间隔。如果遇到一个机构有多个网站的情况，则将每个网站的 URL 地址设置为起点网站，再将采集到的所有文件放置到一起，以机构为单位进行管理。对于设置了爬虫协议（robots. txt）的网站，根据《国立国会图书馆法》第 25 条第 3 项，对象网站有义务在爬虫协议中追加允许 NDL 采集的内容。

采集频率方面，国家行政机构网站每月采集 1 次，其他公共机构每季度采集 1 次，电子期刊的采集频率不固定，综合考虑发行周期等因素进行灵活调整。电子图书和杂志类联机文献的采集方式主要是从已收割的网页资源中抽取 pdf、word、excel 等格式的文件进行保存，文件保存格式是 WARC。对于无法自动采集到的文献资源，NDL 向对象机构发送请求，对象机构收到请求后可登录文件传送系统上传（将于 2014 年开始实施）或者刻录成 DVD 光盘进行邮寄。

3.3 组织加工

NDL 对 WARP 项目采集来的网络信息资源进行整合和挖掘，赋予资源新的价值，并积极进行揭示和宣传，以供读者充分利用。数据采集之后，由专门的工作人员对首页是否完整、图像是否有缺漏、文字是否有乱码、链接是否完整等进行质检。通过质检的数据首先用来进行长期保存，文件格式遵循国际标准“ISO 28500:2009”。为了使数据能够长期保存并保持同一性，NDL利用都柏林核心元数据对所采集的信息资源进行数据编目并附加规范的标识，编目、保存之后分别形成网页站点类存档和著作类存档，提供全文检索服务时还要附加索引，应用全文检索引擎“Solr”。

数据编目内容包括书目信息、开始实施采集的日期和正文信息3项，书目信息又包括书目ID、题名信息、其他题名信息、编者、信息发布人(出版人)、发布日期、起始URL、旧的起始URL、ISSN、ISBN、出版频率、卷册号、NDC(日本十进分类法)、机构类别、NDL资源类型、注释，正文信息包括正文、页面题名、URL、域名、资料类型。

3.4 存储与管理

以批量收割方式大规模采集到的网页站点以网页为单位进行管理，不添加检索元数据，保持网页信息的原始结构作为网页文档收入网站，并可按时间先后等可识别形态加以积累保存，可以通过输入URL对存档内容进行访问。以选择性收割方式采集的资源添加检索元数据之后，按照抓取日期顺序列表，点击具体日期即可进入当时的历史页面，查看对应年月日的网页内容。采集到的资源全部存储在电子书库(http://warp.da.ndl.go.jp)中，采用WARC(Web ARChive)作为存档格式。平均每月新采集数据3TB—5TB，已形成了多个特色专题。

表1 网络站点类资源(2013年9月5日)

专题	站点数量
国家机构	64
都道府县	50
政令指定城市	21
市町村	3258
市町村合并	1527
特别地方公共团体	832
法人、机构	449
大学	552
活动	219
电子期刊	1986
其他	88
合计	9046

资料来源：http://warp.da.ndl.go.jp/search/archivesearch/WE00 - ToWE09.do

NDL积极宣传采集到的网络信息资源，在WARP的页面上每月推荐一个采集的主题网站，发布每个月的采集网站访问量的排名情况。除了将采集到的网页进行整合，还将其中的书籍、论文、期刊等联机文献类资源单独抽取出来，整合成系统有序的数字资源，通过http://dl.ndl.go.jp/#internet提供访问服务。通过对采集资源的编目和整合，更好地揭示了资源，为读者更充分便捷的利用提供了条件。

表2　著作类资源(2013年9月5日)

专题	文件数量
国家机构	44 922
地方公共团体	78 588
特别地方公共团体	48
学术机构	14 753
独立行政法人	5737
其他	24 065
合计	168 113

资料来源：http://dl. ndl. go. jp/search/category? categoryTypeNo = 2&categoryGroupCode = C&searchConditionParameter =

3.5　发布与利用

根据《国立国会图书馆法》第21条、《著作权法》第38条，采集到的网络信息资源全部发布在馆区(包括东京本馆、关西馆和国际儿童图书馆)局域网上为读者提供阅览服务；非公共机构的资源，在征得信息发布人许可之后提供馆内利用或在互联网上发布；在取得信息发布人许可的情况下，可在馆内为持卡读者提供复制、打印服务，今后还将提供远程复印服务，但都需要读者填写使用承诺书。此外，NDL还在网页上刊登了读者利用采集网络信息资源时的法律相关事宜，例如，采集到的网络信息资源资料的著作权归原著作权人，读者在对这些资料进行二次利用(如转载文字、图片、数据等)的时候，需要取得著作权人的许可等。在相关法律法规框架范围内对采集的资源进行保存和服务，保障了著作权人的权利，减少了服务时的法律风险。

NDL采用国际广泛使用的开源软件Wayback Machine作为访问系统，2012年1月6日正式启动的检索系统"NDL Sesrch"(http://iss. ndl. go. jp)，可以对NDL、学术信息机构、公共图书馆、大学图书馆、专业图书馆、档案馆、美术馆等机构的馆藏信息和数字资源进行一站式检索，该检索系统搭载了日英、日中、日韩自动翻译系统，能够将检索语言自动翻译成中文、英文或韩文进行检索，并自动翻译和显示检索结果。2012年3月8日，NDL Search检索系统开始提供WARP(站点)资源的全文检索服务，除了使用题名、编者、发布人等条件进行检索之外，还可以输入正文内容、网页题名进行检索。

4　国内外合作

WARP是一项国家级项目，面对海量的网络信息资源，NDL不可能仅靠一家之力承担起全国性网络信息资源长期保存的重任。因此，强调全国范围内各类机构之间的密切协作，广泛吸纳国立档案馆、大学图书馆等学术机构以及公共图书馆的参与，加强与政府机构的合作。2011 年 3 月 11 日东日本大地震发生之后，NDL 立刻启动了对政府机构及灾区网站上发布的地震信息进行采集与保存的工作，呼吁中央各政府部门分别采集相关的地震信息资料，牵头构建“东日本大地震 Web Archive”系统。2013 年 3 月 7 日，NDL 与总务省合作运营的地震数字网络信息资源库“国立国会图书馆东日本大地震 Archive(雏菊)”(Hybrid Infrastructure for National Archive of the Great East Japan Earthquake and Innovative Knowledge Utilization，HINAGIKU)正式向公众开放。

此外，还积极开展国际合作，2008 年 4 月加入了国际互联网保存联盟(IIPC)。Internet Archive 对东日本大地震网络资源进行了专题采集，向 NDL 提供民间网站上发布的信息。2011 年 8 月 29 日，NDL 与哈佛大学“赖肖尔日本研究所(Reischauer Institute of Japanese Studies)”正式签署了《东日本大地震网络资源保存合作协议书》，旨在广泛收集、保存珍贵的网络信息并构建世界规模的东日本大地震数字资源库。

5 启示和借鉴

根据中国互联网络信息中心(CNNIC)最新发布的《互联网发展信息与动态》，截至 2013 年 7 月，我国 .cn 域名总数达到 8 028 849 个。为了保存珍贵的文化财产，国家图书馆于 2003 年启动了“网络信息资源采集与保存实验项目”(WICP)，目前已经保存了 70 个主题的网络信息资源，数据量达到 30TB 左右。WARP 与 WICP 项目有很多相似之处，可以为我国网络信息资源保存项目的发展提供借鉴。

5.1 推动网络信息资源采集相关立法

截至目前，在 WICP 采集到的大量资源中，部分资源已经发布在网上提供读者服务，如国家图书馆的“中国政府公开信息整合服务平台”就是利用网络机器人自动采集各政府网站上的相关信息，经过信息过滤、抽取、分类等处理后生成的政府公开信息库。此项服务是基于 2008 年开始实施的《中华人民共和国政府信息公开条例》第十六条的内容进行的。在 WICP 采集的数据中，还有大量的数据因为缺乏相关的法律依据，无法发布在互联网上为读者提供远程服务。

网络信息资源保存机构建立合理的制度是均衡各方面利益的基本条件，日本将互联网资源纳入缴存范围，以立法形式规定了 NDL 对网络信息资源进行长期保存的权利和责任，并建立了国家层面上的网络信息资源呈缴框架与存档体系，值得借鉴和学习。为了更全面地采集、保存互联网上的珍贵信息资源，并更好地为读者提供服务，我们应积极推动网络信息资源采集法律法规的建立，为全面系统保存网络信息资源提供全面的法律保障。

5.2 积极获取权利人的许可

由于我国相关法律的规定，图书馆等机构等不能在互联网上发布未经授权的网站信息资源。因此，WICP 采集大部分网络信息资源仅能做长期保存用，无法为读者提供互联网远程访问、复印等服务。在相关法律法规尚未出台的情况下，可考虑通过获取权利人授权的形式，获得采集资源的网络信息传播权、复制权，为读者提供更多的回溯资源。

5.3 进一步整合挖掘采集资源

WICP 项目在启动的同时,就制定了具体的采选原则,采集具有针对性、可靠性、权威性,且具有系统性、实用全面性的网站。可抽取出其中能形成系统的书籍、杂志、论文等,制作成专门的专题网站,在获得权利人许可的情况下,发布在局域网或互联网上,供读者使用。

5.4 加强对采集资源的使用宣传

如果在不远的将来,网络信息资源采集和保存有了专门的法律法规的保障,或通过权利人授权等形式,能将采集的资源经过整合加工之后发布在互联网上,图书馆可通过各种方式对资源进行揭示和宣传,以提高采集资源的可见度。如采取每周或每月推荐一个主题,发布访问排行情况,在每年的"4·23 世界读书日""国家图书馆科技活动周"等活动上做宣传等形式,以形成良好的社会影响,进一步推动网络信息资源采集和保存工作。

参考文献

[1] 中山正樹. 国立国会図書館におけるデジタルアーカイブ構築:知の共有を目指して. 情報管理,2012,54(11)

[2] 国立国会図書館総務部総務課、総務部企画課電子情報企画室. インターネット資料の収集に向けて:国等の提供するインターネット資料を収集するための国立国会図書館法の改正について. 国立国会図書館月報,2009(8)

[3] 国立国会図書館. 国立国会図書館法によるインターネット資料の収集について. http://warp.da.ndl.go.jp/bulk_info.pdf

[4] 関西館電子図書館課. 走れ! 収集ロボットインターネット資料収集のしくみ. 国立国会図書館月報,2010(12)

[5] 国立国会図書館. 資料収集方針書(2009). http://www.ndl.go.jp/jp/aboutus/pdf/housin2009.pdf

[6] 国立国会図書館. インターネット資料収集保存事業 WARP. http://warp.da.ndl.go.jp/

[7] 国立国会図書館. インターネット資料の収集. http://www.ndl.go.jp/jp/aboutus/internet_data.html

[8] 国立国会図書館. オンライン資料収集制度(eデポ). http://www.ndl.go.jp/jp/aboutus/online_data.html

[9] 陈力,郝守珍,王志庚. 网络信息资源的采集与保存:国家图书馆的 WICP 和 ODBN 项目介绍. 国家图书馆学刊,2004,13(1)

网络信息资源收集与长期保存研究

陈碧香(泉州市图书馆)

摘　要:随着数字化、网络化的发展,网络信息已成为图书馆重要的信息资源之一。如何采取科学、合理的措施,收集和保存有价值的网络信息,更好地为读者服务,是图书馆必须研究的问题。本文在概述网络信息资源的基础上,分析了影响网络信息长期保存的因素,提出了收集和保存网络信息的流程和方法,并指出当前工作中应重点关注的问题。

关键词:网络信息　收集　长期保存

随着网络信息资源的飞速增长,网络信息资源长期保存已成为各国研究的重点。早在20世纪90年代中期,国外图书馆学界、档案学界以及其他领域相继开始对网络信息保存进行研究,开始了一些实验性的项目并取得一定的成效。而我国也认识到网络信息保存的重要性,于2003年相继启动了国家图书馆主持的"网络信息资源保存试验项目"(简称WICP)和北京大学网络实验室的"中国Web信息博物馆"(WebinfoMall)系统。由于我国开展网络信息资源保存研究起步比较晚,图书情报界对网络信息长期保存保存还缺乏深入研究,成果比较少。基于此,本文仅就网络信息资源收集和保存涉及的几个问题作初步探讨。

1　网络信息资源保存的含义

1.1　网络信息资源概念及其特点

网络信息资源是指通过计算机网络可以利用的各种信息资源,与传统的文献信息资源并列,同属于信息资源的大范畴中。与传统的文献信息资源相比,网络信息资源有以下特点:①规模庞大。随着网络技术的发展和网络覆盖范围的不断扩大,存在于网络上的信息资源以飞快的速度传播并迅速增长,产生了规模庞大的网络信息资源。②内容多样。数量巨大的网络信息资源来源于各行各业,内容是非常丰富的,并以文本、图像、音频、视频、软件、数据库等多种形式存在。③链接性。在万维网中,网络信息资源通过超文本、超媒体链接,形成信息内容和形式的网状结构,且这种连接的数目不受约束,只要需要,可以无限制的增加。④动态性。网络信息资源的地址、链接及内容本身处于经常变动之中,使得信息资源的更迭、消亡无法预测。所以整个网上信息资源的状态是不稳定的。⑤交互性。网络环境下,信息的传递成双向性 ,通过网络,使用者可以即时表达意见,与作者有直接沟通的渠道,像各种新闻讨论组、聊天室都很好地说明了网络信息资源的这种交互特性。网络信息资源的这些特点从不同程度上影响着网络信息资源的有效存取,长期保存具有使用价值的网络信息资源是信息保护者义不容辞的责任。

1.2 网络信息资源保存的概念及保存的内容

网络信息资源保存，英文名称为 webarchiving、web preservation、Internet Preservation，主要是指对网络信息资源进行收集、整理、加工并进行长期保存的行为。对于网络信息资源保存，其最根本的目标就是保存网络信息的完整性、真实性和可存取性。为了实现这一目标，就要保存网络信息资源的以下主要内容：①保存完整的信息内容，通过对信息存储介质的保护或迁移，跟踪数字对象的比特匹配，确保保存的数字对象能被准确完好地读出。②保存网络信息的来源。网络信息的出处，能证实该信息的来源与历史，有助于确认该信息是否真实、完整和可信的。③保存网络信息的功能性。网络信息可以包含多媒体成分，可以以超文本存在，还可以含有由数字存储器自动产生的动态成分。另外网络信息还具有导航、超链接和交互功能，这些截然不同于传统信息的功能性，要求能完整地保存下来。④保存信息外观与处理信息。通过保存有关信息编码、格式、标记、结构、压缩、加密等方面的技术方法信息，确保能够识别和解析信息内容。⑤保存处理信息所需要的技术环境，网络信息资源依赖于软硬件支持的技术环境，所以也要保存足够的能够处理所保存信息的技术环境的信息。

2 影响网络信息长期保存的因素

网络信息资源的保存，并不是一项简单的工作，它需要综合考虑的各方面的因素。

技术因素。网络信息资源的长期保存以技术发展为保障，计算机硬件或软件的更新，信息存储格式的多样性和变化性，储存能力赶不上信息的增长速度等等，可以说网络信息资源保存的每一步都涉及技术问题，这是由网络信息资源自身特点以及网络技术的发展所带来的，其中主要问题集中在网络信息资源收集的困难和长期保存的困难上。

法律因素。由于网络信息资源属于数字文献，受到新的知识产权法的保护，使得保存机构在复制和使用、保存这些网络信息很容易受到知识产权的制约。而且由数字格式的多样性以及软件升级换代所带来的信息复制和格式转换问题也对法律提出了挑战。所以修改和完善相应的法律法规，为网络信息资源保存提供必要的法律框架的支持，是目前急需要解决的问题。

经济因素。网络信息资源保存必须要有充足的经费作后盾。由于网络信息资源的长期保存是一个动态、持续的过程，技术、研发、培训等每一个环节都需要资金的投入。而且数字资源的保存具有不确定性，难以精确计算，其保存成本具有不可预测性，保存的成本支出、维护费用都比传统文献信息保存费用高。缺少经费的支持，必然会影响到网络资源的长期保存。经济问题是网络信息资源保存的一个重大的挑战。

责任因素。网络信息资源长期保存工作是一项庞大的工程，涉及多个研究、合作和服务领域，因此需要多个机构协作进行。不仅需要从宏观上规划、指导的管理机构，还需要从出版到保存各个相关单位的共同努力，包括网络信息的生产者，图书馆、档案馆等可信赖的保存机构，以及小型出版社、作者、第三方数字保存机构等。因此需要制定一个统一的规划和完整的整合共享方案来分工、合作，共同完成网络信息资源的长期保存项目。

3 网络信息资源的采集策略

所谓网络信息资源采集,就是利用收集软件选择网络上有价值的信息资源进行保存,通过各种方法收集与归档,为以后的检索利用或长期保存作准备。它包括以下3个方面:

(1)确定收集范围。首先要确定收集策略,根据所要收集的网络信息资源的类型来决定要采用全面收集收集还是选择性收集。一般来说变化更新频率低的网络信息资源如个人网页适合采用全面收集策略;变化更新频率高的网络信息资源如网络报纸比较适于采用选择性收集的策略。第二,要制定收集级别,由于网络信息资源的多样性和复杂性等特点,图书馆和其他保存机构应该针对不同的资源制定不同的收集级别。如伯克利数字图书馆网络资源服务采用4个级别,即档案级、服务级、镜像级和链接级进行处理;人文数据服务机构(AHDS)采用5个级别采集网络资源,即档案级、服务级、代理级、连接级和检索工具级。确定不同的采集级别对于明晰归档网络信息资源的管理与保存责任具有极大的影响。

(2)制定收集方案。收集方案是对收集过程中面临的一些问题进行详细说明和规范。它包括以下几个内容:①明确收集工具软件。不管是采用什么样的策略,都要用到收集工具,所以我们要对收集软件进行评价,选取适合本机构(本项目)的收集软件。②确定收集单元。收集单元是指每次收集中的最小收集单位。收集单元有以网站、网页或是网页中的文件为单元。我们应该根据不同的信息资源类型和网站的性质来确定收集单元。③收集周期。由于需要采集的网络文献数据量非常巨大,每一次完整捕获要持续数月。一般认为自动获取每6个月采集一次是比较合适的,但是有许多网页的寿命极为短暂,在这段时间内可能有许多网页发生变更或被删除。所以最好的解决措施是对不同的网站类型分别计算其更新频率,以保证采集频率与之同步。

(3)网络信息收集处理过程。①要跟网站所有者联系,取得出版者的同意和授权;②使用收集软件对选定网络信息进行抓取,抓取的一个重要任务就是元数据的抓取;③对收集到的信息进行重新命名和标识;④副本检测,以确认在归档系统中已经存在的网络信息;⑤查错处理,检验收集到的网络信息是否能够正常显示,是否完整,并分析确认错误的原因;⑥对收集的网络信息资源进行编目,并通过OPAC提供检索;⑦数据归档,将收集的数据保存到归档系统中,可以提供使用了。

4 网络信息资源保存的方法

4.1 存储介质

需要长期保存的网络信息无疑是巨大的,如何才能经济安全地存储这些网络信息是首先要解决的问题。在网络信息资源保存过程中,对网络信息的物理存储主要采用网络存储技术。网络存储技术是现代存储技术与计算机网络技术相结合的产物,它以网络技术为基础,将信息数据存储于专用的存储设备,从而实现对数据的海量存储。因此,研究和应用网络存储技术对保存海量网络信息资源具有十分重要的意义。

4.2 解决“技术更新换代”法

网络信息的“技术过时”是导致网络信息丢失的最主要的原因。为了克服技术更新换代带来的困难,我们主要是采用迁移和仿真等来处理,保证网络信息资源在新技术条件下仍然可以检索利用。

4.2.1 迁移

为保证当前存储的信息总能被当前新的硬件或操作系统读取,而将网络信息从一种硬件、软件配置向另一种软硬件配置转移称为迁移。迁移被许多人认为是目前解决网络信息因技术过时而造成的信息丢失最有效的方法之一,目前采用的迁移处理方法有两种:一是数据摄入时进行迁移,即在数据采集阶段,数据保存系统就把众多格式不一的网络信息迁移成一种或几种已经选择好的文件格式。二是数据检索时进行迁移,对网络文件按原有的格式进行保存,如果某种格式文件已经过时或是将要过时,保存系统就会应用户的要求用一种当前的格式将内容显示给用户。

4.2.2 仿真

仿真是一套可以模拟保存、访问数据的硬件或软件。当访问信息生成时的硬件与软件平台、操作系统以及程序过时,无法访问了,就可以考虑使用仿真技术。仿真技术适合于超文本、多媒体等复杂的以及其所依赖的运行条件无法在新、旧技术平台之间进行迁移的数字信息,仿真是延迟技术淘汰的方法之一。

4.2.3 混合方法

不同的保存策略特点不同,适用的网络信息类型也会有所不同,因此,一些网络信息资源保存项目采用混合策略,即将多种数字保存策略结合起来使用。如澳大利亚的 PANDORA 项目,就采用多种方法来保护网络信息资源的保存。对那些能够与新的文件格式兼容并能够进行大规模转化的文件进行迁移 ;针对某些文件格式开发出仿真工具;对那些不适合迁移和仿真的文件进行简单的保存和更新。

4.3 建立网络信息长期保存归档系统

随着网络文献的迅猛增长,建立网络信息长期保存的责任体系日益迫切。因此,网络信息长期保存需要多方面、多形式的合作与支持才能实现,单凭图书馆、档案馆等机构对网络信息实施长期保存是难以完成的。只有建立缝补式的网络信息长期保存系统,才能有足够的经费保证,才能最大限度地减少保存的费用、提高保存的效率,只有建立专门的网络信息归档系统才能使网络信息保存工作在最好的技术条件下得以进行。

5 目前应重点关注的问题

5.1 加大政府重视程度,尽快成立组织协调机构

国际图联于 1984 年提出名为“保存和保护”(Prreservation and conservation),简称 PAC 的核心计划,其目的在于确保任何形式和载体的图书馆资料的永久保存。很多国家图书馆都成立了专门的保存事务办公室,我国国家和图书馆行业对网络信息资源的保存工作重视

不够，还没有成立类似的机构。所以政府要加大重视力度，从宏观上加强对网络信息资源保存的组织、管理、协调、投入等工作，因此要尽快成立一个由国家图书馆主导的全国性的网络信息资源保存组织协调机构或是类似的专门协调机构，制定适合我国国情和地方特点的搜集保存策略，统一分工，职责明确、上下覆盖的网络信息保存体系。

5.2　尽快制定网络信息资源保存的相关标准

我们不能对网络信息资源做全面收集，只能是有选择性收集，根据我国网络信息资源的总体情况和现实情况，制定网络信息资源的选择标准，同时还要颁布网络信息保存元数据的标准和细则，避免重复建设。

5.3　适当增加对网络信息资源保存的投入

网络信息资源保存是一项需要持续不断的投入的活动，需要持续地人力、资金的投入。从目前我国国家图书馆的情况来看，只有50万经费用于网络信息资源保存，这些投入对网络信息保存来说是杯水车薪。因此要适当增加对网络信息资源保存的投入。

5.4　加强科研技术部门、国际之间的交流与合作

网络信息资源保存中所需要的技术环节的处理不是单纯靠保存机构就能解决的，所以要加强与相关技术科研部门或者公司进行交流和合作。目前国家图书馆的实践项目就是无偿使用很多软件公司的产品。同时我们还要多关注国外网络信息资源保存的动态研究发展情况，经常参加各种与网络信息资源保存有关的会议，并加入相应的国际化组织。

5.5　加大宣传力度，提高公众认识

文献信息机构及其工作人员对信息资源保存和保护的宣传不力，用户和社会公众对新型的网络信息资源更是缺乏保存意识，导致整个社会对信息资源保护缺乏认识。因此，图书馆、档案馆和其他主要保存机构要一起努力，唤起公众和决策者对网络信息资源保存的重视，这是网络信息资源保存能够顺利开展的基础。

参考文献

[1] 张晓林. 数字信息的长期保护问题. 图书馆，2001(5)

[2] 郑慧梅. 数字信息长期保存技术策略研究. 江西图书馆学刊，2010(3)

[3] 贺令辉. 对数字资源长期保存策略的思考. 河南图书馆学刊，2009(5)

[4] 施玉燕. 网络信息保存研究综述. 科技情报开发与经济，2009(24)

[5] 冯建福. 数字信息资源长期保存问题研究. 图书馆学研究，2011(3)

[6] 赵俊玲. 守护e时代的记忆：网络信息资源研究. 北京：北京图书馆出版社(今国家图书馆出版社)，2009

数字资源长期保存的挑战和策略

刘　琳(天津市北辰区图书馆)

摘　要:随着数字技术和因特网的发展,数字资源不断涌现,数字资源的长期保存成为了一大难题。本文从数字资源长期保存的基本内容出发,分析了我国目前数字资源长期保存所面临的各方面挑战,指出了数字资源长期保存建设中存在的问题,并提出了相应的策略方案。

关键词:数字资源　长期保存　挑战　策略

随着信息数字化和服务网络化的发展,数字资源正在以前所未有的速度不断地增长,在文献资源中所占的比重越来越大,已经成为图书馆文献资源体系的重要组成部分。但是,由于数字资源长期保存是一项复杂的系统工程,快速发展的同时也面临着诸多挑战。鉴于此,本文在介绍数字资源长期保存相关内容的基础上,指出其需要面对的挑战,并提出相应的解决策略,为我国数字资源长期保存的实践提供帮助。

1　数字资源长期保存的内容

数字资源长期保存的目的是持续收集、选择、组织最有历史价值的文化资源和重要的信息资源,对其进行长期保存,确保其真实性,并在相应权利保护之下为公众提供存取。对于数字信息资源来讲,由于其存在非直读性、设备依赖性等特点,要提供利用,不仅要保证信息载体的安全,还要保证信息内容是完整的、可识别的、可理解的,并且是可利用的。数字资源的保存包括3个主题:安全存储、保存元数据和永久获取。数字资源只有依赖众多的技术、方法、工具和管理机制才能被人们所利用,因而数字资源长期保存实际上需要保存数字资源本身及相关的技术、方法和工具。为此,数字资源长期保存应包括如下内容:

(1)保存数字信息的载体

由于数字资源无法独立地存在,它必须依靠相应的工具才能读取,因此首先要保护好存储信息的载体,才可确保能从所记录的数据中读取完整的信息。

(2)保存数字信息的功能

数字信息具有远远超出传统信息的功能,它可以包含多媒体成分,可以以超文本存在,还可以含有由数字存储器自动产生的动态成分。另外,数字信息还具有导航功能,如工具栏、关键词或内容交互式表格等。这些截然不同于传统信息的功能,需能完整地保存下来。

(3)保存数字信息的来源

数字信息的来源能证实该信息的出处与历史,有助于用户对该数字对象有个更为清晰、客观的认识和了解,确认该信息是真实、完整和可信的。所以,保存数字信息的来源,对真实、完整地保存数字信息是十分必要的。

(4)保存元数据

人们可以通过元数据来帮助记录电子文件形成时的背景信息和软件、硬件环境,记录文件的结构以及形成、处理和储存、检索、利用的全过程。依靠这些元数据,我们才有可能保证数字对象的可读性和可理解性,同时也能证明数字对象的原始性、真实性和证据价值。

(5)保存数字信息的管理手段

包括数字信息的内容校验、身份认证、版本演变、知识产权管理机制、信息安全机制等。这样做的目的是为了确保能可信、可靠和合法鉴别、使用被保存的数字信息。

2 数字资源长期保存所面对的挑战

数字资源长期保存是一个长期规划的项目需要投入大量的人力物力的投入,而且要有政策保证和持续的资金保证。目前就我国的数字资源长期保存情况看还存在许多问题。

2.1 数据载体损坏问题

数字化保存所面临的第一个挑战是,具有数字内容的载体更容易受到破坏和灾难性的损失。数字资源的长期保存必须以各种类型的物理载体为对象,常用的数字存储介质一般有软盘、磁带、光盘以及服务器。它们对存储环境的要求较高,受热、受潮以及空气的潮湿、污染、强磁场的干扰等,都会使这些材料迅速退化,从而造成存储信息的衰减或丢失。虽然纸质在一定的条件下会发生水解和氧化反应,但在保护的过程中,只要注意一些相关事项,就可以使纸质文件的寿命达到上百年甚至上千年。就是真的被损坏,也是极有可能恢复虽遭到破坏但却没有丢失的信息。而数字文件载体的寿命要比纸质短得多,而且该载体一旦开始被破坏,则破坏度极为迅速,并且在大多数情况下,大部分的数据都可能会丢失,且极有可能无法还原,数字格式的这一特征使得在没有足够的时间来采取决定和行动措施的情况下信息内容已遭到破坏。

2.2 技术过时问题

由于数字资源依赖于计算机,没有合适的软件和硬件是无法对其中的信息进行存取的。计算机硬件或软件的更新,信息存储格式的多样性和变化性容易造成旧的数字信息不能被新的硬件设备和软件系统读出。因此,可能会出现文献可能被保存,但保存信息的格式也许不能读出的现象。数字信息的阅读与理解需要设备和软件,而设备、软件的迅速更新,必然会使数字信息的长期保存遭受技术过时的影响。现如今,存储信息资源的设备、手段每3至4年就要更新换代。而记录信息的方法、存贮格式及使用技术不断更新,也会使数字信息的长期存取与传统文献的保存相比更加困难。当一个软件或编码技术被废弃,或者新的标准和新的信息存储格式不能同旧格式或标准兼容时,就会造成数字资源无法利用,而在这种旧技术下创建的记录将面临巨大的损失风险。

2.3 缺乏标准问题

制定长期保存数字信息的标准、协议和验证的方法是数字信息的长期真实可读的重要保证。标准化是以某一为公共接受的标准来进行数字资源的存储、描述、组织与检索，以数字资源的通用性描述来实现数字资源的持久可读性与可用性。作为要进行长期保存的数字对象应当与相关的行业标准及国际标准相互兼容。但在目前，一些标准尤其是行业标准严重滞后于国际发展水平，滞后于实际操作，而且至今仍没有一套关于兼容问题的全球公认的数字资源长期保存的国际性标准。因此，这样也就增加了数字信息在新旧平台间转换的难度。

2.4 安全问题

网络安全的问题随着全球网络化的不断发展，数字信息面临的网络安全日益突出，可以说网络的不安全性，已成为限制其发展的最大障碍。由于互联网是一个面向大众的开放系统，该系统对信息的保密和系统的安全考虑得并不完备，因而安全问题日益突出。同时，数字信息有共享和易于扩散等特点，它在处理、存储、传输和使用上十分脆弱，很容易被干扰、滥用、遗漏，甚至被泄露、窃取、篡改、冒充和破坏而且还时时有可能遭受计算机病毒的感染。因此，在数字资源长期保存中保证数字信息的安全可靠是我们所面临的一个新课题。另一方面，数字信息是存贮在各种类型的物理媒体上的，相对于传统媒体，数字信息媒体容易变质，容易遭受灾难性损失，比如战争、水灾、火灾、地震、停电、电压不稳定会给系统造成破坏，计算机病毒、黑客的攻击、网络隐患、系统泄密会产生信息数据丢失，技术更新、系统升级、格式转换、信息迁移等会给信息读取、信息失真带来不可靠的因素。从而给数字资源的长期保存带来了一系列较为严重的安全隐患。

2.5 法律问题

网络技术的发展，改变了原有信息的发布方式，模糊了出版与非出版之间的界限，也给数字资源的保存增加了难度。在出版物的纸质时代里，依照国家规定，凡是公开出版的书刊文献资料，出版者必须无偿向国家图书馆呈缴样本。由于数字化网络环境出版与否的界限不明确，为了获取最大的利润，少数著者或权利人宁愿不予正式出版而以许可权转让形式提供有偿服务，这样就使得一部分数字资源的保存遇到困难。除此之外，在实施项目时不仅要考虑版权法、知识产权法等，而且还要考虑相应的软件版权保护问题。在进行数字资源长期保存时很容易触犯知识产权法，稍有差池，就会遭受巨大的损失。目前我国进行数字资源长期保存项目由于缺乏相关的法律规范，数字信息资源保护工作无法可依，人为性较大，因此，如何有效解决这些问题，仍需进一步地研究。

2.6 费用问题

数字资源长期保存是一项耗资巨大且需持续不断投入的工程，以递增的方式长期保存庞大的信息资源，仅储存设备而言就需大量资金，更何况还有日常维护等其他费用。即使是有选择地保存一些具有较高保存价值的数字资源进行长期保存，其成本也是相当高的，因此费用问题也就自然而然地成为了数字资源长期保存所面临的严峻考验。

3　数字资源长期保存的策略

3.1　数据载体的选择

数字资源的长期保存与读取与其依附的媒体材料是有关的,因此必须对信息寄存的载体进行选择,对保存媒体的环境进行控制,以延长媒体的使用寿命。我国国家档案局的行业标准《办公自动化电子文件归档与电子档案管理方法》中也规定:电子文件应"拷贝至耐久的载体";推荐采用的载体按优先顺序分别是:只读式光盘、一次写入光盘、可擦式光盘、磁带,禁止使用磁盘作为归档电子文件的保管用载体。这些规范与标准对我们选择数字媒体提供了指导作用。

3.2　技术策略

在数字资源长期保存中,技术策略是全部策略赖以依附和执行的基础,是数字资源长期保存的核心与关键。目前,实现数字资源长期保存的技术措施主要有以下几种:①更新。更新是指将数据从一个旧的媒体完整地转换到另一个新的媒体之上,以便使数字资源进行长期保存的过程。②迁移。迁移是将数字资源从旧的环境中转换到新的计算机环境中,是一种随着技术的变化而定期地将数字资源的格式进行改变的处理过程,是目前较成熟和使用较多的方法。③备份。如果数据只存放在一个地方或只有一个单一的副本,一旦软件或硬件发生故障或不可避免的自然灾难,如火灾、水灾或人为破坏等,都将会造成无法弥补的损失。因此,我们可以在一个或多个系统中创建数据的副本,假如一方数据发生损失,可以迅速地从其他缓存点恢复该数据。④仿真。仿真是对已过时的或数字信息产生时的硬件、软件及系统进行模仿,使数字信息能以原始面貌显示,而不论现在的技术环境已发展到何种程度。⑤再生性保护。即将存储在磁性载体或光盘上的数字资源通过媒体变换转移到纸张或缩微品上,不再使用电子计算机软硬件读取。⑤数据再造。即从原始的字节流中恢复数字资源的原貌,并保证数字资源的可读性和可用性。基于不同深度的保存内容、不同层次的保存能力和不同种类的保存技术的组配,在数字资源长期保存实践活动中形成了这些独具特色的不同的保存技术策略。

到目前为止,还没有哪一个项目把一种单独的技术方案作为完整的保存技术策略在数字保存系统中应用。保存技术策略的制定绝不仅仅是一个选择哪种技术的简单问题,而是需要分析数字资源保存所处的完整的上下文环境,识别影响保存技术策略的各种关键因素,根据既定目标,选择合适的保存技术,形成一个可行的、安全的混合保存技术策略,最终完成数字保存的使命。

3.3　保存的标准规范

在数字信息资源长期保存领域,国际上已经形成一些数字信息资源长期保存规范,并受到了不同机构团体的欢迎。例如 OAIS 参考模型是致力于长期保护和维护数字信息可存取档案系统的一个基本概念框架,除了文件格式标准外,对数字信息的管理,也有相应标准。在贮存与存取数字信息等方面,也存在着 ISO 标准,如互用性标准、资源著录标准、数据格式标准、资源标记标准、数据归档与文献管理标准等。借鉴这些标准，有利于图书馆间的数据交换，促进图书馆系统的互操作并支持我国与国际图书馆网络的互操作，这些无疑对开展数字信息资源长期保存活动起到了很好的规范和引导作用。

3.4 安全策略

数字资源的安全问题主要集中在网络安全上。在大多数情况下，数字资源的安全管理应采取以下策略：

（1）访问控制。即保证网络信息不被非法使用和非法访问。访问控制策略主要包括：入网访问控制、网络的权限控制、目录级安全控制、属性安全控制、网络服务器安全控制、网络监测和锁定控制、网络端口和节点的安全控制、防火墙控制。

（2）信息保密。即保护网内的数据、文件、口令和控制信息，保护网上传输的数据，使之不泄露给非授权用户。信息保密包括连接保密、无连接保密、选择字段保密和通信信息流保密。

（3）抗否认。提供两种服务形式，一种是为接收者提供数据源证据，使发送者不能否认发送过这些数据；另一种是为发送者提供接收证据，使接收者不能否认收到这些数据。

3.5 法律策略

计算机网络是一种新生事物，它的很多行为无法可依，无章可循。而对日益严重的网络犯罪，必须建立与网络安全相关的法律法规。

（1）建立数字版权保护制度

数字资源受知识产权的保护限制，许多著作内容不经原著者同意，不能转换，更不能随意上网传播，即使付费后拥有的也只是使用权，一旦停止"购买"，则无法得到新的数字资源。如果未获得版权所有者的许可，也没有"法定许可"等条款的支持，数字资源的复制、压缩和移植等保存手段都有可能违反知识产权法的规定，这在一定程度上抑制或阻碍了数字资源的保存工作。因此，数字版权制度的建立与完善对数字资源长期保存具有重大的意义。

（2）建立电子出版物呈缴制度

出版物呈缴制度是指一个国家或地区为了完整地收集和保存全部出版物，要求所有出版者必须向指定的图书馆或出版主管机关呈缴一定份数的最新出版物的制度。目前，国外主要有3种方式解决电子出版物的呈缴问题：①法定呈缴。即通过立法或修改呈缴法的方法，将电子出版物纳入呈缴范围，如法国、美国等。②协议呈缴。即没有颁布相关的呈缴法规，但与出版机构协商，要求电子出版物出版机构主动缴送，如意大利、荷兰等。③自愿呈缴。即没有颁布相关的呈缴法规，又没有与出版机构协商，但各电子出版物出版机构自愿缴送，如英国、澳大利亚等。我国应该借鉴国外的成功经验，尽快建立电子出版物的呈缴制度，以利于数字资源保存工作的顺利进行。

3.6 资金策略

数字资源的保存需要大量的资金投入，如果没有一个可持续的资金支持体系，数字资源的保存将不可能得到有效实施。一般来说，数字资源保存的成本可分为不变成本和可变成本两个部分，前者包括人力资源、软硬件支持、保存所需环境的创建维护及日常管理等，后者主要包括因技术过时所需的数字迁移或数字仿真的费用。前者的费用较易计算,而后者则有很多不确定性。而一般的信息机构无法独自承担这样高额的数字资源保存费用,因此,为了争取更多的资金支持,就要大力做好宣传工作,让数字保存理念深入人心。国外的数字资源长期保存项目大都受到良好资助,具有较充足的经费支持,除政府外,基金会、公司、社团、民间组织都是资金的重要来源。另外,根据数字资源保存的特点,要有效分配现有资金,使资金的利用达到最优组合。一个可持续的资金支持体系是保证数字资源长期保存的必要条件。

数字资源长期保存是网络化、数字化环境对社会提出的要求。随着互联网的发展、数字资源的增长以及人们利用网络获取和使用信息资源的能力的提高,越来越多的内容是以数字信息存在,越来越多的个人和群体习惯和依赖于数字资源及其网络检索系统。在这种环境下,数字资源长期保存成为一项长期而又艰巨的任务。因此,我们必须对数字资源的保存问题加以重视,进行深入研究,形成一个保护数字信息资源的社会氛围与技术环境,创建一个行之有效的框架体系,最大限度地保障有价值的数字资源,为传承人类文明做出应有的贡献。

参考文献

[1] 陈清文. 网络信息资源长期保存策略研究. 情报杂志,2006(9)
[2] 朱烨. 数字保存中的技术、组织及法律因素分析. 图书馆学研究,2005(4)
[3] 于嘉. 数字信息长期保存的策略探讨. 河南图书馆学刊,2005(6)
[4] 李文. 试论数字资源的长期保存问题. 惠州学院学报,2005(2)
[5] 倪淑萍. 试论图书馆数字资源的长期保存. 湖北广播电视大学学报,2007(2)
[6] 王巍. 数字档案长期安全保存存在的问题与对策. 中国建设信息,2008(4)

公共图书馆互联网资源利用初探

安春媚(太原市图书馆)

摘　要:网络时代,读者需求呈多元化发展趋势,笔者结合互联网络具有的几项基本功能,对公共图书馆如何利用互联网技术及资源提供的特色服务形式进行了初步分析,借此与各位同仁讨论一下在网络环境下公共图书馆如何开拓思路,有效开展多元化特色信息服务的问题。

关键词:公共图书馆　互联网资源　特色服务

据中国互联网络信息中心发布的第31次《中国互联网络发展状况统计报告》显示,截至2012年12月底,我国网民规模达到5.64亿,网站数达268万。随着互联网技术的不断发展和网络的普及,互联网资源与日俱增,已成为当今世界上最大的信息资源库。作为社会主义文化事业的一个重要组成部分的公共图书馆,承担着为广大人民群众提供信息资源服务的任务,因此,如何引导读者有效地利用互联网共享的文化资源,提供多元化特色信息服务将成为公共图书馆工作中不可回避的课题。

1　互联网环境下多元化特色信息服务开展的形式

互联网服务已成为现代人类生活中不可或缺的一种服务模式,这给公共图书馆服务工作带来了新的挑战和机遇,图书馆必须充分利用现代计算机、网络和多媒体技术,发挥图书馆在文献资源组织和利用方面的特长,积极主动地有效利用各种网络信息资源,为读者提供便捷的、深层次、多元化的特色服务和温馨的阅读环境。

1.1　利用现代网络技术开展新闻阅读服务

网络新闻网络发布的及时性、反映新闻事件的系统性、采用图、文、声、像的多媒体性和互动参与性,是传统媒体新闻无法比拟的。而现代网络技术的发展,为图书馆开展特色服务提供了高效快捷的技术支持。于2013年7月入驻太原长风文化区的山西省图书馆除了在报刊阅览室提供传统媒体新闻的阅读外,还在电子阅览室提供网上新闻浏览服务;在全馆实现了无线网络信号的覆盖,读者可以选择馆内咖啡角、书吧、茶吧等休闲温馨的阅读环境使用自带手机、iPad、笔记本电脑等移动设备进行网上新闻浏览、自助打印等;在馆内设置了iPad阅读区、宽屏触摸屏,给读者提供现代化的原文原貌的多媒体报刊新闻阅读体验。山西省图书馆的开放给太原市民带来了全新的文化体验,也成为了太原市一道亮丽的文化景观。

1.2 网上阅读服务的开展

百度这样解释：网络阅读是一种有别于传统纸张阅读的新型阅读方式，此种阅读方式的兴起、发展有赖于互联网的发展。网络阅读无纸张限制、无携带保存障碍、方便、节约资源。新一代人的阅读形式会更多地转变为网上阅读，这是不可逆转的。

公共图书馆不仅提供互联网的开放性资源的访问，还拥有对读者开放的私有数据库资源和图书馆联盟间的共享数字资源，海量并不断更新的数字资源以及联网的数据库检索服务使读者不必担心找不到想看的内容。目前，太原市图书不仅自建和购买了超过9TB的数字资源，还实现了与山西省图书馆的VPN（虚拟专网）以及山西省图书馆总分馆系统的连接。读者不仅可到馆阅读，还可通过任何一台连入互联网的计算机、iPad等终端阅读设备凭读者证号登录系统实现电子图书、电子期刊、数字报纸、各种专题数据库、精品讲座、少儿动漫及网络课程等各类数字资源的网上阅读。

1.3 利用网络搜索和网络互助平台开展读者参考咨询服务

图书馆参考咨询服务也已实现了全面的数字化和网络化。从服务方式上有FAQ（常见问题数据库）、Web表单、E-mail、留言板等非实时咨询，以及采用QQ、MSN等即时通讯软件的实时咨询和图书馆系统间的联合参考咨询的形式；从解答咨询的资源利用方面，为了满足读者不同层次的咨询需求，除了利用馆内资源外，还可采用网络搜索技术和网络互助平台获取相关的互联网资源。

网络搜索往往是通过导航网站和搜索引擎。导航网站是将常用网站进行分类，以目录的形式提供查找，直观易用，对于查找分类网站比较方便，但不能满足对知识类的信息查找。常用的导航网站有：hao123导航网、360导航网。搜索引擎则具有自动对输入的检索词进行搜索，并给出相关网络链接的功能。搜索引擎的不断发展使其大多提供了包括网页、新闻、图片、音乐、视频、问答、地图等不同分类的搜索功能，网络搜索更加人性化和准确化。

近年来，百度“知道”、新浪“爱问”、SOSO“问问”等互动问答平台的兴起和互动解答咨询的优势也给图书馆参考咨询服务带来了新的启示。在互动问答平台上用户可以根据需求有针对性地提出自己的问题，平台采取一定的奖励机制来鼓励其他用户做出解答，同时这一解答过程将会作为搜索内容，提供给有类似疑问的其他用户使用，达到了资源共享的效果。这其实就是一种虚拟参考咨询服务平台，在这个平台上用户已经由被动的信息消费者变为主动的信息生产者。

1.4 利用BBS、微博开展图书馆信息互动服务

BBS的英文全称是Bulletin Board System，翻译为中文就是“电子公告板”。微博（microblog）即微博客的简称。这些网络社交媒体平台的兴盛为图书馆提供了亲近网友、共享资源、高效互动的渠道。

2013年5月6日国家图书馆新浪官方微博正式开通，为读者提供了包括信息预告、服务导航、每日经典诵读、每周推荐馆藏数据库、书刊推荐、馆藏精品展示、国图新闻资讯、业界动态在内的多项服务。

通过这些网络媒体平台，图书馆员可以与读者谈阅读、话馆藏、聊讲座、评展览，用多元

的手段传递文化资讯，用专业的视角推介各类书刊，以丰富的内容装点文化生活，以点滴的努力呈现每日精彩，拉近了与读者间的距离，以丰富多彩的相关阅读活动，吸引读者回归图书馆。

1.5 图书馆网游服务的开展

网络游戏是最受青少年青睐的娱乐内容之一，不少孩子因沉溺其中而影响了学习。因此，国内大多数图书馆禁止网游。而一些国外的图书馆开拓思路，将网游服务与智力闯关、英语学习等结合起来，提高了学生的学习兴趣。佛莱彻图书馆开发的“寻找信息”游戏，让孩子们在游戏中利用图书馆的资源闯关，目的是让学生们学会如何在图书馆目录及数据库中找到有用的信息。网络上许多智力闯关游戏、英语学习游戏让游戏中的学生建立了信心、开发了心智、提高了英语水平。所以选择健康有益的游戏，才是图书馆提供网游服务、提升青少年读者信息素养的真谛所在。

笔者认为，公共图书馆作为社会文化资源的传播者，充实图书文献资料固然重要，但更应考虑网络信息化所带来的读者多元化信息需求。面对网络时代全新的媒体方式、交流形式，公共图书馆应从如何广泛利用新媒体技术和网络技术，如何收集和整理有用的文献信息入手，将健康有益的网络文化资源引导给读者。也就是说，图书馆应从社会长远发展的角度出发，从利用无线网络覆盖、新媒体技术等提供免费上网服务入手，提供实时互动交流的网络参考咨询平台，结合微博、博客等网络新形式，把图书馆的信息传播与读者信息反馈有机结合起来，为读者创造一个提供开放化管理、个性化需求、多元化服务的阅读、学习、休闲娱乐的文化空间。这不仅是一个必要的举措，也符合网络时代图书馆的发展方向。

2 开展互联网特色信息服务应注意的几个问题

2.1 加强馆员综合素质的培养

图书馆要提高服务水平需要依靠图书馆员良好的综合素质。网络环境下的图书馆员不仅仅是图书的管理员，更应该是百科知识的导航者、图书馆业务的讲解员、文献信息的传播者，更可以与读者建立合作伙伴关系。这就要求图书馆员不仅要具备图书馆学方面的专业知识，还需具备社会各个学科的知识，尤其要掌握现代媒体技术、网络技术，这样才能适应网络时代图书馆信息服务发展的需求。

2.2 充分利用现代化技术，开拓多元化服务思路

现代公共图书馆不仅在硬件设施上要为读者提供一个安静、整洁的阅读环境，还需配有影院、茶吧、咖啡馆等娱乐休闲区域，采用开放式的管理、自助化的服务，为读者创造一个更为人性化和自由化的空间，而移动终端、数字电视等第三媒体技术在图书馆服务中的应用，将为图书馆的信息服务提供更为广阔的服务领域。

2.3 加强安全防范，创造良好的网络环境

网络的发展在给人们带来文明的同时，也带来了新的安全困扰。如何加强网络安全、信

息安全是网络时代必须重视的问题。图书馆一方面要采用软硬件网络技术手段把黑客、病毒、恶意软件、不良网站统统关在门外，另一方面也要引导读者规范自己的上网行为和言论，为读者营造一个和谐良好的网络环境。

综上所述，面对网络时代读者的多元化需求，公共图书馆必须探索新的特色服务，就是利用网络手段拓展与读者间的沟通渠道，用网络资源充实图书馆服务内容。这就需要图书馆转变理念，采用多元化的服务模式，为读者打造一个可供学习研究、互动交流、合作共享、休闲娱乐的综合性服务空间。通过特色信息服务催生新兴文化发展，实现社会主义文化大繁荣、大发展，为促进社会和谐发展发挥自己应有的作用。

参考文献

[1] 刘许玲. 图书馆开展游戏服务研究. 图书馆建设,2011(1)

[2] 王守中. 互联网资源有效利用研究. 信息技术,2005(26)

[3] 方杰,唐开. 百度"知道"对未来高校图书馆虚拟参考咨询服务平台建设的启示. 高校图书情报论坛,2007(3)

[4] 第31次中国互联网络发展状况统计报告. http://www.cnnic.net.cn/hlwfzyj/hlwxzbg/hlwtjbg/201301/t20130115_38508.htm

[5] 网络阅读. http://baike.baidu.com/view/53932.htm

[6] 国家图书馆官方微博在新浪独家开通. http://news.sina.com.cn/c/2013-05-06/114127037988.shtml

互联网资源的组织与管理

姜化宇(鞍山市图书馆)

摘　要:互联网的诞生和高速发展无疑是当代人类社会最具影响力的事件之一。特别是进入21世纪以来,“网络化”日益成为经济、社会和科技发展的重要因素和显著特征,并呈现不断加强的趋势。在这种新形式下,对互联网信息资源的组织与管理已成为衡量一个国家或企业发展水平和信息化程度的重要标志。
关键词:互联网资源　网络信息资源管理　虚拟图书馆　数字图书馆　组织管理

自20世纪40年代计算机问世以来,计算机学科一直处于高速发展的过程中。进入20世纪90年代后,以Internet为代表的计算机网络技术及其相关应用技术,又以惊人的速度得到了迅速发展和普及。

目前,各个国家甚至全球范围的计算机互联网络不断高速发展,计算机网络技术及其应用已经深入各个领域。它已成为人们日常生活和工作中必不可少的交际工具,且有力地推动了社会信息化的发展进程。可以说,一个国家计算机的应用水平已经成为了着一个国家的现代化科学技术水平的直接标志。

随着计算机技术和通信技术的不断发展,互联网也经历了不同的发展时期。其发展历史包括从简单到复杂、从单机到多机。而现阶段凸显的问题是网络信息资源的混乱无序造成了信息利用效率的低下,必须对网络信息资源进行有效的组织与管理。本文介绍了对网络信息资源进行组织管理的几种方式以及图书馆如何对网络信息资源进行组织与管理,指出图书馆应在网络信息资源组织与管理方面积极有为。

1　对互联网信息资源进行组织管理的必要性

信息技术和因特网的大发展,带来了经济、贸易、信息传播的全球化,深刻地影响着社会的各个层面。巨量信息涌入因特网,使因特网成为了一个信息资源种类繁多、覆盖面广泛的巨大信息资源库。网络信息资源就是指通过计算机网络可以利用的各种信息资源的总和,根据网络发展的实际情况,也可以说是通过国际互联网可以利用的各种信息资源。网络信息资源对于图书馆非常重要,它拓展了图书馆的服务模式,网上庞大的信息资源可作为图书馆的虚拟馆藏资源,丰富了现有图书馆馆藏。在现代信息环境下,图书馆越来越重视对网络信息资源的开发利用。

但是由于因特网上的信息资源很大程度上是处于混乱无序的状态的,网络信息资源又具有高度动态性,信息发布具有很大的自由度和随意性,缺乏必要的过滤、质量控制和管理机制,为用户选择利用网络信息资源带来很大不便,使网络信息的查询、检索十分困难,大大影响了信息利用的效率。如何更快更好地在因特网上查找所需信息是人们面临的一大难题。因此只有对网络信息资源进行有效的组织管理,才能带来真正有序的信息空间,实现信息资源效用的最大化。有效地控制这种杂乱无章的信息环境,并对网络信息进行组织和管理,提高网络有序化程度,改变目前因特网上信息分散不便使用的现状。这是图书馆界迫切需要解决的课题之一。

2 对网络信息资源进行组织与管理的方式

在网络环境下,信息资源在其数量的巨大、分布和传播范围的广泛、信息内涵的扩大、信息类型的多样以及信息传递的快速等方面,远远超出了传统的非网络信息资源组织管理方式和技术所能覆盖的范围。网络环境为信息资源的管理创造了空前复杂的环境,对信息资源的组织与管理提出了更高的要求。目前对网络信息资源进行组织使用得较多的方式主要有 4 种:文件方式、主题树方式、数据库方式和超媒体方式。

2.1 文件组织方式

以文件为单位共享和传输信息。以文件方式组织网络信息资源简单方便,但随着网络信息资源利用的不断普及和信息量的不断增多,以文件为单位共享和传输信息会使网络负载越来越大;而且当信息结构较为复杂时,文件系统难以实现有效的控制和管理。因此,文件方式只能是组织网络信息资源的辅助形式。

2.2 主题树组织方式

将所有获得的信息资源按照某种事先确定的概念体系结构,分门别类地逐层加以组织,用户通过浏览的方式逐层加以选择,层层遍历,直到找到所需要的信息线索,再通过信息线索连接到相应的网络信息资源。该方式具有严密的系统性和良好的可扩充性,但它不适合建立大型的综合性的网络资源系统。因为该方式要求体系结构不能过于复杂,每一类目下的索引条目也不宜过多。只有在建立专业性或示范性的网络信息资源体系时才显出其结构清晰,使用方便的优点。

2.3 数据库组织方式

就是将所有获得的信息资源按照固定的记录格式存储组织,用户通过关键词及其组配查询就可以找到所需要的信息线索,再通过信息线索连接到相应的网络信息资源。数据库技术是对大量的规范化数据进行管理的技术,它可以大大提高信息管理的效率,因为数据库的最小存取单位是字段,所以可根据用户需求灵活地改变查询结果集的大小,从而大大降低了网络数据传输的负载。数据库方式对于信息处理也更加规范化,特别是在大数据量的环境下,其优点更为突出,但它对用户提出了一定的要求,要求用户掌握一定的检索技巧,包括关键词及其组配的选择。数据库方式是当前使用最为普遍的网络信息资源的组织方式。

2.4 超媒体组织方式

就是将超文本与多媒体技术结合起来。它将文字、表格、声音、图像、视频等多媒体信息以超文本方式组织起来,使人们可以通过高度链接的网络结构在各种信息库自由航行,找到所需要的信息。这种方式符合人们思维联想和跳跃的习惯,加上通过浏览的方式搜寻所需信息,避免了检索语言的复杂性。但当超媒体网络过于庞大时,就难以避免地会造成用户“迷航”的现象。

因此,现代网络信息资源组织的方式最好是数据库方式和超媒体方式的结合,这也是网络信息资源组织的未来发展趋势。

3 图书馆对网络信息资源的组织与管理

相对于传统的印刷型文献信息来说,网络信息资源的有序整理与组织具有相当大的难度。由于网络信息资源采用数据形式表达,内容广泛、分布分散、难以规范和结构化,且网络信息资源极不稳定,变化更新频繁,内容特征抽取复杂,用户界面要求很高等,因而对信息资源的组织与管理提出了更高的要求。对于使用网络信息资源的网络用户来说,网络用户具有范围广泛、程度不一、需求各异的特点,这导致了各种用户查询和利用信息的视角不同、方法不同、类型不同、深浅程度不同,因此图书馆必须针对不同的网络用户群,对网络信息资源进行科学而实用的组织管理,通过对网络信息资源的挖掘,将无序分散的信息经过重构与整序,成为符合用户需求的信息,方便用户利用。

3.1 建设专业指引库

所谓指引库是指所建立的数据库,从物理上讲并不存储各种实际的信息资源,它存放的是有关主题的数据库或服务器的地址等信息,可指引用户到特定的地址获取所需的信息。专业指引库类似于网上专业搜索引擎,它将因特网上与某主题相关的站点进行集中,按照方便用户检索的原则,用用户熟悉的方法组织起来,向用户提供这些资源的分布情况,指导用户查找。它可以弥补搜索引擎的不足,从被动的使用到主动地创造,更适应用户的需求。按照这种方式组织信息,需要对信息进行分类标引、设计主题树的结构等。其工作量虽大,但检索效果较好。

指引库建设中需重点解决的技术问题有指引库的更新、网上站点的增加、更改时时发生等,如果指引库没有自动跟踪技术的支持,其价值和生命力就会逐渐丧失。

3.2 创建因特网上 Web 虚拟图书馆

虚拟图书馆是网络信息资源组织的有效形式,它针对某一学科或领域的研究者的需要,将因特网上有关研究机构、实验室、电子书籍、学术期刊、会议论坛、专家学者等与某一学科领域相关的网络信息资源的线索汇集之后,以主题树或数据库方式结合超文本链接组织起来。提供用户浏览或检索,用户在访问某一学科的虚拟图书馆网页时,通过激活相关的网络线索即超级链接,就可以浏览到本学科大量的相关资料。

虚拟图书馆是搜索引擎、专业指南系统以及专业指引库的进一步发展和完善，其不同的是虚拟图书馆的信息资源要针对特定的用户进行精心筛选、分类、标引、注解和评价，因而虚拟图书馆的用户有较明显的针对性。其信息查询服务，不仅仅是某个关键词或某些关键词组合的检索，从某种程度上说，其查询结果要有一定的推荐性。就是说，它包含着图书馆员的劳动，对专业用户的网上查询效果更好。因此，虚拟图书馆的建设要求更高。虚拟图书馆的建设需要自动跟踪技术来及时更新指引库，需要编制高度自动化而又具有很高的智能分析能力的网络自动搜索软件以代替人工资料收集。

3.3 建设数字图书馆

数字图书馆是网络信息资源的未来管理模式，它是在现代信息技术环境下应运而生的，采用现代高新技术所支持的数字信息资源系统，是下一代因特网网上信息资源的管理模式。数字图书馆就是要寻求一种有效的信息组织管理方式，并对相关信息进行深层的加工和处理，提供多层次的、智能的信息服务。数字图书馆的基本目标是创造一个良好的信息环境，提供对分布式存储的信息的知识化组织、智能化访问和服务。

在数字图书馆的建设中，对信息资源进行存储、组织管理和利用是十分重要的。数字化信息的描述和标引是数字图书馆的关键。这涉及元数据的制作。元数据是指专门用来描述数据特征和属性的数据，即数据之数据。目前，世界上功能较全面的元数据标准有 Dublin Core（都柏林核心）和 RDF（信息资源描述结构）。都柏林核心是 1995 年 3 月，在美国俄亥俄州的都柏林召开的第一届元数据研讨会上，由美国的图书馆界、计算机界和博物馆界的专家组成的委员会共同研制的标准，是一种简单的信息资源描述格式。经过多次完善，1998 年 9 月因特网工程专题组（IETF）将其作为一个正式标准予以发布。都柏林核心的产生和发展极大地推动了因特网上元数据运动，成为编目史和网络信息资源组织的一场革命。目前，在世界范围内，已有北欧和美国、澳大利亚等国的数十个数字化图书馆工程项目使用了都柏林核心。

数字图书馆是 21 世纪高速信息网络环境下图书馆发展的方向和主流，是知识经济的重要基础设施和必要条件，其理论与技术研究已成为世界图书情报界的热点论题。数字图书馆构成未来信息高速公路上信息资源的主体，是各国 21 世纪科技文化竞争的焦点之一，因此世界各国竞相投入数字图书馆的研制，在这一领域展开了激烈的竞争。在我国，数字图书馆的建设已引起了国内图书馆的重视，开展了相应的技术研究与开发工作。

面对因特网上五彩缤纷且杂乱无章的庞大信息资源，信息的组织管理显得日益重要，图书馆应充分发挥自己分类加工、组织整序文献信息的专业特长，用“图书馆员的思维”组织管理网络信息资源。通过对网络信息资源进行有效的组织管理，使现代信息环境高度有序化，方便用户查询信息，从而提高信息资源的利用率。图书馆完全可以在网络信息资源组织管理方面积极有为，积极进行数字图书馆的研究和建设，形成自己的优势，成为网上信息资源的中心枢纽，从而转变图书馆的传统形象，赢得生存和发展。

参考文献

[1] HU ZENG. Netword and information management. 网络与信息管理，2008(9)

数字资源长期保存的相关技术问题分析

闫　莉(襄阳市图书馆)

摘　要:数字资源长期保存是图书馆资源建设的一个重要环节,本文介绍了数字资源的特点,分析了数字资源长期保存所面临的相关技术问题,提出了解决数字资源长期保存的技术方法。

关键词:数字资源　长期保存　技术策略

近年来,随着网络与信息技术的飞速发展,不同类型的数字信息日益丰富,人们对数字资源的依赖程度也日益加深。与此同时,人们发现数字资源对于技术的依存性较大,随着其依存的软件或者硬件老化过时,如不采取有效的保存措施,这些信息资源将无法被人们再利用。图书馆作为拥有数字资源较多的科研单位,如何采取有效的技术措施长期保存数字资源,是值得研究的课题。

1　数字资源概述

1.1　数字资源

数字资源是文献信息的表现形式之一,是指将计算机技术、通信技术及多媒体技术相互融合而形成的以数字形式发布、存取、利用的信息资源的总和。无论是商业性质还是个人或机构建立的数据库、电子图书、电子期刊及其他网上免费资源都属于数字资源的范畴。

1.2　数字资源的特点

与其他类型信息资源相比,数字资源具有海量性、多样性、不安全性、依存性的特点。这些特点在不同程度上影响着数字资源的长期保存。

(1)信息的海量性。随着互联网的飞速发展,网络上各种信息的数量越来越庞大,并且随着时间的推移和网页的更新,这些海量数据还在大量增长。有资料显示:目前因特网上有超过40亿个公共网页,平均每天会有700多万新的网页不断出现。

(2)依存性。任何类型的数字资源都要依靠一定的软件和硬件技术才能向读者表征其内容。随着技术的发展和时间的推移,当依附的软硬件技术升级换代或者老化过时,数字资源就有可能无法正常读取使用。数字资源对技术的依存性也是影响其长期保存的重要因素。

(3)多样性。数字资源多以文档、图片、报表、XML、HTML、音频、视频、软件等多种形式存在,通过各种形式的不同组合共同构成数字信息的内容,数字信息的多样性也给保存带来了一定的难度。

(4)不安全性。网络上的数字信息容易创建,同时也容易被修改、删除,甚至消失。任何未经授权的操作、病毒感染或人为的恶性攻击都有可能造成信息资源的数据丢失,这也对数字资源完整真实的长期保存带来了挑战。

2 数字资源长期保存的含义

数字资源长期保存是近几年随着数字资源急剧增长并在网络上广泛传播而逐渐兴起的一个新问题,并且已经引起世界各国的广泛重视。国内学者普遍认为数字资源长期保存包括两层含义:一是对数字资源的长期存储;二是保证数字资源的长期可用性,即在存储的基础上,通过维护使人们可以永久获得或访问这些资源。

因此数字资源的长期保存,不仅要维护数字资源的完整真实性,还要保存数字资源的比特流信息及存储的软硬件环境,避免数字资源因载体损坏、技术更新等原因造成的数字资源丢失或损坏的情况,保证人们可以长期使用。

3 数字资源长期保存的相关技术问题

3.1 海量存储及动态扩展

3.1.1 传统存储技术的弊端

数字资源的海量性,要求存储系统必须具备海量的存储容量及按需扩展的功能。在存储容量上,传统的DAS存储方式不能在服务器之间动态分配存储空间,无法实现多服务器环境下的资源共享;NAS存储技术虽可在一定程度上实现跨平台的资源共享,但系统性能往往会受到网络流量的影响。在动态扩展方面,DAS、NAS、SAN技术在系统规模较小时性能较好,但是随着数字资源数量的不断增大,存储性能会随SCSI链接数量、网络流量、I/O服务瓶颈的制约而大大降低。

3.1.2 云存储

云存储是在云计算环境下迅速发展起来的一种新兴的数据存储概念,它通过集群应用、网格技术、虚拟化技术、分布式文件系统等功能,将网络中大量不同类型的存储设备通过应用软件集合起来,面向互联网为用户提供数据存储和业务访问的一个系统。

由于云存储面对的是网络上海量的数据存储服务,因此,相较于传统的存储技术有不可比拟的优势:①云存储运用分布式文件系统将大量的数据存储压力分摊到不同的存储节点;②云存储运用虚拟化技术把数据访问所需的带宽均衡地分配在各个存储模块上;③云存储利用内容分发和P2P技术,提高了系统的整体访问速度;④云存储运用集群技术允许存储节点的无限增加。

3.2 长期保存的技术策略

数字资源的依存性对长期保存是一个严峻的挑战,一旦软硬件技术升级换代,原有的信息可能会无法读取。为了克服设备、技术的更替对数据保存带来的不利影响,选择恰当的技术策略显得尤为重要，国际上通用的保存技术有迁移、仿真、UVC 法。

3.2.1　迁移

迁移是指定期把数字资源从一种软、硬件配置转移到另一种软、硬件配置上，或者从一代计算机技术更新到另一代计算机技术上，它是目前实际使用中比较成熟通用的保存技术。根据迁移条件的不同，迁移可以分为格式迁移、按需迁移。

(1)格式迁移是在保证信息不丢失的情况下，将数字资源格式转化成兼容性更强、标准程度更高的格式，使其能够适合更多软硬件环境，达到延长使用寿命的目的。格式迁移虽然简单易于管理，但并不是所有格式都能够实现迁移。另外，目前的格式迁移还无法保存数据对象的全貌。这种策略只适合那些格式较普遍，又容易转换为标准化格式的数据。

(2)按需迁移是针对传统迁移方式在迁移过程中容易产生数据丢失或失真而制定出来的一种新的迁移方法。它主要通过保存数字对象的原始字节流维护数据的完整真实性。只要被保存数字对象的原始字节流不发生变化，即可保持数据原貌。在迁移过程中，只需在迁移工具上添加新的格式输出模块，就可将原始字节流还原为原始数据，实现整个迁移过程。按需迁移虽然能保证数字资源的真实性，但不适合保存多媒体数据和数据的软硬件环境。

3.2.2　仿真

仿真是在新的系统环境下建立一个能兼容原始数据、设备及管理系统的运行环境，使原来的数据、设备、系统能在现行的软硬件环境下正常运行。仿真不仅保存原始数据内容，同时也保存该数据对象的运行环境。仿真技术适合多媒体资源的保存及严重依赖软硬件环境并且无法进行迁移的数字资源的保存。

3.2.3　UVC 方法

UVC 是基于仿真和迁移相结合的数字资源长期保存技术，它克服了仿真技术性能不稳定的弊端。UVC 侧重对当前数据环境进行详细的描述，当数据对象被保存后，如果需要在某个机器上运行被保存的对象，需要通过开发 UVC 解码程序解码被保存的数据格式，并通过编写 UVC 仿真器，在仿真器上重新运行解码程序，这样就可以重现被保存的原始数据内容及操作环境。

3.2.4　保存策略的选择

数字资源的长期保存，首先要保存数据的内容，在此基础上，根据保存目标的不同，再考虑保存数据的全貌和软硬件运行环境。对于普通格式的数字资源，可以采用按需迁移的方法，直接存储其原始版本，再采用格式迁移的方式保存为标准化程序更高的格式，来延长其使用时间；对于无法实现迁移的多媒体数据及需要保存软硬件环境的资源，可以采用 UVC 仿真技术，保存数据内容及相关的运行环境。

目前还没有一种技术方法能够全面满足不同类型数字资源的保存需求，只有根据实际的保存需要将不同的保存策略综合利用，才能真正确保数字资源的长期保存。

3.3　多类型数字资源的保存

数字资源的类型具有多样性，常见的数字资源多以文档、图片、音频、视频等多种格式存在，给保存工作增加了难度。目前数字资源长期保存领域已经展开了电子图书、图片、文档、网站资源的保存研究与实践工作。在实践中，我们可以根据资源格式的不同采用不同的策略和保存形式。

资源类型	资源格式	保存策略	保存形式
文本	doc	格式迁移(格式过时后,采取按需迁移)	保存原始内容
电子文档	pdf	UVC 仿真	以原始格式保存,需要时利用仿真器还原原始信息
压缩文件	zip	按需迁移、UVC 仿真	保存原始字节流,并保存解压程序环境
音频文件	mp3、wav 等	UVC 仿真	属多媒体文件,保存原始格式和运行环境
视频文件	avi、flash、Mp4 等	UVC 仿真	属多媒体文件,保存原始格式和运行环境
图像	gif、jpg 等	按需迁移	保存原始字节流
网页	html、htm 等	格式迁移(格式过时后,采取按需迁移)	保存原始内容
可执行文件	exe	按需迁移、UVC 仿真	保存原始字节流,同时保存运行环境

3.4 资源安全存储技术

数字资源具有不安全的特点。由于存储系统置身于网络之中,随时都有可能受到病毒及恶性的人为攻击,从而造成数据读取缓慢,信息被恶意删除、毁坏的现象。数字资源保存过程中,如何维护数据安全是亟须解决的一大技术难题。

不论是采用 DAS(直连附加存储)、NAS(网络附加存储)、SAN(存储区域网络)还是云存储的方式,为保护数据的安全性,都需要采用以下几种安全存储技术。

3.4.1 数据备份与恢复

数据备份是一种防止数字资源丢失和失真的措施,目的是避免系统出现故障或人为的误操作而造成的数据损坏。由于数字资源及网络的不安全性,给信息安全带来严重威胁,为了保障数字资源的安全,必须建立备份与恢复系统,数据备份与恢复是利用技术手段确保既定的关键数据、关键信息处理系统和关键业务在灾难发生后可以恢复的过程。笔者认为图书馆数字资源的备份与恢复系统应该采用异地备份和全备份相结合的方式。异地备份是在一个存储平台内实现数据的多副本备份,也就是把数据备份在不同的存储节点上,以保证历史数据的完整;全备份是对整个系统进行完全备份(包括系统和数据),当发生灾难性的数据丢失时,就可以利用全备份恢复当前系统及所有的数据资源。

3.4.2 数据加密技术

数据加密被认为是一种可靠的安全技术,它可以从根本上满足信息完整性的要求。数据加密按作用不同可分为数据存储、数据传输、数据完整性的鉴别以及密钥的管理技术。数据存储加密技术是防止在存储环节上的数据丢失。数据传输加密技术的目的是对传输中的数据流加密,常用的有线路加密和端口加密。数据完整性鉴别的目的是对介入信息的传送、存取、处理人的身份和相关数据内容进行验证,系统通过查看验证信息是否符合预先设定的参数,实现对数据的安全保护。数据加密在许多场合集中表现为密钥的应用,密钥管理技术包括密钥的产生、分配保存、更换与销毁等各环节上的保密措施。

3.4.3 访问控制技术

访问控制是网络安全防范和保护的主要方式,它根据某些策略或权限对用户或数字资源进行不同级别的授权访问,确定合法用户对计算机系统资源所享有的权限,以防止非法用户的入侵和合法用户使用非权限内资源,它的主要任务是保证数字资源不被非法使用和破坏、重要数字资源不被窃取,它是维护网络安全、保护数字信息安全的重要手段。访问控制技术包括登录访问控制、访问权限控制、目录级安全控制、属性安全控制。通过对用户的身份验证,授予不同的访问级别和权限来控制用户对存储资源的访问操作,保证数字资源的安全。

面对现在海量的数字信息,图书馆等科研机构的数字资源长期保存任务是十分艰巨和复杂的。但不管怎样,我们应该看到,对有保存价值的数字资源,选择合适的保存技术、规划合理的保存方案显得尤为重要。在实际工作中,为了少走弯路,必须对数字信息的长期保存予以重视并进行深入的研究和实践。

参考文献

[1] 任生楠,黄奋,徐宽. 云存储在数字资源长期保存中的优势和问题研究. 信息科技,2011(18)

数字资源长期保存可用性研究及实践

乔颖欣　季士妍(国家图书馆)

摘　要:数字环境下,数字资源长期保存的重要性凸显出来。本文在论述数字资源长期保存、长期可用的意义基础上,对国家图书馆长期保存数据可用性采用的策略、技术及实践进行了阐述。

关键词:长期保存　可用性　实践

随着信息处理技术和多媒体技术的飞速发展和广泛应用,越来越多的文字、图片、声音、影像资料以数字形式出现,并成为人们日常学习、应用的主要资源。数字资源的保存,特别是长期保存正在被人们所重视和关注。图书馆承担着保存和传承人类文明的重要职责,它需要将文献资源长久地保存和延续下来,从而作为一份重要的文化遗产为人类使用。在数字化环境中,图书馆相应地要重点关注和实现数字资源的长期保存,保证数字资源的长期可用、长效可用。

1　数字资源长期保存可用性的意义

数字资源长期保存的目的是为了在远期获得可以使用的数据。数据可用的含义包括数据在介质上可以被获取,封装数据可以被解析,解析后的数据可被获取使用[1]。

由于保存技术的发展,实际能做到的是确保数据在当前一段时间内的可用性。随着技术的发展,硬件设备和软件环境的变更是不可避免的,需要进行数据迁移让数据在另一个介质和软件环境中开始新的生命周期。

因此,实际工作当中,确保长期保存数据在介质中的安全完整和可获取,是维护数据可用性的关键。

2　国家图书馆数字资源长期保存可用性保障的实践

国家图书馆数字资源长期保存工作,开始于 2010 年,长期保存的数据量以每年递增的态势逐年增高,至今已经完成了 630TB 数据的长期保存。那么如何保障这些数据的长期可用、长效可用,是国家图书馆面临的一个巨大的挑战。经过多方调研,同时结合我馆的数据特点、业务要求、设备情况,通过对长期保存工作进行统筹规划、合理分工,目前已经制定出一系列相关标准规范,并用其指导、规范长期保存的业务操作;形成了一套完整的长期保存体系，在严格规范的工作流程下保证了国家图书馆海量数字资源的长期保存和长效可用。

2.1 形成制度规范合理的操作流程

结合数字资源保存实际工作，制定了一系列切实可行的操作规范和流程，如《长期保存数字资源交接流程》《典藏数字资源长期保存归档检查规范》《长期保存数字资源保存工作流程》《长期保存数字资源定期检查工作流程》等，特别是针对数字资源保存措施进行了细化，明确规定了定期检测间隔、数据抽样率等。在数字资源保存流程方面，国家图书馆制订了《国家图书馆数字资源长期保存管理办法》，在数据接收处理、审核、入库、电子记账、定期检查、提取等方面制定有详细的操作规程，并有专人进行该项工作。

2.2 多环节规范操作维护数据可用性

对数字资源进行长期保存是数字资源生命周期中的一个重要环节，保存数据的可用性保障是一项系统工程。在数据生产环节即要保障数据的加工生产质量，在数据保存环节要保障数据的完整性、可用性、真实性。因此，数据在保存前需要进行详细的核查并生成详细记录，进入保存环节后加入保存信息记录到电子账，同时，为了保证保存数据的长期可用性需要进行定期检查以及时发现数据问题。

2.2.1 数据生产

为了维护数字资源的长期可用性，从数据加工环节就需要严格确保，规范的元数据、对象数据、描述信息加工是数据可用的基础。因此，国家图书馆已经制定了一系列相关的加工标准规范，并在实际工作中遵照标准规范进行实践和应用。其中《图像数据加工规范》[2]《文本数据加工规范》[3]《音频数据加工规范》[4]已申报成为图书馆行业标准，《视频数据加工规范》[5]目前为国家图书馆标准规范。

2.2.2 数据在保存前的处理

为满足数字资源当前与长期利用的需要，国家图书馆根据数字资源保存和利用的不同特点，将数字资源保存划分为永久保存级和归档保存级。永久保存级的数据要求元数据和对象数据完整并对应关系清晰，且对象数据为加工的原始格式或引进的原始格式。永久保存级数据在保存系统中永久保存，原则上不再变动。

为了保证长期保存数据的正确性、有效性，在进入长期保存系统前，要根据存储策略对数据进行详细的核查，核查结果即是保存的真实情况，在电子记账中做好记录。

2.2.3 数据进入长期保存系统

依据相应的保存策略，由管理人员将数据存储到长期保存系统之中。此时，保存相关的信息（如保存位置、保存时间、版本等）加入到电子记账，形成获取数据所需的重要信息。

2.2.4 数据在长期保存系统中的数据核查

数字资源进入长期保存系统后，为确保数据的完整可用，采用定期检查的方式对介质上的数据进行检查，以备及时发现由于介质损坏造成的数据丢失。

2.3 采用技术保障切实的数据可用性

当前国家图书馆数字资源长期保存的介质采用可离线保存的光盘和磁带，这也是当前长期保存实践的主流介质[6]。在保存条件理想的情况下[7]，数据在这些介质上的保存时间现在还没有一致的说法,缺少实际的验证,当前也没有可行的方法来检查介质的健康状况预测使用寿命[8][9]。

由于介质健康的不确定性,为避免介质损坏带来的数据丢失,国家图书馆采用定期检查的策略对数据进行检查,以确保及时发现介质问题。

定期检查即隔一定时间遍历所有保存数据的介质,按照是否读取数据分为两种方法:

(1)恢复介质上的数据

将介质上的数据恢复到本地硬盘上,按照上传前的记录进行数据核查,可采用 MD5 校验码比对的方式,确认数据是否有损坏。

这种检查方式恢复数据花费的时间较长,占用的本地存储资源较多。因此可采用一定比例的数据恢复,抽检介质上的数据。

(2)不恢复介质上的数据

不将介质上的数据实际读取到本地,利用存储管理软件的相关审计功能,对介质上的数据与数据库中记录的内容进行比对。

这种检查方法依赖存储管理软件的功能,读取介质上的数据但不恢复到本地硬盘,而是直接将读取结果与存储管理软件的数据库中的记录比对,不占用本地存储资源,检查时间较快。

数字资源长期保存是当前的一个热点领域,国家图书馆作为国家数字图书馆的建设者,在数字资源长期保存方面进行着积极的实践。在长期保存数字资源可用性研究上,一方面结合自身工作履行国家总书库的职责对数字资源实施长期保存,另一方面结合技术发展现状进行积极探索,形成规范化流程,使数字资源从生产到保存的可用性得到保障,并为未来数据迁移或者介质转换的数据获取做好准备,为数据在未来的可用性打下良好的基础。

参考文献

[1] 董晓莉. 数字资源长期保存可信性研究. 现代情报,2012(3)
[2] WH/T 46—2012 图像数据加工规范
[3] 龙伟,罗云川 . 国家图书馆文本数据加工标准和操作指南. 北京:国家图书馆出版社,2012
[4][5] 朱强,张春红,龙伟. 国家图书馆音频数据加工标准和操作指南,2011. 12
[6] 周静. 浅谈数字资源长期保存之关键——存储介质. 办公室业务,2012(3)
[7] 武丽,景卫东. 国家标准与电子文件——新型档案载体材料的保存和保护. 档案学研究,2002(4)
[8] ISO/IEC 10995—2008 信息技术信息交换和可录类光盘记录媒体:评估试验方法
[9] 曾湘琼. 试论制约数字信息长期保存的软瓶颈. 图书馆学研究,2005(12)

市级图书馆数字资源长期保存的实践应用

王俊中　安　栎(廊坊市图书馆)

摘　要:本文针对地市级图书馆数字资源长期保存面临的难点,分析了其资源构成特点和实际状况,指出了地市级图书馆数字资源长期保存建设中存在的问题,从地方政府层面制定数字资源长期保存相关政策,争取专项资金;确定数字资源保存规划;建立数字资源长期保存的标准;完善体制管理四方面论述,并提出了相应的解决方案。

关键词:数字资源长期保存　地市级图书馆　管理策略

1　概述

数字资源长期保存是近年来图书馆界讨论与研究的热门话题,并已发展成为图书馆技术的一个新的研究领域。针对市级图书馆的数字资源特点和实际状况,制定合理的数字资源保存策略,将有价值的数字资源进行长期保存,可以确保各种数字资源能随时提取利用,充分满足当地读者的需求。目前,市级图书馆都很重视数字资源的建设,一些综合条件好的市级馆馆藏数字资源也达到了一定的规模,他们投入了大量的人力、物力,在进行一些专题特色文献库数字化加工的同时还引进各种大型数据库和相当数量的电子书刊文献,使馆藏数字资源不断丰富和充实,随之而来的数字资源保存管理与数字资源的使用问题也日益突出。市级图书馆数字资源的长期保存受到以下4个因素的制约。

1.1　地方财政投入有限,设备更新滞后

地方财政投入是图书馆数字资源建设的基础保障,绝大多数市级图书馆都是遵循"外购为主,自建为辅"这一原则来进行本馆的数字资源建设的,然而前期的数字资源建设方面就设备和资源上投入了大量财力,后期为确保数字资源长期保存、存储设备日常维护、数字资源正常提供读者服务也需要不断地投入资金。图书馆数字资源长期保存的基础就是存储设备,而市级图书馆普遍存在着设备更新滞后的问题。由于各地市的财政状况参差不齐,数字资源长期保存工作又是一项长期的系统工程,需要较为稳定的资金来源作为经费保证,数字资源量又以递增的方式保持长期增长,仅储存设备而言就需大量资金,更何况还有日常维护等其他费用,而市级图书馆经费困难是多年来一直存在的问题。数字资源长期保存需要承担高额的保存费用,而目前的情况是绝大多数市级图书馆都没有数字资源保存这一专项资金来源。

1.2　缺少专业技术支撑

图书馆数字资源的长期保存及运行必须要有专门的技术人才队伍,技术是基础的,也是

最不稳定,充满变数的。一方面由于技术更新周期日益缩短、新技术层出不穷;另一方面由于这些技术在开发成本高低、应用风险大小、适用范围宽窄等方面都存在差别,而绝大多数市级图书馆缺乏专业技术人才,即使有,由于缺乏有效激励机制,其积极性也得不到发挥,导致人才队伍极不稳定,流动性较强。对于市级图书馆来说,技术力量薄弱就意味着不能自己开发相应的应用软件,对于这一点,市级图书馆往往显得力不从心,难以胜任数字资源长期保存运行的重任。

1.3 缺少明确的保存技术标准

数字资源保存技术主要包括数字资源文件格式、存储介质、资源文件管理和资源保存系统。统一标准是数字资源长期保存的重要保证,数字资源长期保存的最大威胁来自文件格式、存贮介质以及用于对其存取和使用的软硬件支持系统,因此必须在技术上解决这些问题,制定数字资源长期保存标准,使其具备良好的兼容性,能够很好地与其他标准进行互操作。可喜的是由国家图书馆主持建设的国家数字图书馆工程自2005年开始建设,截止到现在,已经取得了阶段性成果,数字资源的种类、形式、品种、数量等方面都有了非常大的发展,相应的技术标准也相继出台。

1.4 资源构成因素制约

市级图书馆由于经费短缺再加上人力,设备方面的原因,不可能购买大量的商业数据库,也不可能用大量的人力、财力对网络资源进行整理和编目,导致数字资源馆藏规模小,资源覆盖范围低,数字资源收集不全面,目前市级馆普遍都是以当地读者需求为指导,量力采购相应的数字资源来供读者使用。

2 数字资源长期保存规划与管理策略

数字资源是文献信息的表现形式之一,是将计算机技术、通信技术及多媒体技术相互融合而形成的以数字形式发布、存取、利用的信息资源总和,有数据库、电子期刊、电子图书、多媒体资料等类型。常用的数字资源存储介质为硬盘、磁盘阵列、磁带及CD、DVD、LD等。由于数字资源尤其是互联网资源更新速度非常快,许多资源稍纵即逝,如果不注重保存,很可能就无法再找到信息资源的内容。由于市级图书馆在技术、资金、人员方面的不足,依靠自身的技术力量和资金来进行数字资源的长期保存就必须有一套完整的规划和管理策略,着重做好以下几方面工作。

2.1 从政府层面制定数字资源长期保存相关政策,争取专项资金

目前,国家虽然出台了一些信息化专项规划,如国务院〔2004〕34号文件,但针对的是信息资源开发利用方面的政策指南。有关数字资源长期保存,系统、全面的政策还没有。在制定相关政策时,已经或需要考虑的问题是:确定长期保存的目标;完善数字资源长期保存政策管理机构,加强信息政策协调;制定数字资源长期保存的规范流程;提升长期保存活动的地位;强化信息政策的贯彻执行措施;完善信息政策手段;明确有关人员或组织职责;确定技

术标准和最佳实践；制定长期保存的延续性计划；建立对实施效果的评价机制；加强政策实施与评估研究，完善保存政策的反馈系统等。另一方面地市级图书馆要积极争取专门的数字资源保存经费，这对于特别需要长期保存的特色数字馆藏来讲尤为重要。数字资源的长期保存无论采用哪一种策略，都需要有力的资金作为保障。如果因为没有资金而错过良好的更新或保存时机，导致数字资源无法读取，那将是特色数字资源的一大损失。因此，各级图书馆一定要争取下拨专门经费，建立数字资源长期保存责任体系，落实具体部门和人员，确保特色数字资源得以长期保存。

2.2 确定数字资源保存规划

根据各地市实际情况，制定相应的规划和管理策略，重点保存地方特色资源库。地市级图书馆应把长期保存的重点放在自建的，有特色的数字资源馆藏上面。根据载体可保存时间，选择不同的保存策略，目前，图书馆的数字资源一般以光、电、磁为介质，具体的表现形式有磁带、磁盘、光盘、磁盘阵列等，这些载体寿命都不长。据有关测试表明：9 磁道磁带使用寿命为 1 到 2 年，8 毫米磁带存储为 5 到 10 年，4 毫米磁带为 10 年。WORM 光盘为 100 年，我们应该选择可保存时间较长，相对成本较低的载体。因此，对于一些地方特色的资源库，因其所占磁盘空间相对较低，我们在做资源长期保存策略中就把光盘和磁带这两种保存介质作为首选。另外还可以通过更新来延长保存时间。对于原始介质，如光盘等数字资源，最好不要多次使用。光盘的多次使用对于介质的损坏很大，导致无法长期利用。将数字信息拷贝到新媒体上，保护数据本身不受存储介质质量恶化的影响，这是目前中小型图书馆开展得较为普遍的数字资源的保存工作。

针对大型的数据库，显然光盘和磁带两种存储介质就有些力不从心了，随着网络存储如 NAS、SAN 等技术的发展，存储设备价格也不断降低。市级图书馆可以借鉴网络存储服务供应商的技术方法，建立起图书馆数字资源的连保式存储管理中心，完善资源存储备份的连保机制，建立起真正安全的数字资源存储与信息服务保障体系。

对于复杂的数字资源，宜采用仿真技术。仿真即用一个计算机系统去模拟另一个计算机系统的应用环境，来保障数字的可利用性。仿真法虽然不改变用于资源访问的软件或浏览器，但是它提供一种仿真工具，这种工具能够采用原来的浏览软件来浏览原始格式的数字资源，其实质是通过仿真软件将已过时淘汰的系统模拟到下一代计算机上，使得过时的设备和功能得以在非原技术平台上运行。仿真法的最大优点在于保持数字资源的外观，尤其对于一些不适于迁移的、复杂的数字信息，仿真技术具有明显的优势。但是，仿真法需要更多的初始阶段投资，对数字资源的短期保存是不合适的。

2.3 建立数字资源长期保存的标准

标准是数字资源长期保存系统建设过程中不可忽视的重要元素之一，是保证数字信息资源长期保存各环节互操作的基础，贯穿于数字资源生命周期的全过程中。我国数字资源的存取技术还处于实验阶段，还没有形成被广泛接受和认可的标准，致使数字资源的生产者、提供者和维护者各自为政，在采用技术和建设系统时随意性很强，没有考虑后期保存的利益，加大了保存工作的难度。近年来，国家图书馆充分意识到了标准的重要性，加大了这方面的研究和实践，并取得了初步成效，制定了一系列的标准。只有对元数据、数据转换、数据格式、数据编码、数据标识、管理过程、保存体系等方面做出相应标准后,才能更好地进行图书馆对数字资源的长期保存工作。

2.4 完善体制管理

市级图书馆应基于自身的基本状况,从工作实际出发,制定细化的工作流程和有效的操作管理规范,建立完善的奖惩机制,充分调动管理员的积极性,并将这一制度纳入年终考核机制。另一方面,进行数字资源的长期保存需要专门的人才进行操作,因此要重视对人才的培养,以保证数字资源保存工作的顺利进行。设置专门的岗位,由专业管理人员进行数据的保存与操作,可有效保证数字资源保存工作的顺利进行。尽管存储备份系统能够按照制定的计划进行自动归档和自动备份,但是专业管理人员所发挥的监管作用也不容忽视。数字资源长期保存是一项需要耐心和细心的复杂工作,它要求管理人员具备高度的责任心。因此,在流程控制、规范审核、人员选择和管理等方面都需要严格把关,并根据需要进行适时、适度地调整。

总之,数字资源的长期保存是一个十分艰巨和复杂的工作。它需要我们集思广益,开动脑筋,不仅仅要依靠政府和社会,图书馆自身也要积极采取行动,在实践的道路中不断探索,积累经验。但不管怎样,我们必须对数字资源的长期保存予以重视并进行深入的研究,为使数字资源得到更加广泛的应用奠定基础。

参考文献

[1] 刘家真. 我国数字资源保存状况调查. 中国图书馆学报,2006(5)

[2] 张晓林. 数字信息的长期保护问题. 图书馆,2001(5)

[3] 梁妍. 近年来我国数字资源长期保存研究论文定量分析. 图书馆工作与研究,2009(11)

[4] 黄维莉. 数字资源长期保存策略研究. 图书馆学刊,2009,31(7)

[5] 黄旭,毕强. 国内外数字资源长期保存研究现状与进展. 图书馆学研究,2009(1)

[6] 郭家义,吴振新. 基于资源类型的数字资源长期保存问题研究. 中国图书馆学报,2005 (3)

[7] 程雪梅. 数字资源长期保存技术之探讨. 图书馆理论与实践,2005(5)

[8] 赵玉字. 国外数字资源长期保存的热点问题研究. 图书馆建设,2011(6)

[9] 何雪英. 数字资源长期保存研究. 图书馆学研究,2009(9)

探索数字资源长期保存的媒介要素

陈　斌(杭州图书馆)

摘　要:多媒体技术将是数字资源保存的最佳媒介物。数字资源的长期保存,应得力于真实的传统实体信息资源的良好保存。

关键词:数字资源　信息与文献　保存

作为文献信息的一种表现形式的数字资源,在现今信息大爆炸的时代中,更显示出人们对它的依赖性。通过计算机技术、通信技术及多媒体技术相互融合和配用,可以制作出无限量的内容,并以数字形式发布、存取和利用。这是虚拟信息资源未转化成现实文本和实物之前的条件总和。同传统印刷型文献和实物保存相比,数字资源可以实现更为丰富的类型。

目前,数字资源从数据的组织形式上看,有数据库,网络电子和多媒体资料等类型。按存储介质可分为软盘、硬盘、磁盘的磁介质和以 CD 为基础的光介质两种类型。开发商以商业化方式提供的各种电子资源,仍以计算机为交互平台。如:Elsevier 公司的 SDOS。我国也有中国期刊网等数据库,但需要支付费用。个人购买的是信息数据的观看权,而非使用权,更谈不上所有权。所以这些数字资源实则已被第三方无形掌控。网络上也有免费获取的资源,如公共图书馆等非商业化的数字图书馆(Digital Library)是用数字技术处理和存储文献的平台,实质上是一种多媒体制作的分布式信息系统,是对文献资源的数字化。通过互联网,在人机界面中传递知识,带来视野的拓展和能力的提高,在日常生活中发挥极其重要的作用。

美国研究图书馆协会(ARL)收藏的并不局限于文献的数字化替代品,还扩展到不能以印刷形式表示或传播的数字化人造品。美国数字图书馆对数字式资源进行了智能化完整性和永存性加工工作,从而能快速且经济地被特定的用户或群体所利用。我国国家图书馆为国家信息基础设施提供关键性信息管理技术,同时提供其主要的信息库和资源库。学者们对数字图书馆也各有定义。William Y. Arms:数字图书馆是具有服务功能的信息收藏,其中信息以数字化格式存储并可通过网络存取。苏坦:数字图书馆的核心和本质是利用现代信息技术,以计算机网络为基础平台,传统与数字馆藏并存,不受地理限制利用数字资源。在中国,正式提出数字图书馆概念是 1996 年在北京召开的第 62 届国际图联(IFLA)大会。1999 年年初,国家图书馆完成“数字图书馆试验演示系统”的开发。从根本上改变了人们获取信息、使用信息的方法。

1　利用计算机技术保存数字资源综述

把信息以数字化形式储存在光盘或硬盘里,与过去的纸制资料相比占地面积小,避免磨损,使一些原始的珍贵资料继续保存,但光储媒介是塑料材质,本身较为脆弱,受温度、磁场、建筑、风向和显示器配置等多方面的制约。计算机语言更换就不能读出数据,如遇设备发生故障、系统瘫痪,网络信号不稳定,数字信息就等于零,所有的资料成了不可降解的垃圾,危害社会环境。在存储载体上,也难以实现互换的尴尬境地。数字信息资源保存现状不容乐观,充满了数字信息丢失的危险。由于资金和人力,技术设备更新不及时,也无法保持流畅的读取率。

链接利用和资源互通模式技术是以显示器为媒介,通过铜光纤铺设发送信息源,远程拨号,对方主服务器接收,到达个体计算机中。由于缺乏统一的请求口令,呈现出信息的标准也不尽相同,数据库也各不兼容。各保管单位之间的利益冲突造成盲目增设栏目,信息质量不高,很难找到平衡点,财力资源浪费严重。

对传统实物信息进行蓄意改变是不可能的,传统信息一般用文件工具来进行保护,电子文档是计算机编辑和保存数字信息的可视化媒体界面,改变和删除信息非常便捷。如进行恶意的破坏活动,目前任何证据都不能说明信息丢失的时间和原因。如 1996 年,加拿大军方就出兵索马里事件在法庭上作证,当时军方所采用的数字化的信息被仲裁委员会认为有造假的行为,不具备真实性[1]。对传统实体信息的文本进行复制(副本证据),需用到材料、机器和时间地点的计数证明。电子信息资源通过复制就可完成信息共享,通过互联网,使隐私变成公开,网络的漏洞会泄露机密。电子资源又易受到损坏,这种破坏是硬伤,数字信息在计算机中生存,会有无法抗拒的破坏因素,只有通过积极的零疏忽措施来加以防范,不然会给数字资源的内容造成无法挽回的损失。

根据 Studer 等对 Ontology 所下的定义,“Ontology 是共享概念模型的形式化规范说明”,包含四层含义:概念模型(conceptualization)、明确(explicit)、形式化(formal)和共享(share)[2]。核心作用就在于它定义了某领域之间的一系列概念和它们之间的关系。知识搜索、知识积累、知识共享的效率将大大提高,真正意义上的知识重用和知识共享也成为可能[3]。但数字资源保管和数字资源传播是两个概念,目前信息资源是在因特网传播中不让数据信息丢失,有传皮球的意味,传到谁归谁保管,有人需要再传给下一位。数据资源的重复建设问题严重。

再回到“保存为利用,利用为读者”的思路上来。就是一般性信息读者看的是内容,而不是看风景。所以只要是描述型和知识理解应用型的信息,无关痛痒,数字信息资源应由当下的计算机技术去服务。目前只能在网络上注册付费传播的电子书是将可视讯息内容数字化以及植入或下载数字化讯息内容的集存储介质和显示终端于一体的阅读器。如果是内连硬盘数据库,就可储存目前所有的文本内容。人们把想要阅读的内容下载存放在各种电子设备或加工成实物文本,等于花钱为社会总资源尽义务,保管各类数字化信息。

2 利用通信技术保存数字资源综述

利用通讯拨号实现互联网远程传递普通信息,或打破了时空限制,随时可看到自己想要查阅的普通信息,比传统图书馆更为便捷。把图书内容制成数字资源,突破人手一本书的材料限制,可供全体公民在相同的时间里共同查阅,使用效率大大提高。

3 利用多媒体技术保存数字资源综述

多媒体是传播信息的媒介，即信息在传递过程中，从信息源到受信者之间传递信息的载体，是实现信息从信息源传递到受信者的一切技术手段。多媒体一方面可承载信息，另一方面可储存、呈现、处理和传递信息。国际电信联盟归纳媒体的 5 大类，可延伸为多媒体保存技术的扩展如下：

（1）感觉媒体（Perception Medium）：指直接作用于人的感觉器官，使人产生直接感觉的媒体。多媒体的电声资源引起听觉反应，并引发视觉想象的虚幻图像。

（2）表示媒体（Representation Medium）：记录资源在说明或描述事物时，用代码表示特定含义。如代号 D. A，就是画家丢勒的身份信息。

（3）表现媒体（Presentation Medium）：指信息用工具进行再加工。如图书从采购到成为图书馆固定财产，中间要描述图书，采集信息，通过加密和防盗技术，增加或改变图书本身的物理环境。

（4）存储媒体（Storage Medium）：指存储信息的物理介质。如用计算机读取的盘。但作为数字资源，保存和利用完全是两个不同的概念，涉及的对象不同，运用的工具也不同。

（5）传输媒体（Transmission Medium）：指传输信息的物理介质。是电缆、光缆的高级阶段，至少是信息源转为视听效果的转化媒介。

多媒体实现信息存储和传递，表现形式至关重要。现在数字信息保存形式仅是文字转文字、音响转音响、图像转图像等。一次文本保存到传输和利用，即一平面单位量到另一平面的单位量产生二元次立体文本，由于存储空间折叠，一立方单位的存储面占位增加 25%。

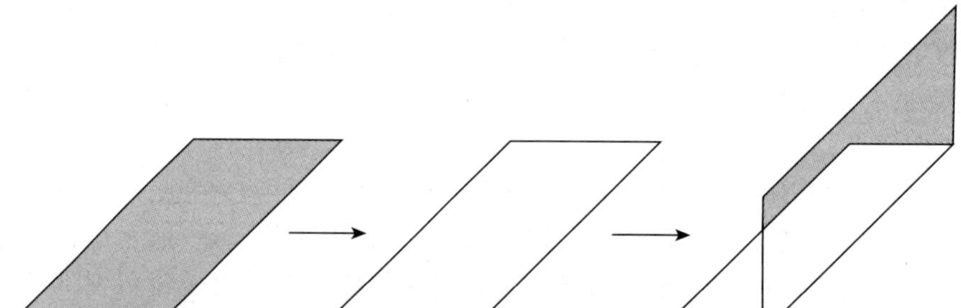

多媒体技术将是数字资源保存的最佳媒介物。它可以实现文字对图像的处理、音响对图像的处理。吴东权在《中国传播媒介发源史》(1988）一书中认为，作为一种“媒”之“体”，也应该含有一种实体的意义，即它是有形状存在而构成传播功能的实体。德弗勒也从广义的层面建构媒介：“媒介可以是任何一种用来传播人类意识的载体或一组安排有序的载体。”邵培仁则认为，媒介，就是指“介于传播者与受传者之间的用以负载、传递、延伸特定符号和信息的物质实体”。非第一范式模型是一种扩充的关系模型。它不仅可以扩展数据类型，而且允许某属性是一种嵌套关系，定义该属性的类型为 NESTED，可以以该属性为表名，定义

嵌套的子关系。在应对研究中，我们采用扩充关系数据库的模型方法，将常规数据用关系数据库的传统字段实现，而对多媒体数据用通用字段（General）表示，它可以存放可变长的视频、声频、文本信息。General 字段实际上是用指针引向相应文件地址的实现方法[4]。观古代名画《富春山居图》（四步骤）：色谱→数值→语言描述→完成信息需求。

电声资源、语言音频资源、图像图形资源、计算机显示屏幕和图文字混合界面实现可编辑操作，文献及历史资料保存出版物原版扫描，重新编辑的电子版扫描摄录、大众读物电子版路径最终实现可见平台。依靠网络传播就是提高信息传播的广泛度与知名度。

4 利用信息压缩与传送技术保存数字资源综述

图书馆和档案馆在保存信息资料方面确实是有共同的方向，在具体操作上也是如出一辙。相对于传统文献的数字文献，应当建立长期保存的、完善的技术保障体系，从技术保存手段方面加强基础建设。目前数字资源的存在方式是存储（位置）、迁移（活路）、转换（替代）和使用（感官融合）四大类，这 4 个方面相互依存，缺一不可。

存储方面：缩微胶片一直被认为是信息存储的优良载体，其保存寿命可达 300 年以上。据悉，美国洛斯阿拉莫斯国家实验室发明了一种高密度的只读存储技术，采用粒子束将信息记录在不锈钢材料上。是光盘存储量的 180 倍，其成本只有光盘的一半。采用这种技术存储信息不会受到材料老化的影响，因此，这可能会成为海量数字信息存储载体。

迁移方面：按照逻辑推导，数字信息存储到一定阶段就会饱和，要迁移到已更新的硬件（保存）和软件（利用）上，再将数字信息继续保存下去，信息容量更大，迁移难度就加大。目前国内没有太多经验进行迁移，也没开展这方面的研究，只是局部的、少量的信息迁移（其实就是在电脑上复制粘贴），每次迁移丢失的数字信息将无法准确恢复原貌。对于大量的信息，一旦迁移，成本费用也是大问题。

反向兼容技术，俗称不更新文本。用旧有信息保存版本在新一代的计算机系统软件中打开，“读取”数据，而无须转换格式，高版本可以读取低文本，在低版本界面上则会出现“该文本为最新版本，无法读出”。也就是低内容可以适应高环境，而高内容无法适应低环境。和人一样，贫贱之人可以过上好日子，而高贵之人却无法在差环境中生存。这倒为数字信息迁移做了“一次保存、不再理会”的理论基础。普通文本如果迁移，可以保留全部内容，也可在软件对话框里选择“过滤无关细节”，从而改变存储格式和降低容量大小。

转换方面：目前数字信息的载体存在一个混合的环境之中，其实它们之间无需转换。旧有信息已经存在，新信息又良莠不齐，应把重点放在某些需要转换的、重要的、不可再生的信息上，给予数字存储，再转换成新格式，以便于再利用。

使用方面：这就是人机交互的过程。数字信息是通过什么到达人们的视野之内，保存的数字信息是直接传送利用，还是通过网络间接获取。国外的科技思路是先达到某个高度，再寻求解决的方案。我国大多数是考虑周全了才开展实施，这不利于科学的进步。

5 利用安全性和安全保密技术保存数字资源综述

计算机技术和网络技术的联合发展,使文献资源可无限量的复制、下载,盗版,数字化知识产权保护问题和信息版权问题比传统纸质文献也更为复杂和突出。

信息资源的复杂性使数字信息安全问题的内容涉及面扩大。计算机系统极易遭到攻击或破坏,只要非法数据输入、软件驱动就能被篡改或破坏,安全控制功能薄弱。计算机系统的自身安全和自我保护功能无非就是铁皮和塑料皮的组合。计算机搭上网络系统后,安全性迅速下降,信息易被窃取。计算机本身是病毒的携带者,传染渠道是互联网,攻击大,破坏性强,速度极快,危害极大。计算机病毒使正常的电脑无法使用,造成服务器瘫痪,对连接外部传输资料的数据库构成严重的威胁。网络病毒其实是一种通过代码编程制作完成的可供计算机复制传染的具有破坏性的标准程序,本身不具有好坏,病毒与反病毒的较量是好技术用在了邪道上。可以思考用强病毒编程软件技术服务于庞大的数字资源库,定期更新文件和引擎,自动更新网络系统、恢复重要数据,产生病毒警报服务,保证整个数据库系统运行机制的安全。安全技术是一种在对抗中发展的技术,科技促进应用安全技术的发展,数字资源的保管和利用缺乏规范化管理,也没有科学的标准体系和业务制度做指导。现代的数字信息环境又是一种动态交互式环境,数字信息的安全漏洞,需依托比较有效的可提供保存的安全媒介,安全保存是重点,其次再考虑如何管理和建立怎么样的保存制度。

利用计算机网络技术,可能是目前唯一的数字保存方法。但网络运行状态下的安全问题是瓶项。需有监视软件、反盗软件、防火墙软件、杀毒软件和安全管理监测系统等。信息流的禁止和准许使通过和未通过的信息产生矛盾,被禁止的内容越多,防安全软件的作用就越大。访问控制是网络安全防范和保护的主要手段,合法用户对计算机系统资源享有权限资源,以防止非法用户进入,保障数字资源不被非法使用、破坏、窃取,它是维护网络安全、保护数字信息安全的重要手段。访问时需身份注册。数字资源在实现共享的基础上,运用信息加密获取资料,也是从根本上保障对数字资源稳定和安全保存的有效途径之一。目前被认为是最可靠的安全形式,信息加密的目的是保护数据库信息的安全,与数字信息有关的加密有:对称型加密、非对称型加密和不可逆加型密算法等。网络的不安全性和不稳定性,可能会带来信息的丢失或失真。为确保万无一失,就要建立备份与恢复系统,如果数字资源保存的设备系统发生程序上的改变,就会影响到整个数据库的完整性和内容的变化。虚拟技术就是创作和变化的描写技术,正所谓"眼见不为实"。在资金和时间都允许的条件下,恢复一个完整的备份系统(1000TB)需两年。就目前而言,绝对安全的防范措施是很难实现的。

虽然现在有在线下载,在线传输、保存设置、离线发送文本等信息资料的个人保管网上项目,但内容复杂,资源分散,重复占位,导致信息空间审美疲劳的产生。数字资源保存成了数据库信息补救恢复工作,让人贻笑大方。硬件实体和通信设备的物理安全性取决于人为破坏的程度。防止信息运行载体的能量泄漏是物理安全内在的主要问题,外部防护是对电磁辐射的防护和干扰物的防御。20 世纪 30 年代,荷兰政府实施了一次全面人口登记,包含了每个公民的姓名、出生日期、地址、宗教信仰和其他个人信息。这次登记被誉为对政府管理的促进和对福利策划的改进。后来纳粹德国入侵荷兰,并占有了这次人口登记的信息,无情地将数百万荷兰公民的个人信息用于确认、迫害、谋杀犹太人与吉普赛人。这是个深刻的教训:荷兰人出于对政府的信赖而提供个人信息,完全没有预料到纳粹的入侵。我们或许因为生活在民主社会而感到安全……[5]就无形的物质需要有形的人力与才力的投入和开发,还需兼顾到安全方面。并不是所有的信息都要成为数字资源,回归历史本身发展进程,制定好保存什么和不保存什么,为数字资源存放的数据库是怎样的一个地方值得期待。

6 利用可靠性技术保存数字资源综述

大多数人们把电子文件资料储存在电脑里,优越性是存储量大和使用方便。而人们越依赖,就越忽视它不可逆转的弱点。如果数字资源和传统物质文本同样以长久储存为终极目标,那么数字技术未必能取胜于传统保存。媒介的高速换代,加快了文明断代的巨大风险。一些像甲骨文、石刻、牍帛实物文献,如作为历史研究之用,就必须实物保存。如作为描述之用,仅模拟影像或文字记录就可以了。1970 年大阪万国博览会,在大阪公园设置了两个"时空胶囊",其中放置了当时收集的千万种物品,从生活家电到吃穿住行的所有实物和科技说明,有意识地为后世制造"地下文物"。这样的工程对后世来说将弥足珍贵。

建立健全国家和社会资料保存体系,启动和普及新一轮公共图书馆、档案馆、院校科研单位的数字资源双项交互保护开发工程势在必行。重点是开展实物媒介的抢救性数字化保护工程和电子数字资源转换成传统文献媒介的开发工程。数字信息其性质是虚拟的,本源可真实,也可创作。目前保存数字资源的表现形式是扫描和后期加工。转化为图像的电子文本已不再是第一手资料,而是作品。这对追求真实性的档案信息来讲无疑是最大的漏洞。在加工过程中可制作出假档案,数字技术的各个环节也都无法把关。美国斯坦福大学工程图书馆 2009 年已停止订购纸本文献,耶鲁大学科技和医学类图书馆在 2010 年基本实年现 E-Only(单一电子版)[6]。在我国,清华大学大幅度削减了外文纸本期刊,中国科学院也已较大幅度削减国内纸本科技期刊。重要图像和证据类史料需印刷影印,文字和读普类完全可以用浏览器文本阅读,如某市级图书馆保存《唐诗三百首》纸质图书达 200 多册,但图书内容仅几千字而已。本文旨在如何安置数字信息资源方面多一点冷静的思考,在现今信息无法有效归类和保管的严峻情况下,不必对政府和制度要求作太多的研究,应把重心放在开发数字信息的储放载体上,放慢脚步,不冒进不浪费,找途径找方法,节约空间和成本,才是正确之道。

数字资源只能保存描述类和知识理解应用类的信息,涉及国家文化软实力的真实存在,都必须用实物保存,不能纯粹用数字技术替代。

面对传统资料的老化和收藏空间的有限性,馆藏的环境预防控制任务仍然非常艰巨,以传统形式出现的大量文献资料的长期保存问题仍然有待于解决。数字存储技术的出现使图书馆界精神为之一振,然而,数字资源如何与传统文献资源的对接使人们在兴奋之余却麻木下来,没有意识到在做着重复的无用功。数字信息的保存不是建立在复制的基础上,而是建立在物质载体本身的长期保存。前面讲过在不靠谱的磁盘或光盘载体上的数字信息如何长期保存,写入或读取既受到环境条件的影响,又要对已经存在的数字资源进行检测和维护,面对浩瀚如云的数字信息保存成品和存放场所,如打印在纸质材料或缩微在胶片上,这似乎具有讽刺意味，这说明过渡到数字化时代是不可能存在的现实意义。因为在相当长的时期内，数字的模拟性无法取代社会的真实性。虽然目前正在进行一些有进步的探索和尝试，但做法从长期或整体性看是不可取的。数字资源的长期保存，应得力于真实的传统实体信息资源的良好保存。由德国联邦教育部赞助的 Kopal 项目，宗旨是为下一代保存数字资源，而且提出数字资源不应该只是以物理形式保存完好，还应该确保在将来能准确无误地被理解和使用[7]。目前我国党政机关和其他社会组织对数字信息留存普遍实行了纸质备份制。在实行这种备份制度的情况下，一部分信息被打印留存了，另外一部分非常有价值的信息却因为无法打印而弃置不管甚至干脆丢失了。实际上，这部分信息不仅数量大而且往往具有更高的价值[8]。1990 年北京亚运会的电子文件目前已完全无法读取。数字资源长期保存形势严峻更表现在，勉强能读取的数字信息也大都没有真实性和完整性保证，无法证明形成者与内容的真实。维护真实性、完整性的措施之一是将原文稿与元数据打包成为一个“固化”的整体，有效记录原文状态，使数字资源不可随意修改[9]。

7 利用目录检索导航技术保存数字资源综述

加利福尼亚数字图书馆（CDL）的 John Kunze 博士认为：在数字保存系统中，不要加入过多的技术因素，否则数字保存反而会复杂化[10]。2007 年，Google 承认，同样被存储的还有每位用户随后点击访问的每一条搜索结果。通过保存大量被整齐排列的搜索关键词（每月 300 亿次），Google 能够将这些数据与人口统计资料联系起来。搜索引擎所记住的，要比网页上所发布的信息多得多[11]。

在元数据挖掘和检索过程中，都可能需要进行元数据转换，将用其他格式（源格式）表达的元数据转换为目标系统所需要的元数据格式（目标格式）。在转换中将利用 XSLT 语言，定义一系列转换模板，通过这些模板从源格式的元数据中匹配和选择指定的元数据元素及其属性，将它们转换成目标格式的元数据元素；转换模板还在转换过程中，根据源文献数据或转换操作，增加一些新的元素或新的标记；还可定义有关规则来规定在什么条件下使用什么转换模板或如何限制转换操作[12]。我国数字文献资源应由专业保存机构独立与统一管理，如，建立中国艺术知识材料库平台，负责所有艺术类数字型文献和艺术信息保存与查询，保存地点又会是什么？

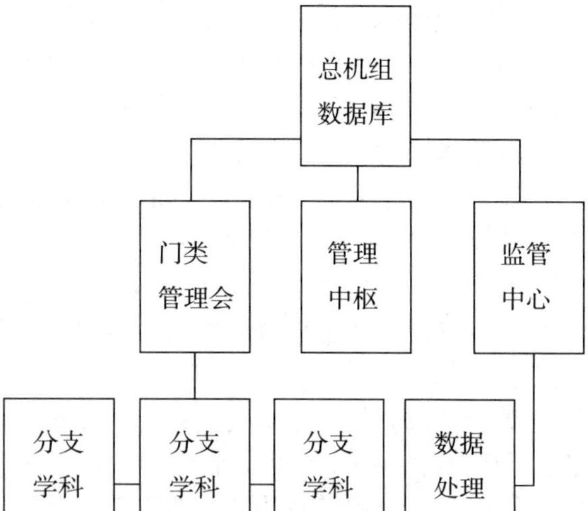

数字资源保存分工结构图

总之，数字信息资源的长期保存是一个系统工程，也是关系到当前数字办事环境下真实信息的生存与发展。不但政府和各界需要扶植各级各类信息保存部门,集思广益、群策群力,而且保管部门要吸取教训,积累经验,不断探索,学习传统保存技术的核心内容,使数字资源长期保存问题早日得到比较完美的阶段性解决。

参考文献

[1][6] 张智雄. 如何长期保存数字资源. 中国教育和科研计算机网,2008-09-10

[2][3][9][12] 邱均平. 数字资源建设与管理. 北京:科学出版社,2011

[4] 周宁. 信息资源数据库(第二版). 武汉:武汉大学出版社,2006

[5][11] (英)维克托·迈尔-舍恩伯格著;袁杰译. 删除:大数据取舍之道. 浙江:浙江人民出版社,2013

[7] 姚晓霞,赵永超. 数字资源长期保存国际会议总结和体会,2007

[8] 谢永宪. 数字资源长期保存研究. 上海:世界图书出版公司,2011

[10] 计红梅. 数字资源长期保存:国家主导最重要.《科学时报》(2008-12-11 A4 工程科技)

美国国会图书馆对社交网络资源的保存实践探析

平　安（国家图书馆）

摘　要：近年来，随着 Web2.0 的兴起，社交网络已经成为互联网的重要应用之一，由于这种互联网资源类型对保存国家记忆和文化具有独特的历史作用，其保存问题正日益引起图书馆界的重视，本文通过简要评述美国国会图书馆对社交网络资源的采集和保存实践，思考保存中的难点问题，希望对我国社交网络资源的保存工作有一定的借鉴意义。

关键词：社交网络资源　采集和保存　图书馆

1　社交网络资源保存的研究意义

保存人类文化遗产是图书馆的社会职能之一，社交网络资源作为一种重要的互联网资源，对保存国家记忆和文化有其独特的历史价值，如何把它纳入图书馆收藏和保存的范畴，继而形成像其他互联网资源那样的一套科学合理的采集、整合和利用模式，已经成为国内外图书馆界面临的一个前沿课题。

1.1　社交网络资源的保存价值

社交网络即社交网络服务[1]，源自英文 SNS（Social Network Service）的翻译，是 Web2.0 技术兴起的产物。社交网络注重网络性、共享性和社会性，很容易成为人们获取信息资源的重要渠道之一，其互动性强、用户积累快和覆盖面广的特点使其在帮助公众平等获得知识、交流知识上具有先天优势。

据市场研究机构 eMarketer 的 2013 年 2 月的统计数据[2]，2012 年全球超过 14 亿人使用社交网络，占据全球网络人口的 8 成以上，成为名副其实的全球头号网络应用，社交网络已经占据了人们 20% 的互联网使用时长，超越了互联网搜索、购物、沟通以及浏览其他内容，据 2013 年 1 月 15 日最近一次发布的《第 31 次中国互联网络发展状况统计报告》[3]，我国社交网站用户规模为 2.75 亿，使用率为 48.8%，微博用户规模在 2012 年达到 3.09 亿。国内外以 Facebook、Twitter、Google +、新浪微博、QQ 空间、人人网为代表的主流社交网络应用都在快速增长。

社交网络作为当今社会不可或缺的沟通和表达方式，对信件、日记、期刊以及其他馆藏资源能够形成有效的补充[4]。社交网络资源包含的记录信息不仅与个人生活息息相关，而且反映一个地区、一个国家的社会、经济、文化的发展动态，还关系到全世界文明的传承和发展。因此，保存社交网络资源对丰富图书馆馆藏，保存国家历史文化，传承人类文明具有深远的意义。

1.2 社交网络资源的保存难点

社交网络信息的采集与保存是一项庞大的系统工程，它涉及保存理念、技术风险、经济成本、法律依据、管理体制、隐私保护等诸多方面的问题。

在采集和保存过程中，虽然社交网络资源是国家文化遗产的重要组成部分，图书馆可以采取适当措施进行长期保存，但是与其他互联网资源一样，社交网络数据量巨大并且增长迅速，这么庞大的消息记录数据，为图书馆进行网络数字资源建设带来实际的困难，由于图书馆的馆藏建设速度与网络资源发展速度的不对称性，很容易使图书馆失去拥有资源的优势[5]。美国国会图书馆副馆长罗伯特·迪萨德（Robert Dizard）认为档案存取的技术必须要跟上引发信息爆炸的技术。同时，社交网络资源的生命周期和隐私安全保护的特点也使得网络信息资源的保存愈来愈困难。

在整合和使用过程中，社交网络资源属于一种网络原生数字资源，其内容质量比其他互联网资源更加参差不齐[6]，具有碎片零散性的特点，并且其中包含真实、虚假的信息，在真实的信息中又存在极具历史价值和毫无价值的信息，因此，如何过滤掉虚假信息，提高数字资源质量，提高资源揭示力度，挖掘信息资源价值，以及图书馆允许哪些用户可以访问整合信息，如何引导用户使用整合信息，都是需要解决的课题。

2 美国国会图书馆的保存实践

2.1 保存理念

美国国会图书馆将著名社交网络公司 Twitter 的推文（tweets）称为一种重要的新型馆藏资料，与 Twitter 在 2010 年达成了一项协议[7]，对 Twitter 现有全部公开推文收集，并将获得特殊的使用权以研究数据。

美国国会图书馆公共关系主管盖勒·奥斯特伯格（Gayle Osterberg）认为收集 140 个字符的 Twitter 消息与国会图书馆的使命一致，通过推文收集美国人的故事，可以收集那些具有研究价值的资料。耶鲁大学法学院图书馆副馆长弗雷德·夏皮罗（Fred Shapiro）认为这是一类全新的历史资料，是普通人的历史，这些重要资料可以向研究者和后来人提供历史快照。

2.2 保存方法

协助美国国会图书馆保存 Twitter 消息的是社交媒体聚合公司 Gnip，这家机构和 Twitter 达成了合作关系，美国国会图书馆已为这项计划购买了逾 133 000GB 的云储存空间，并继续增加投入。由于 Twitter 平均每天产生 4 亿条推文，迄今为止 Twitter 用户发送的推文已经超过了 1700 亿条，因此在储存数据方面面临着巨大的挑战。

2.3 整合方式

在整合推文的具体工作中，每条归档的推文函括 50 项不同的诠释数据，包括推文作者、作者粉丝、被转发次数等，但是并不包含图片和视频内容。并且出于安全考虑，推文档案一共有两份。收藏的 Twitter 消息只用于学术和研究目的，收藏的绝大多数 Twitter 消息都是公开发布的消息，所以并不威胁用户的隐私。另外，被删除或锁定的 Twitter 消息将不会被国会图书馆收集和整合。

2.4 服务方式

美国国会图书馆还无法满足全球研究人员访问这些 Twitter 消息的需求，即使对 2006 年至 2010 年 Twitter 消息的搜索也需要 24 个小时的时间。尽管如此，他们已经收到了来自世界各地研究人员的约 400 个查询请求，查询的主题涉及文化、政治、医疗、经济等诸多方面，具体内容包括跟踪疫苗接种率、预测股票市场活动等。

3 思考和启示

社交网络资源的采集与保存对一个国家的互联网资源的保护具有重要意义，从美国国会图书馆对社交网络资源采集保存项目来看，其已经在网络资源采集与保护方面取得了领先地位，因此，我国应积极借鉴其先进经验，科学地制定我国的社交网络资源采集保存策略。

3.1 实施主体

一直以来，保存人类的知识和记忆就是图书馆的重要职能，IFLA 发表的声明中指出，国家图书馆应该起领导作用，并同其他主要图书馆一起负责数字出版物的长期保存工作[8]。因此，应由国家图书馆代表国家履行社交网络资源的采集和保存职责，且亦应该立法明确规定，缴存义务人不得限制国家图书馆的采集行为。

3.2 法律依据

社交网络资源与其他互联网网络资源的采集一样，是一项长期而又艰巨的任务，如果没有法律保障，就很难把这项工作贯彻执行。因此，加快推进网络资源采集的立法工作显得格外重要[9]。2013 年 4 月英国出台《法定缴存图书馆条例（非印刷资料）》，在新法规的支持下，英国国家图书馆将与苏格兰国家图书馆、威尔士国家图书馆等 6 所英国法定缴存图书馆一起，着手存档 480 万个英国网站上的海量信息[10]，计划十年内存诸 1000 万亿字节的内容，并免费提供给公众使用，这项存档计划将囊括在英国网络上发表的所有公共推文、Facebook 条目、电子书、报纸的 iPad 版本以及其他电子格式的出版品。

3.3 技术保障

技术的风险性表现在采集、保存、整合、揭示、利用的各个环节。目前数据存储问题比较突出，社交网络记录数据极其巨大，并且增加非常迅速，数据质量参差不齐。如果没有完善的技术保障，不仅很难保证网络资源采集的长期可获取性与保存完整性，数据的安全性、可靠性等基本问题都会日益浮现出来。

3.4 财政保障

庞大的社交网络消息记录数据为图书馆进行网络数字资源建设带来实际的经济负担和

困难，服务器、存储设备等硬件软件的开销与日俱增，以及人力资本的投入，未来开展服务的开销都会逐渐增加。这些都需要有稳定可靠的经济来源作为保障，没有稳健的资金来源，这项工作很容易半途而废。另外，将来这些社交网络资源是否可以成为增值服务，让用户有偿使用，是一个值得思考的问题。

3.5 隐私保护

社交网络上记录了个人的大量生活记录，图书馆对互联网个人隐私的界定，以及对个人信息安全性的保护，是这项资源采集和保存工作能否得到社会认可的重要因素[11]。在资源的整合和使用过程中，虽然会屏蔽包含私人、机构的不宜公开、有时间限制的信息，但无可避免会遇到一些难以划分、难以界定的内容信息。因此面对被采集资料的内容复杂性，在对资料的利用上必须设定严格的条件[12]，如利用主体仅限于研究人员，利用目的须为研究或者统计目的，且在程序上属依申请行为，图书馆通常不得主动将其采集保存的在线资料用于公众服务。

社交网络信息的采集与保存是一项庞大的系统工程，它涉及保存理念、技术风险、经济成本、法律依据、管理体制、隐私保护等诸多方面的问题，因此，需要图书馆更加积极地面对新挑战，认真思考我国社交网络资源的采集与保存策略问题，保存好我国数字文化遗产，服务社会。

参考文献

[1] 社交网络. 百度百科. http://baike. baidu. com/view /1405540. htm

[2] eMarketer. http://it. sohu. com/20130226/n367071218. shtml

[3] 第 31 次中国互联网络发展状况统计报告. http://www. cnnic. net. cn/gywm/xwzx/rdxw/2012nrd/201301/t20130115_38507. htm

[4] A white paper of Why the Twitter Collection is Important to the Nation's Library. http://www. loc. gov/today/pr/2013/files/twitter_report_2013jan. pdf

[5] 黄湘林. 网络资源馆藏建设策略研究. 图书馆学刊，2009(7)

[6] 陈红星，张淑芳. 网络原生数字资源建设的必要性和可行性. 图书馆学研究，2010 (14)

[7] Twitter Donates Entire Tweet Archive to Library of Congress. http://www. loc. gov/today/pr/2010/10 – 081. html

[8] Preserving the memory of the world in perpetuity: A joint statement on archiving and preserving digital information. http://www. ifla. org/V/press/ifla – ipa02. htm

[9] 付光宇. 国外网络信息资源采集研究及其启示. 科技情报开发与经济，2008(11)

[10] British Library to archive the nation's digital memory by capturing billions of web pages. http://www. dailymail. co. uk/sciencetech/article – 2304331/British-Library-add-billions-web-pages-archive-preserve-nations-digital-memory. html

[11] 刘可静. 国外图书馆资源采集与长期保存利用中隐私权问题研究. 中国图书馆学报，2011(3)

[12] 翟建雄. 欧洲六国网络资源采集和缴存立法评析. 新世纪图书馆，2011(12)

论图书馆互联网资源的采集

陈立铭(辽宁省大连市中山区图书馆)

摘　要:互联网资源是图书馆的虚拟资源和战略资源,其作为馆藏建设和发展的核心,对于提升图书馆的公共文化服务能力具有重大作用。本文论述了互联网资源的特点和类型以及我国图书馆互联网资源采集过程中存在的诸多问题,并从法规制度、馆际合作、资源开发、人员经费等几个方面阐述了图书馆互联网资源采集的可行性策略。

关键词:图书馆　互联网资源　采集

随着通信和网络技术的飞速发展,互联网资源已成为世界重要的信息源之一,是当今社会信息传播的主要载体。互联网资源信息量大,内容丰富,方便检索。但是,网络资源信息良莠不齐,而且随着网页的不断更新,部分有价值的信息资源存在时间极其短暂。作为互联网资源的重要用户和资源信息集散地,图书馆如何在浩如烟海的网络资源中汲取有价值的信息是其在新形势下面临的一个重要问题。

1　互联网资源的特点和类型

互联网资源是一种新型数字化资源,它是以网络通信技术和多媒体技术为基础,通过计算机网络发布和存取利用的各种信息资源的总和。它把文字、图像、声音、动画等多种形式的信息存储在光、磁等非纸质的载体中,并通过网络通信、计算机或终端等方式再现出来。由于网络资源内容丰富、表现形式多样、检索方便快捷,已经成为人们获取信息的主要途径。

1.1　互联网资源的特点

1.1.1　信息量巨大,内容质量参差不齐

互联网上连接的计算机网络数量众多,而每个计算机网络又连接了众多的计算机、服务器、小型机和存储设备等,每台机器上都存储了大量的信息资源。因此,全球互联网上的信息资源量是一个天文数字。而且,随着时间的推移,互联网上无论是接入的计算机数量还是网站的数量都在不断增多,其所拥有的资源信息量越来越庞大,这是其他任何信息资源所无法比拟的。网络资源包罗万象,涵盖不同学科领域和地区语言,虽然内容丰富,形式多样,但是由于网络的开放性和信息资源发布的自由随意性,以及对于信息发布缺乏统一有效的监督和管理机制,每个人都可以通过互联网发表自己的观点和作品,这就导致网络信息鱼龙混杂、真伪难辨,既有有价值的信息资源,又有低劣虚假的信息资源。

1.1.2　信息资源时效性强，部分有价值信息因更新过快而丢失

相对于传统文献，网络信息资源减少了编辑和出版的过程，大大缩短了信息资源的更新周期，保证了人们能及时获取最新信息资源。由于每时每刻都有新的信息发布，因此最新的信息时常可以从网上找到。同样，每时每刻也有许多信息资源由于软硬件和后续资金等的限制被删除，从而在网页中产生许多死链接，导致许多信息资源无法找到，重要的有价值的信息因更新过快而丢失。

1.1.3　信息资源分布散乱无序，针对性不强

全球互联网有数以亿计的网站，网上信息量极为繁杂，信息资源处于高度分散、堆彻状态。数字信息的易拷贝性导致信息重复率高，随着数量的增长，无序性更为突出。搜索引擎和导航网站是整合互联网资源，并使之有序化的重要手段。但是据 NEC 研究院的最新研究表明，网上信息缺乏有效整合标准和手段，搜索引擎和导航网站只能覆盖网上不到 1/4 的信息，而发表在《自然》杂志的研究称，没有一个搜索引擎或导航网站可以覆盖网上信息内容达 16% 以上。并且随着站点越来越多，这个比例还会下降。高校读者和科研工作者群体利用搜索引擎和导航网站查找相关专业学术作品进行研究参考时，获得的信息内容质量难尽如人意，关联性差，针对性不强。

1.2　互联网资源的类型

按信息资源内容的表现形式和内容可分为：①全文型信息资源。它指直接在网上发行的电子期刊、网上报纸、印刷型期刊的电子版、网络学院的各类教材、政府出版物、标准全文等。②事实型信息资源，如天气预报、节目预告、火车车次、飞机航班、城市或景点介绍、工程实况、IP 地址等。③数值型信息资源。主要是指各种统计数据。④数据库类信息资源，如 DIALOG 等，它们是传统数据库（如光盘数据库）的网络化。⑤微信息资源（Web2.0 特征），如博客、播客、BBS、聊天、邮件讨论组、网络新闻组等。⑥其他类型，如投资行情和分析、图形图像、影视广告等。

2　我国图书馆互联网资源采集现状

所谓互联网资源采集是根据公众需求及时选择互联网上有价值的信息资源，并通过各种方式方法对其进行收集与整理。图书馆是互联网资源的中转站。目前，世界上许多国家的图书馆在互联网资源采集方面都在进行着积极的尝试和探索。我国图书馆的互联网资源采集才刚刚起步，还有很长的路要走。

2.1　我国图书馆互联网资源采集相关的法规和制度不完善

2.1.1　我国互联网资源采集的法律法规不完善，侵犯版权和隐私权的事情屡屡发生

互联网资源的采集已成为当代图书馆资源馆藏化的主要方式之一。信息资源的数字化和互联网的开放性，使信息的复制和传播更为便捷，这就为侵权行为打开了方便之门。首先网络上发布的有版权和著作权的作品，其数字化的存在形式，使其更易拷贝和被利用，由于人们的法律意识淡薄，同时监管不到位，处理不够坚决彻底，处罚较轻，这就助长了某些人和单位非法使用盗版信息资源的行为。而且这些作品的传播不仅局限于某一地区或国家，而

是全球性的，这必会使版权问题复杂化，从而使所谓的版权保护成为一句空话。第二，图书馆在资源采集过程中，有时会不可避免地收集到一些用户的个人信息或个人活动信息，这就涉及用户网络隐私权的问题。近些年多家国际知名互联网资源服务公司因侵犯他人隐私权而遭到投诉。例如在2010年2月17日，加拿大隐私事务专员珍尼弗·斯托达特发表声明，要求美国谷歌公司对其在加拿大推出的新社交网络服务Google Buzz存在个人隐私漏洞一事做出解释。对此图书馆界应引以为戒，只有不断完善相关的法律法规，才能使网络采集工作有法可依，避免侵权行为的发生。

2.1.2　互联网资源采集制度不健全，数据不规范，缺少统一标准

互联网资源采集包括网络资源的搜索、开发、组织、加工和整理等一系列过程。在资源采集过程中，每个图书馆都有一套自己的网络资源采集制度或方法。目前我国图书馆指导资源采集的制度和方法理论相对落后，在资源采集过程中存在严重不足，使网络资源的采集效率无法提高，内容质量难以保证。同时图书馆各自为政，独立开发，缺乏有效的协调管理机制，没有可供遵循的标准和规范，采集开发出来的产品目录结构和数据标准差别很大，无法馆际资源共享。

2.2　对互联网资源缺乏深层次的开发，资源数据库单一

图书馆对互联网资源应充分开发和深度挖掘。一个图书馆网络资源价值不是以所拥有的资源规模来衡量，而是资源内容是否满足用户需求，是否具有广度深度。对采集的互联网资源，如果不反复筛选，不进行深层次的、系统的、全面的开发整理，仅仅是拿来主义，用户也不会到图书馆来。

有些图书馆根据自身情况利用互联网资源自建了一定数量的数据库，这些数据库资源单一，信息内容挖掘深度不够。如某些高校图书馆自建的数据库只是一些学位论文、课程参考资料等，没有拓展开发，没有达到真正意义上的特色化。还有，我国图书馆自建的数据库大多是中文数据库，很少有外文数据库，而且所建数据库的品种数量偏少，无法更大限度满足用户需求。

2.3　互联网资源采集人才不足，经费紧张

一流的图书馆需要一流的馆员，网络资源的迅猛发展和资源信息量的剧增，对图书馆员的素质提出了更高的要求，不仅要掌握图书情报学和计算机网络方面的知识，同时还要具备良好的英语阅读能力以及丰富的信息资源管理经验，要对新技术新知识有所了解，要能够及时捕捉到专业学科的发展趋势及前沿信息。当前，我们图书馆网络资源采集人才缺失严重，一般图书馆都没有这方面人才，也没有引进这方面人才的意向，更没有在图书馆中设置这个岗位。经费紧张也是困扰图书馆网络资源采集的一个重要因素，图书馆每年的购书经费本就不多，而其中大部分经费都购买了纸质文献，只投入少量经费购买网络信息资源，购买的信息资源到底有多大利用价值，针对性和适用性如何，这也是部分图书馆在购买过程中存在的问题，图书馆因盲目购买而浪费了有限的经费。

3　我国图书馆互联网资源采集的可行性策略

互联网资源是图书馆的虚拟资源，是图书馆馆藏建设和发展的核心，互联网资源采集应

建立在统一管理、共同参与、协调发展的基础上。采集的资源内容要合法、要准确可靠、要标准有序、要具有开发和增值潜力。每个图书馆都要与时俱进，不断调整互联网采集方式，优化馆藏结构，突出馆藏特色，实现网络资源的共建共享，最大限度地满足人们日益增长的物质文化和工作生活的需要。

3.1 完善图书馆互联网资源采集法律法规

有关互联网资源采集的立法工作必不可少。第一，要对版权和知识产权问题给予足够重视，不断完善版权法，把版权法的适用范围扩展到互联网领域；同时图书馆在网络资源采集过程中，要加强与版权所有人的协作来解决相关知识产权问题。第二，多年以前，不少国家对网络隐私保护就已有明确的法律保障，并建立了相应保护用户隐私的法规制度。例如美国48个州都已立法保护互联网用户记录信息。我国图书馆界应多关注与图书馆有关的网络隐私问题的相关立法，不断进行网络隐私权问题理论与实践研究，结合我国国情，逐步建立和完善网络隐私权法。第三，互联网资源是记录了人类文化和文明发展历程的重要文化遗产，呈缴法是采集国家文化遗产的重要保障措施，我们应敦促制定网络资源呈缴法。目前，许多西方发达国家都已针对互联网资源立法呈缴。2003年，英国制定了新的呈缴法案，要求出版社向英国及爱尔兰的6个图书馆提供网络资源出版物。对于我国的网络资源作品，可以把国家图书馆作为缴送部门，具体操作形式是国家图书馆可以选取部分具有权威性和收藏价值的网络出版物并通过与出版商签订协议的方式进行注册从而取得版权。

3.2 建立完备的互联网资源采集管理制度，制定统一的资源采集标准

互联网资源的存在形式多种多样，为了保证信息资源得到充分的利用，为了不同图书馆间网络资源的互联、共享与交流，为了更好地满足读者的需求，必须建立完备的网络资源采集管理制度，制定统一的资源采集标准。图书馆要共同参与、统一组织、协调发展，多加强横向交流与协作，建立区级、市级、省级、国家级等多层次的网络资源服务体系，发挥图书馆的整体优势。标准化对于互联网资源的采集具有重要意义，是各图书馆网络资源共建共享和交流服务的前提。互联网资源采集标准不仅包括数据、数据库、目录结构的标准化，还包括网络资源获取使用的具体规则。这种标准化管理可以使用户在多个图书馆网络资源共享平台间畅通无阻地检索浏览获取所需信息资源。

3.3 图书馆要分工合作，做好定位，对互联网资源要深度挖掘

互联网资源采集是一项长期而艰巨的任务，限于人力和经费制约，任何一个图书馆都不可能靠自身力量采集所有学科的网络资源。因此图书馆要加强馆际协作，采用多种形式的采集方式，采用联合或合作采集的方式，要统一规划、统一组织、协调管理。国家图书馆应该起领导作用，要有总体目标的合理定位，各省、市、区和高校等图书馆要根据本馆的地方特色、性质任务、学科专业等进行分目标的定位。单个图书馆可以根据自身情况，选择科学有效的采集方式，例如可以选择某一专业学科进行专题采集，也可以对某一专业的部分分支学科进行选择性采集。各图书馆只有分工合作，做好定位，多种采集方式并存，才能将各地区分散的、独立的、各具特色的网络资源整合成一个完整的、效能更高的资源服务体系，才能充分发挥各自的优势和潜能，才能更好地为读者提供服务。

各图书馆应按需采集。这种采集要有针对性,高校图书馆应根据本校的办学目标和特点、资源价值、读者比例等多方面因素综合考虑,建立适合本院师生的学科专业、学术专题数据库,提供针对性的服务。公共图书馆的互联网资源采集要与传统文献资源采集互补。公众的需求是公共图书馆资源采集的依据,公共图书馆的读者群主要是普通民众,除了对某些专业和区域特色的网络资源要全面系统采集外,还要以本馆现有馆藏文献为基础,了解其流通情况,突出网络资源采集的针对性和实用性,满足用户个性化、多元化、动态化的需求。

各图书馆对互联网资源要充分开发和利用。信息资源的内容要准确可靠,要有重点、有质量、有价值。图书馆员应把信息内容的质量和价值放在首位,要多多关注政府部门、科研院校、学术机构的网站,对于其提供的信息要及时采集,反复筛选,深度挖掘,整理成库提供给读者使用。对于一般网站的信息资源也要跟踪浏览,优胜劣汰。网站的选择可以根据本馆资源采集的行业和特点,请专家学者按照资源内容和学术价值的高低,圈定多个权威性和代表性的网站供图书馆员跟踪采集。

3.4　图书馆要重视网络资源采集人才,加大对互联网资源的投入

21 世纪的竞争是人才的竞争,图书馆要想在激烈的竞争中立有一席之地,必须引进和培养互联网采集方面的人才,加大网络资源投入。首先馆领导要重视采集人才,在人员配置上,要设置专业的岗位,积极为其搭建良好的平台,给予他们充分发展的空间。其次要下大力气培养,要不断加强相关人员的计算机网络、情报信息检索和外语等专业知识的培训学习,使他们具备较宽的知识面以及综合分析和敏锐捕获信息的能力。在经费投入方面,图书馆应制定经费使用政策原则,政策的一个重要方面就是对购入网络资源占有总经费的比例加以规定,合理分配购书经费,使其向利用率高的互联网资源倾斜,取长补短,使经费达到最优化配置。

图书馆在全国公共文化服务体系中扮演着重要角色,而互联网资源是图书馆公共文化服务的核心内容之一。当前,互联网资源采集工作任重而道远,我们应看到与国外图书馆间还存在一定差距,中国图书馆界应借鉴国外先进的互联网资源采集理论方法,完善法规制度,加强馆际合作,加大网络资源的开发力度。建立具有中国特色的互联网资源采集服务体系,更好地为公众服务。

参考文献

[1] 赵俊玲,陈兰杰. 国外网络信息资源评价研究综述. 情报学报,2004(3)
[2] 唐定海,储冬红. 文献资源的网络采集策略. 新世纪图书馆,2004(2)
[3] 赵梦. 网络信息资源采集和保存策略分析. 国家图书馆学刊,2010(4)
[4] 胡海燕. 东盟文献资源建设与开发研究. 图书情报论坛,2011(1—2)
[5] 彭国莉,程美群,汪正坤,等. 省级公共图书馆政府信息资源采集的现状与对策分析. 图书馆建设,2011(11)

图书馆数字资源长期保存之我见

张　艳(泸州市图书馆)

摘　要:当前数据存储技术正以前所未有的速度发展,这为图书馆数字资源的保存提供了强大的技术保障。数字资源的长期可靠存取是保护人类文明与实现知识传递的重要基础。本文介绍了目前数字资源保存的现状和存在的问题,并从技术、法律等方面有针对性地提出了策略。

关键词:数字资源　长期保存　策略

数字资源的长期保存一直是国内外图书馆界关注的课题,数字图书馆发展成败的关键是数字资源的保存。随着数字技术和互联网的飞速发展,我国文献信息服务正全面进入数字化时代,数字资源以前所未有的增长速度和规模源源不断地进入图书馆。数字信息资源正逐渐成为使用最多最频繁的信息资源。然而,与数字资源的生产能力相比,数字资源的保存技术和能力却远远落后。数字资源的长期保存和长期有效利用,已成为国内外学术界和信息服务领域关注的焦点。

1　数字资源及其特点

数字资源是指放置在因特网上能满足人们信息需求的信息集合。数字资源极其丰富,包罗万象,其内容涉及农业、生物、化学、数学、天文学、航天、气象、地理、计算机、医疗和保险、历史、法律、音乐和电影等几乎所有领域,是知识、信息的巨大集合,是人类的资源宝库。数字资源是一种新型数字化资源,与传统文献相比有较大的差别。数字资源具有以下特点:

(1)数量大,类型多,传播范围广。数字类型多样,有文本、数据、图像、图形、声频、视频信息、多媒体信息等;内容既有高质量的信息,也有有害信息和虚假信息,有个人信息也有政府信息。最为特殊的是各种非正式信息被广泛生产与传播。

(2)数字资源没有统一的管理机制,信息安全缺乏保障。黑客攻击、计算机病毒和色情泛滥成为网络的三大痼疾。为防止有害信息耗费了大量的社会资源。

(3)数字资源分布零乱无序,信息更新快,寿命短,管理相对困难。信息发布自由,来源广泛,内容混杂,质量不一,控制也比较困难。

(4)以网站为信息活动的单位,以网页为信息发布和收集的单元。

(5)信息利用水平取决于网站软硬件的技术水平和服务能力,数字提供方式是以网站为基点并可在网站间灵活链接的信息服务网。

(6)网络创造了多层次的信息交流模式,全面反映了社会生活的各个领域,形成了百科全书式的知识网络和传播功能。

2　数字资源保存存在的问题

数字资源的迅速发展使得数字资源的长期保存问题逐渐凸现。2000 年年底，来自欧美和澳大利亚等国的 150 多名代表齐聚英国的约克郡，参加由研究图书馆组织、联合信息系统委员会和联机计算机图书馆中心等团体组织共同举办的国际数字保存大会，目的是就各馆在数字保存方面的实践和存在的问题进行广泛的交流。结果表明，凡是藏有数字文献的图书情报单位都面临着承载数字文献的载体退化而带来的数字文献丢失的危险，以及数字文献利用、管理困难和法律障碍问题。

2.1　技术问题

2.1.1　载体寿命问题

数字资源的载体一般是以光、电、磁为介质。与纸张相比，数字资源的载体对存储环境的要求较高，且其寿命都不长。测试表明：9 磁道磁带使用寿命为 1 到 2 年，8 毫米磁带为 5 到 10 年，4 毫米磁带为 10 年，WORM 光盘为 100 年。与传统载体相比，数字资源载体体积小、容量大，但载体容易变质、损坏，易遭受毁灭性损失，且对存储环境的要求越来越高。在大容量高密度存储媒体不断推出的情况下，存储媒体的不稳定性在增大，其有效寿命在下降。载体问题是数字资源长期保存需要直接面对的问题。

2.1.2　技术落后的问题

相比载体寿命问题，更为迫切的问题是数字资源的读出、检索等技术问题。数字资源对系统软硬件平台的依赖性使得数字资源的读出、还原技术过时问题成为困扰数字图书馆发展的又一大障碍。在技术与市场的推动下，记录与存储数字资源的设备与软件大约每 2—3 年就完成一个更新周期。

2.1.3　存储能力弱及存取安全问题

虽然计算机的存储能力不断提高，价格不断降低，却无法赶上数据量的增长速度。人们仍然面临处理和维护海量生成信息的存储体系的挑战。存储能力的有限与数字信息高速增长之间的矛盾要求数字资源的保存必须有选择性。与此同时，数字资源的服务大多集中在网络上。网络本身固有的特性，如计算机病毒、黑客入侵等都使数字资源面临着前所未有的安全问题。数字资源一旦受到病毒侵蚀和黑客破坏将可能在瞬间化为乌有。加上人为操作失误、保存环境变化、停电，以及各种自然灾害等都可能对数字资源造成无法挽回的损失。

2.2　法律问题

2.2.1　知识产权问题

图书馆并不能随意将自己长期保存的数字资源不加限制地提供服务。利用长期保存数据提供服务不但将可能侵犯版权所有者的复制权、信息传播权等，而且还往往影响到他们的经济利益和其他利益（例如数据的“唯一发布者”和“核心服务者”权利）。因此，需要平衡知识产权、商业利益、公共利益和公平机制等方面的因素，明确界定、获取和保障图书馆在一定条件下将自己长期保存的数字资源向一定范围的用户提供一定形式的服务权利，我们称这为服务权。根据知识产权法的精神,在市场经济环境下,利用长期保存数字资源提供公共服务时,不能损害版权所有者的合法权利,不能破坏数字资源和信息服务市场的正常运作,不能利用所保存的数字资源不当得利,不能阻碍数字资源的正常传播和信息服务的正常发展。因此,从一定意义上讲,利用长期保存数字资源提供服务应该是一种特例。

2.2.2 隐私权问题

数字资源的庞大必然导致由一些专门的机构承担专门领域或专门格式的数字资源保存职责,以及一些组织可能由于资金问题将数字文献的长期保存任务外包给其他专门机构,因此,第三方的介入都可能会牵涉隐私权的问题。

3 数字资源长期保存的对策

3.1 数字资源载体的检测与维护

定期检测。一般磁性载体每满 2 年检测一次,光盘每满 4 年检测一次,抽样率以不少于 10% 为宜。检测包括外观检查和逻辑检测。外观检查是确认载体表面是否清洁、是否有霉斑、是否损坏或变形等。逻辑检测是采用专用或自行编制的检测软件,对载体上的信息进行测试,查看数据有无丢失,如果发现问题应及时采取恢复措施。

定期拷贝。对于存储在磁性载体上的数字信息,应每 4 年进行转存一次,且原载体继续保留的时间不少于 4 年。对于存储在光盘上的数字信息,应每隔 10 年转录一次。

3.2 数据迁移技术

数据迁移是指随技术变化定期地转换数字资源的一种处理过程,它使数字资源从一个硬件、软件的配置向另一个硬件、软件配置转换,或是从旧的计算机技术向新一代的计算机技术转换,这一套定期的整体行为能使数字资源适应技术更新,不断地被转移,使数字资源在将来也可以被存取。数字迁移主要有 3 种类型:物理迁移(存储介质迁移)、逻辑迁移(数字资源文件格式迁移)、按需迁移。在执行迁移过程中必须具有质量控制程序、过程文档编制及保存元数据与文档等控制,才能确保迁移后的文件不会出现内容与背景的缺失。迁移是目前实际运行中使用比较成熟和频繁的方法。

3.3 仿真技术

仿真技术是一个计算机系统对另一个计算机系统的部分或全部的模拟,使模拟的计算机系统与被模拟的计算机系统接收相同的数据,执行相同的程序,获得相同的结果。目前有硬件、软件和操作系统仿真。在数字资源保存中,由于仿真技术可以保存原始文件,并适用于所有的数字对象,实现了一次处理永久使用,所以仿真被视为理想的保存策略,但由于其技术的复杂性,仿真还处于研究和试验阶段,没有真正的可操作的系统能投入使用。

3.4 网络存储技术

网络存储技术是基于数据存储的一种通用网络术语。目前以存储网络为中心的存储技术得到了快速的发展。现在网络存储技术主要有 4 种:直连式存储(DAS, Direct Attached

Storage)、网络存储设备(NAS：Network Attached Storage)和存储网络(SAN ：Storage Area Network) 以及 IP-SAN。我们可以根据数据特性的不同,在保证应用的前提下,按最佳的性能价格比来选择存储方案。

3.5 相关法律法规的制定

图书馆数字化信息资源是国家信息资源体系中一个重要的内容,也是构建网络化社会和知识社会的基础设施,因此必须把数字资源保存作为国家战略的基本策略加以全面规划和研究。把图书馆数字资源保存政策上升到国家层面,有利于各种资源的合理配置,从宏观上保证数字资源保存计划的有效实施。这些政策涉及技术、组织、人文、法律、权益管理等多个方面,还包括国际国内合作、相关培训、质量管理和审计策略等。

随着数字资源长期保存问题日益突出,有必要制定以网络形式存在的图书馆信息资源保存的相关标准规范,以保证此活动能够在国家的标准框架内有序进行,避免因标准不统一导致各保存项目信息无法共享。在法律法规制定方面,主要涉及建立和完善电子出版物呈缴制度及修改相应的知识产权法,从而促进相关法律法规的出台。

总之,随着国家信息化工程的大规模开展,大量数字化信息资源等待我们去管理,数字数据的保存是一项长期而又艰巨的任务。在数字资源的长期保存中所涉及的许多问题都将是传统文献管理中所没有涉及的,除了以上谈到的技术问题、法律规范问题外,还有保存策略问题、安全性问题等一系列问题。但不管怎样,我们应该看到,由于数字文献具有不同于传统文献的特点,只有在其产生的环境中加以保存才是最经济、最可行的,为了少走弯路,我们必须对数字资源的保存问题加以重视,进行深入研究,形成一个保护数字信息资源的社会氛围与技术环境。

参考文献

[1] 蔡璐. 试论数字资源的整合与保存. http:// chinali—bs. net/book/w3119. pdf

[2] Digital Preservation Conference：Report from York, UK. http ://www. rig. org/preserv/diginews/diginews/ diginews4—6. html

[3] 王明洁. 复旦大学网络与应用的协调建设. 教育信息化,2004(7)

[4] 宛玲. 数字资源长期战略保存的管理与技术策略. 现代图书情报技术,2005(1)

[5] 胡燕菘. 数字资源保存:相关项目与管理策略. 图书馆工作与研究,2005(4)